Brigitte Schorr
Hochsensible Mütter

W0228655

Brigitte Schorr

Hochsensible Mütter

SCM Hänssler

SCM

Stiftung Christliche Medien

2. Auflage 2013

© der deutschen Ausgabe 2013
SCM Hänssler im SCM-Verlag GmbH & Co. KG · 71088 Holzgerlingen
Internet: www.scm-haenssler.de · E-Mail: info@scm-haenssler.de

Soweit nicht anders angegeben, sind die Bibelverse folgender Ausgabe entnommen:
Neues Leben. Die Bibel, © der deutschen Ausgabe 2002 und 2006
SCM R.Brockhaus im SCM-Verlag GmbH & Co. KG, Witten.

Weiter wurden verwendet:
Luther: Lutherbibel, revidierter Text 1984, durchgesehene Ausgabe in neuer Rechtschreibung, © 1999 Deutsche Bibelgesellschaft, Stuttgart.
ELB: Elberfelder Bibel 2006, © 2006 by SCM R.Brockhaus im SCM-Verlag GmbH & Co. KG, Witten.

Umschlaggestaltung: Kathrin Retter, Weil im Schönbuch
Titelbild: shutterstock.com
Satz: typoscript GmbH, Walddorfhäslach
Druck und Bindung: CPI – Ebner & Spiegel, Ulm
Gedruckt in Deutschland
ISBN 978-3-7751-5441-3
Bestell-Nr. 395.441

Inhalt

 Für meine Mutter

Vorwort

Jedes Buch hat seine ganz eigene, unverwechselbare und individuelle Entstehungsgeschichte. Ich denke, dass ich am Inhalt dieses Buches gearbeitet habe, seit ich selbst Mutter bin, also seit 17 Jahren. Damals wusste ich noch nicht, dass ich hochsensibel bin und dass ich mich eines Tages beruflich ausschließlich mit hochsensiblen Menschen beschäftigen würde. Aber die täglichen Erfahrungen, die mir zeigten, dass ich immer ein wenig anders war als andere Mütter, gleichzeitig empfindlicher und empfindsamer, unsicherer und überforderter, suchender und empathischer, verdichteten sich in mir zu einem Knäuel von merkwürdigen Zuständen, in denen ich mich selbst nicht mehr wiedererkannte. Ich hatte damals keine Ahnung, dass es anderen Müttern auch so ging. Seit 2004 gibt es deutschsprachige Bücher zum Thema Hochsensibilität. Die Mutterschaft wird darin stets nur am Rande erwähnt. Die eigene Suche nach hilfreicher Literatur für hochsensible Mütter brachte mich zu der Erkenntnis, dass hier dringender Bedarf besteht. So nahm der Gedanke zu diesem Buch Gestalt an. Und ich durfte noch einmal Mutter werden, indem ich dieses Projekt gebar. In den Monaten der Arbeit daran habe ich mit sehr vielen Menschen, vor allem Müttern, gesprochen. Die Ideen, die Sie in diesem Buch wiederfinden, fanden Eingang in meine Vorträge und Seminare, boten Anlass zu Diskussionen im Familien- und Freundeskreis, zeigten sich manchmal widerspenstig, manchmal verlockend und entwickelten sich unter der sorgfältigen Beobachtung des Verlages und mir selbst zu der hier vorliegenden Form. Immerwährend habe ich nach Verknüpfungen Ausschau gehalten, habe in der Soziologie, der Psychologie, der Kunst und Kultur sowie christlichen Quellen nach möglichen Verbindungen gesucht. Diesen Inspirationen bin ich zu tiefer Dankbarkeit verpflichtet. Meine eigenen Erfahrungen und diejenigen meiner Gesprächspartnerinnen sind in dieses Buch eingeflossen. In einer perfekten Welt würde ich alle namentlich und ausführlich erwähnen. So aber kann ich Ihnen nur versichern, dass diese Quellen sowie die vielen hochsensiblen Menschen, die mir ihre Geschichten anvertraut haben, in diesem Buch gegenwärtig sind. Ich hoffe, dass sie zu einem vertieften Verständnis für die hochsensible Wesensart beitragen werden. Dennoch gibt es Menschen, die ich hier besonders erwähnen möchte. Allen voran meine eigene Mutter, die ihr hochsensibles Kind als Bürde betrachtete und sich nicht anders als mit Härte zu helfen wusste. Heute bin ich mir nicht sicher, ob sie nicht auch hochsensibel gewesen sein könnte. Hätte ich eine liebevollere Kindheit gehabt, so wäre dieses Buch wahrscheinlich nie entstanden.

Meinen hochsensiblen Kindern Raphael und Stella verdanke ich, dass sie mir deutlich die Grenzen meiner Belastbarkeit aufgezeigt haben. Das hat mir ermöglicht, nach Wegen zu suchen, unser Zusammenleben hochsensiblengerecht zu gestalten sowie meine Mutterschaft als Entwicklungsprozess zu betrachten.

Meinen Freundinnen Ulli und Gabriele, die eine nicht-hochsensibel, die andere aber wohl, verdanke ich gute Diskussionen und ich bin gerührt über die nahezu ständig offenen Ohren, die sie für meine Sorgen und Nöte bei diesem Projekt hatten, sowie für manches Brainstorming bei einem Glas Wein und umsorgt von Ullis Kochkünsten.

Meiner Freundin Judith bin ich zutiefst verbunden durch dieselbe hochsensible Wahrnehmung und Differenziertheit, die mir viele Impulse für dieses Buch beschert hat. Mit ihr zu sprechen, nährt meine Seele. Ich wünsche jedem Menschen, jemanden wie Judith zu kennen.

Und natürlich gebührt der Cheflektorin des Hänssler-Verlages, Uta Müller, großer Dank und Anerkennung dafür, dass sie an dieses Projekt geglaubt und mir immer wieder richtungsweisende Inputs gegeben hat, wenn ich mich in der Komplexität zu verlieren drohte. Meiner Lektorin Beate Tumat danke ich sehr für ihre sorgfältige, wertschätzende und sensible Art, mit meinem Manuskript und meinen Gedanken umzugehen.

Sie können sich dieses Buch auf zweierlei Weise nutzbar machen: zum einen als Informations- und Wissenswerk zum Nachlesen und Verstehen, zum anderen als Arbeitsbuch, denn am Ende jedes

Kapitels werden Sie Fragen oder Inputs finden, die Sie zu vertiefter Beschäftigung mit den behandelten Themen anregen können.

Altstätten, im Herbst 2012
Brigitte Schorr

Ein Dienstagnachmittag im November

Die junge Frau sitzt auf der Bettkante. Sie beobachtet ihren kleinen Sohn, wie er sich daranmacht, die Welt des kleinen Ein-Zimmer-Appartements zu entdecken und in eine leere Schublade des Kleiderschrankes krabbelt. Danach klettert er wieder hinaus. Hinein, hinaus, immer wieder. Dabei sieht er seine Mutter erwartungsvoll an. Die Frau sieht den Blick ihres Sohnes und seine Aktivitäten. Kurz huscht ihr durch den Sinn, dass er sich seine Fingerchen einklemmen könnte, wenn die Schrankschublade sich zu schnell schließt. Draußen herrscht strahlender Sonnenschein und sie weiß, eigentlich sollte sie sich und ihn warm einpacken und die spätherbstliche Sonne genießen. Doch etwas in ihr hemmt sie. Deshalb bleibt sie sitzen und schaut ihrem Sohn weiterhin zu, der immer unruhiger wird. Es widerstrebt ihr, nach draußen zu gehen. Sie ist fremd in dieser Gegend und in diesem Land. Ihr Mann arbeitet. Er hat gerade eine Anstellung in einer großen Firma gefunden und der Umzug in dieses Land ist geplant. Der jungen Frau erscheint die Welt außerhalb dieses Zimmers fremd und bedrohlich. Und sie fühlt sich den Situationen, die ihr auf einem Spaziergang begegnen können, nicht gewachsen. Es bedeutet eine Herausforderung für sie, den Kinderwagen zurechtzumachen, die Wickeltasche zu packen (irgendwie quillt ihre immer über, während die von anderen Müttern stets ordentlich und leer zu sein scheinen), den Kleinen anzuziehen (schon das braucht so viel Zeit und Energie, vor allem im Winter) und das Zimmer zu verlassen. Eigentlich ist ihr nach Ruhe und Einsamkeit zumute, aber sofort meldet sich das schlechte Gewissen, ihr ständiger Begleiter: Das Kind braucht doch Anregung und Abwechslung, sie ist doch dafür verantwortlich, dass er sich gesund entwickelt und sie hat gerade gelesen, wie wichtig der tägliche Spaziergang in Verbindung mit sozialen Kontakten ist. Aber alles in ihr sträubt sich dagegen. Zu unsicher fühlt sie sich in dieser Gegend, die Blicke der Menschen, die ihr begegnen, erscheinen ihr aufdringlich und neugierig. Seit sie Mutter ist, hat sie schockiert festgestellt, dass wildfremde Menschen ihr Ratschläge erteilen, das

Kind und sie beobachten und Vermutungen darüber anstellen, wie sie sich als Mutter macht. Manchmal kann sie die Gedanken der anderen förmlich hören. In Sekundenbruchteilen analysiert sie die Mimik und die Ausstrahlung des Gegenübers. Meistens fällt ihre Beobachtung nicht zu ihren Gunsten aus. Sie fühlt sich einsam und unverstanden und verhält sich gezwungen und unecht. Im Kontakt mit ihrem Kind versucht sie sich freundlich zu verhalten, obwohl sie eigentlich ständig müde und überreizt ist. Konsequenz in der Erziehung ist ein Problem für sie.

Die junge Frau hat an diesem Nachmittag das Zimmer nicht mehr verlassen. Jedoch folgten auch viele Tage, an denen sie sich dazu zwang. Oft verstand sie sich selbst nicht mehr. Sie wollte das Kind und sie hatte den Kleinen gern, was war nur los mit ihr? Die Frau war nicht nur Mutter, sie war auch hochsensibel.

Beides, Mutterschaft und Hochsensibilität, beeinflussen die erlebte Lebensqualität. Mutter zu sein, bestimmt das Leben jeder Frau in einzigartiger Weise. Die Herausforderungen, die auch heute noch an jede Mutter gestellt werden, sind nicht einfach zu bestehen: Die Entscheidung zur Mutterschaft fordert Konsequenzen – in der Regel wird die werdende Mutter ihre Karriere nicht in der gleichen Weise weiterverfolgen können wie bisher. Selbst wenn sie es möchte, wird doch früher oder später ein Vorgesetzter oder die eigene Familie sie daran erinnern, dass sie nicht beides haben kann. Andererseits, sollte sie sich für ein Leben als Mutter entscheiden und zu Hause bei ihren Kindern bleiben, wird sie schnell als »Heimchen am Herd« abqualifiziert[1] und muss mit mangelnder Akzeptanz, finanzieller Abhängigkeit und weitgehender Unselbständigkeit rechnen. Trotz der wertvollen Verdienste, welche die Frauenbewegung für das Leben von Frauen erreicht hat, ist aber auch dies ein Ergebnis der feministischen Bewegung: dass es heute jeder Frau (und im Übrigen auch jedem Mann) bewusst ist, dass Selbständigkeit und finanzielle Unabhängigkeit erstrebenswerte Ziele darstellen, die man durch Mutterschaft aufs Spiel setzt.

Hochsensibel zu sein heißt, innere und äußere Reize stärker wahrzunehmen als Nicht-Hochsensible. Wer mit dieser Veranlagung geboren wird, reagiert stark auf Gerüche, Geräusche, Stimmungen, Befindlichkeiten anderer Menschen, unausgesprochene Erwartungen und macht sich sehr viele Gedanken (oftmals sorgenvolle) über das eigene Sein und den Umgang mit anderen. Das Leben selbst fühlt sich für diese Menschen oft sehr anstrengend an, weil sie nahezu keinen Filter zwischen ihren Wahrnehmungen und der Umwelt (dem Innen und dem Außen) haben. Einschneidende Lebensereignisse, die für alle Menschen lebensbestimmend sind, wie zum Beispiel die Geburt eines Kindes, werden für hochsensible Menschen noch zusätzlich zu einer Flut von Reizen, Gefühlen und Gedanken, die so intensiv ist, dass es sich manchmal so anfühlen mag, als würden die Betroffenen von ihr einfach wie von einer Tsunami-Welle überschwemmt werden.

Wird eine hochsensible Frau Mutter, fließt ihre Veranlagung mit dem gesellschaftlichen Rollenbild zusammen. Das fühlt sich dann mitunter schwer, zerrissen und auf vielfältige Weise unsicher an. Viele hochsensible Mütter bleiben mit diesen Empfindungen allein, da sie sich entweder nicht mitteilen können oder wollen oder sie sich durch ihr Umfeld unter Druck gesetzt fühlen.

Was in einem Menschen angelegt ist, wird mitunter erst durch ein äußeres Ereignis sichtbar. Im Grunde genommen können wir alle nicht wissen, wie wir im Falle eines schweren Unfalls oder einer schicksalhaften Krankheit, eines Todesfalls oder eben der Geburt eines Kindes reagieren werden. Hält sich jemand für geduldig, muss er oder sie vielleicht feststellen, dass ihre Geduld doch engere Grenzen hat als vermutet. Hielt man sich für großzügig, stellt sich vielleicht heraus, dass sich im eigenen Verhalten mitunter eine Kleinlichkeit Bahn bricht, die man nicht an sich vermutet hätte. Die menschliche Persönlichkeit ist lebenslang wandelbar und entwicklungsfähig. Dabei gibt es Persönlichkeitsmerkmale, welche mehr oder weniger gleich bleiben und die Persönlichkeit ihres Besitzers wie ein roter Faden kennzeichnen.[2] Es kann vorkommen, dass sich Freunde nach Jahrzehnten wiedertreffen und feststellen, dass sie immer noch im Wesentlichen die Gleichen sind. Eigenschaften können zwar stabil sein, je nach Lebensphase und Situation aber unterschiedlichen Ausdruck finden. Nehmen wir zum Beispiel die Fähigkeit, innere und äußere Vorgänge zu reflektieren. Wenn ein Kind mit dieser Eigenschaft geboren wird, so kann sie sich im Kindes- und Schulalter in einer stillen Beobachtungshaltung widerspiegeln, in der Pubertät dagegen kann die gleiche Fähigkeit sich in Rebellion und kompromissloser Wahrheitssuche äußern, während der erwachsene Mensch vielleicht eine Affinität zu tiefen Gesprächen entwickelt.

Wie verhält es sich nun mit der Sensibilität? Sensibilität ist, von außen betrachtet, nicht immer gleich als solche zu erkennen. In meinem Beispiel von oben könnte ein Beobachter möglicherweise annehmen, dass die junge Frau vielleicht zu müde ist, um das Zimmer zu verlassen oder auch schlichtweg zu faul. Erst bei näherer Betrachtung und eingehender Erforschung wird deutlich, dass es sich bei dem beobachtbaren Verhalten vielmehr um einen Ausdruck von hoher Wahrnehmungsfähigkeit, eben Hochsensibilität, handelt. Die junge Frau ist vielleicht immer schon sensibel gewesen, aber bislang ist diese Eigenschaft nie in besonderer Weise hervorgetreten oder gar als störend und beeinträchtigend erlebt worden. Nun ist sie Mutter und auf einmal, scheinbar wie aus heiterem Himmel, reagiert sie überempfindlich auf ganz normales Alltagsgeschehen. Sie ist überreizt oder, wie die Fachwelt es bezeichnet, »emotional ansprechbar«, das Gegenteil von stabil.

Es ist bereits viel über das Zusammenleben mit Kindern aller Altersstufen geschrieben worden. Die Ratgeberliteratur zu Kindererziehung füllt meterweise die Regale der Buchhandlungen. Dabei steht stets das Kindeswohl im Mittelpunkt. Selbstverständlich ist es wichtig, dass es Kindern gut geht. Wir leben in einer Zeit wohlwollender Erziehender. Noch niemals zuvor wurde den Kindern so viel Aufmerksamkeit geschenkt wie heutzutage. Daneben ist das Mütterwohl etwas aus dem Blick geraten. Was brauchen Mütter? Und was hilft besonders sensiblen Frauen, ihr Muttersein als positiv zu erleben? Wie können Mütter auf eine lebensfreundliche Weise sowohl für sich als auch für ihre Kinder sorgen? Diesen Fragen soll in diesem Buch Raum gegeben werden. Außerdem sollen die Mechanismen aufgezeigt werden, auf die empfängliche Frauen besonders sensibel reagieren. Hochsensibilität und Muttersein – es kann sich sehr erfüllend und bereichernd anfühlen, aber meistens erst, wenn die hochsensible Veranlagung gut in die eigene Persönlichkeit integriert wurde und im Alltag ihren angemessenen Ausdruck findet. Dieses Buch soll dabei behilflich sein. Ich denke, dass auf der Ebene des Verstandes es sich bereits entlastend anfühlen kann, wenn Sie aus diesem Buch Erkenntnisse gewinnen. Der konstruktive und lebensfreundliche Umgang mit Ihrer Hochsensibilität geschieht dann aber durch die Seele und den Körper. Deshalb enthält dieses Buch auch Anleitungen und Impulse für gezielte Übungen.

Die junge Frau in der Eingangsszene ist übrigens keine erfundene Figur. Diese junge Mutter war ich, dies ist eine Szene, an die ich mich noch lebhaft erinnere. Hätte ich damals schon gewusst, dass ich hochsensibel bin, wäre manches in meinem Leben und in der Beziehung zu meinen Kindern für mich besser einzuordnen gewesen und das Wissen um meine Veranlagung hätte mir früher die Tür zu mehr Gelassenheit geöffnet. Nun hoffe ich, dass dieses Buch dazu beitragen kann, dass andere hochsensible Mütter zu mehr Zufriedenheit und Ausgeglichenheit finden.

17

I. Grundsätzliche Gedanken zur Hochsensibilität

Man soll niemandes Sensibilität verachten – eines jeden Sensibilität ist sein Genie.

Charles Baudelaire

1. Von der Widerstandskraft der Mimosen

Die Natur liefert uns zahlreiche Beispiele für körperliche und seelische Prozesse. Wenn wir uns hier mit dem Thema Hochsensibilität beschäftigen, dann liegt der Vergleich mit einer Pflanze nahe, die für ihre Empfindlichkeit bekannt ist: der Mimose. Sie werden vielleicht auch schon die Erfahrung gemacht haben, als »Mimose« bezeichnet zu werden. Beschäftigt man sich mit der Pflanze, so fällt einem auf, dass die Mimose zwar sehr berührungsempfindlich ist, stark auf Licht- und Temperaturschwankungen reagiert und Erschütterungen übel nimmt, dass sie aber gleichzeitig nur den betroffenen Pflanzenteil »einklappt«, der Rest der Pflanze bleibt unbeeindruckt. Nach einer Weile öffnet sich die Pflanze wieder und regeneriert sich.

Mir scheint, so verhält es sich auch bei hochsensiblen Menschen. Hochsensibel zu sein, bedeutet, stark auf innere und äußere Reize wie durch einen Verstärker zu reagieren.

Wodurch diese erhöhte Wahrnehmungsfähigkeit zustande kommt, ist noch nicht erwiesen. Möglicherweise liegt es am Nervensystem, welches feiner verästelt ist, oder an bestimmten neurobiologischen Verschaltungen im Gehirn oder an einem bestimmten Zusammenspiel von Botenstoffen zwischen den Nervenzellen – bis jetzt bleibt die Forschung eine allgemeingültige Antwort darauf schuldig. Man weiß also lediglich, dass es hochsensible Menschen gibt; ob auch biologische Unterschiede zu Normalsensiblen bestehen, wird sich in Zukunft sicher zeigen. Es gibt aber durchaus Hinweise darauf, dass es diese Unterschiede geben könnte. Bis jetzt können wir darüber nur Vermutungen anstellen. Eines aber ist sicher: Hochsensible verfügen über eine außerordentlich hohe Wahrnehmungs- und Empfindungsfähigkeit. Diese Fähigkeit ist auch gleichzeitig eine Belastung, denn als hochsensibler Mensch können Sie sich nicht aussuchen, was Sie stark empfinden wollen und was nicht. Sie haben, wenn überhaupt, nur einen geringen Filter zwischen Ihrer Innenwelt und den Reizen, die von außen auf Sie einströmen. Es kann auch sein, dass Sie besonders schreckhaft sind und bei Geräuschen oder Lärm empfindlich reagieren. Vielleicht können Sie aber auch Gerüche besonders fein wahrnehmen, sodass Sie es merken, wenn zwei Stockwerke unter Ihnen frisch gestrichen wurde. Möglicherweise gehören Sie aber auch zu den Hochsensiblen, die Beziehungen zwischen Menschen besonders stark wahrnehmen können, zum Beispiel, wenn Sie einen Raum betreten und spüren, dass eine gewisse Spannung in der Luft liegt, oder Sie eine Party besuchen und nach kurzer Zeit die Beziehungen der Anwesenden untereinander analysieren können. Das alles kann Ausdruck einer hochsensiblen Veranlagung sein, wobei es in den meisten Fällen so sein dürfte, dass viele der hier beschriebenen Reize gleichzeitig auf Sie einströmen. Um beim Beispiel der Party zu bleiben, könnten Sie schon durch die laute Musik (die auch im Grunde genommen nicht Ihr Stil ist) an Ihre Grenzen kommen. Dazu die vielen, meist fremden, Personen, unterschiedliche Parfums und Kleidungsstile, grelles, buntes Licht oder auch schlecht ausgeleuchtete Ecken, vielleicht noch unbequeme Stühle oder runde Stehtische, an denen Sie sich nicht anlehnen können, taxierende Blicke und niemand, der Sie freundlich anlächelt und willkommen heißt – das alles sind Impulse, die auf Ihr Nervensystem einwirken und dort ihre Wirkung entfalten.

Hochsensibel zu sein heißt, dass Sie *immer* stark empfinden, gleich, ob die Situation etwas mit Ihnen zu tun hat oder nicht.

Es kann sein, dass Sie unter einem beobachteten Konflikt oder Wortwechsel so leiden, als wären Sie selbst betroffen. Stellen Sie sich folgende Situation vor: In der Schule Ihrer Tochter soll ein Flohmarkt stattfinden. Seit Wochen schon sortieren Sie mit Ihrem Kind oder alleine alte Spielsachen aus, diskutieren mit Ihrem Mädchen darüber, von welchem Plüschtier es sich nun endgültig trennen möchte und ob das Bobbycar nicht doch auch endlich einmal ausrangiert werden könnte. Es heißt für Ihre Tochter, von lieb gewordenen Dingen Abschied zu nehmen, Sie sammeln die bereitgestellten Dinge in Kartons und dann ist der große Tag da. Ihr kleines Mädchen ist aufgeregt und hüpft wie ein Gummiball um Sie herum, während Sie die Kartons mit den Schätzen im Auto verstauen. Nach längerer Parkplatzsuche (denn auch alle anderen Eltern sind zum Flohmarkt ihrer Sprösslinge unterwegs) kommen Sie mit Sack und Pack auf dem Schulhof an und finden noch ein Eckchen, in dem Sie die Decke Ihrer Tochter ausbreiten können, nicht ohne sich darüber zu ärgern, dass sich die anderen Kinder und ihre Eltern so breitmachen. Sie lassen Ihre Tochter als kleine Händlerin zurück und suchen das WC auf. Durch die Parkplatzsuche, das Geschleppe und den Lärm auf dem Pausenhof befinden Sie sich schon in einer Anspannung, die Ihnen erst bewusst wird, als sich plötzlich ein lautstarker Streit zwischen zwei anderen Müttern entspinnt. Sie wissen nicht, um was es geht, aber sofort beschleunigt sich Ihr Herzschlag und Sie ziehen unwillkürlich den Kopf ein. Die eine Mutter ist ausländischer Herkunft und des Deutschen nicht sehr mächtig, was dazu führt, dass sie nur in abgehackten, unvollständigen Sätzen spricht, die sich beleidigend anhören. Die fehlende Sprache wird durch Lautstärke wettgemacht. Sie zucken unwillkürlich bei jedem Satz zusammen. Es schmerzt Sie regelrecht körperlich. Sie empfinden das Unvermögen der Frau, sich auszudrücken, als Druck in Ihrer Seele und auf Ihrem Magen. Gleichzeitig nehmen Sie die Verzweiflung der Frau wahr, in einem Land leben zu müssen, in dem man sie nicht versteht. Die andere Mutter ist dagegen des Deutschen sehr wohl mächtig, da es ihre Muttersprache ist, und sie lässt in genauso beleidigender Weise, mit vielen Schimpfworten vermischt, eine Sturzflut von Worten auf ihre Gegnerin niederprasseln, von der Sie fast jedes einzelne als Schlag empfinden. Sie empfinden die unausgesprochene Fremdenfeindlichkeit der Frau und spüren einen Kloß im Hals. Sie bemühen sich um möglichst unauffälliges Verhalten und verlassen den Ort des Geschehens sehr bald mit zittrigen Händen und aufgewühlter Seele. Erleichtert atmen Sie auf, als Sie die wütenden Stimmen hinter sich gelassen haben, aber noch Stunden später sind Sie innerlich unruhig und nervös und Ihre Gedanken kreisen einerseits um die Worte, die Sie gehört haben und andererseits um Ideen, wie die beiden Kampfhennen ihren Streit hätten lösen können, ohne dermaßen ausfallend zu werden.

Wie geht es Ihnen, wenn Sie dieses Beispiel lesen? Können Sie spüren, wie sich Ihr Herz beschleunigt? Die Auswirkungen eines beobachteten Konflikts können nahezu dieselben sein, als wenn Sie selbst im Mittelpunkt dieser Auseinandersetzung stünden.

Und jetzt stellen Sie sich dieselbe Situation vor. Sie bereiten bereits seit Wochen den Flohmarkt Ihrer Tochter vor. Am Veranstaltungstag, nach der Parkplatzsuche, zu der Sie sich etwas Zeit eingeräumt haben, kommen Sie in einer gelassenen und langsamen Gangweise auf dem Schulgelände an. Sie spüren ein menschliches Bedürfnis und suchen das WC auf. Auf dem Weg dahin setzen Sie Ihre Schritte bewusst und langsam, denn Sie spüren, wie der Lärm und das Gewusel des Pausenhofs Sie aus Ihrem inneren Zentrum, aus Ihrer Ruhe bringen. Gleichzeitig spüren Sie beim Gehen Ihrem Atem nach und lenken ihn bewusst in Ihren Bauchraum, dorthin, wo Sie das unruhige Gefühl spüren. Sie freuen sich daran, dass es Ihnen gelingt, mithilfe des bewussten Gehens und Atmens wieder ruhiger zu werden und passieren die Eingangssperre der Toiletten. Aufgeregte und auch wütende Stimmen erreichen Ihr Ohr. Es gelingt Ihnen, Ihre Energie und Ihre Aufmerksamkeit auf Ihren inneren Raum zu lenken, in dem es sich jetzt ruhiger anfühlt. Sie nehmen zwar wahr, dass der Streit eskaliert und registrieren unschöne Worte, aber Sie wissen, dass das nichts mit Ihnen zu tun hat und sind ganz bei sich. Bewusst, ruhig und entspannt nehmen Sie Ihre Handlungen vor, achten auf Ihren Atem und stehen als gute Freundin Ihrem Herzen bei, damit es nicht schneller schlagen muss. Gesammelt und aufmerksam spüren Sie, dass Sie stark sind und den äußeren Anforderungen gewachsen. Genauso langsam und besonnen verlassen Sie das WC, in dem die beiden Frauen sich immer noch lautstark beschimpfen und freuen sich, dass Sie bald wieder bei Ihrer Tochter sein werden, deren kindliche Freude Ihnen das Herz wärmt.

Wie geht es Ihnen jetzt, nach dem Lesen dieser Version der gleichen Situation? Spüren Sie den Unterschied? Können Sie etwas von dem wahrnehmen, was sich verändert hat? Mir sind Hochsensible begegnet, die sehr gut mit ihrer Veranlagung zurechtkamen und recht zufrieden wirkten. Und dann wieder gibt es hochsensible Menschen, die wirklich damit hadern und unglücklich sind. In den beiden Versionen des Beispiels von oben werden diese unterschiedlichen Haltungen sichtbar. Ich habe eine gute Nachricht für Sie: Es ist für jeden hochsensiblen Menschen möglich, im Einklang mit sich und der eigenen Veranlagung zu leben. Ich gebe zu, der Weg dahin kann sich mitunter steinig und beschwerlich anfühlen, aber mit der richtigen Ausrüstung ist er gut zu bewältigen. Hauptsache, Sie gehen ihn in Ihrem eigenen Rhythmus und im Einklang mit Ihren Bedürfnissen. Ein Sportler, der früher Radrennen gefahren ist, sagte mir einmal, dass es auch für mich, die ich ziemlich unsportlich bin, möglich sei, mit dem Fahrrad auf einen Berg zu fahren. Nur müsste ich das vielleicht anders anpacken als jemand, der gut trainiert ist. Was uns manchmal hindert, eine persönliche Entwicklung zu machen, sind unser eigenes Anspruchsdenken und der Vergleich mit anderen. Hochsensibel zu sein heißt, tatsächlich anders zu denken und zu empfinden als jemand, der nicht hochsensibel ist. Wenn Sie sich mit normalsensiblen Menschen messen, hieße das, Äpfel mit Birnen zu vergleichen.

Vielleicht macht Ihnen das Eingangsbeispiel mit der Mimose auch eines deutlich: Sie sind immer nur zu einem Teil von dem betroffen, was Sie wahrnehmen. Dieser Teil in Ihnen rollt sich dann vielleicht zusammen, zieht sich zurück und fühlt sich verletzt oder einfach überschwemmt, jedoch können Sie davon ausgehen, dass dieser erschütterte Teil sich nach einer Weile auch wieder regeneriert und entfaltet. Hochsensible besitzen neben der hohen Verletzlichkeit auch eine große Widerstandskraft. Dazu später mehr.

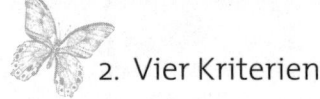

2. Vier Kriterien

Sie werden sich nun vielleicht fragen, worin der Unterschied zwischen Hochsensiblen und Normalsensiblen besteht, denn im Grunde genommen kann ja jeder Mensch mindestens eine der oben aufgeführten Empfindlichkeiten haben. Es gibt kaum zwei Hochsensible, bei denen sich ihre Veranlagung in gleicher Weise zeigt. Doch trotz aller individuellen Unterschiede gibt es doch eindeutige Merkmale, die hochsensible Menschen auszeichnen und bei Normalsensiblen nicht vorliegen.

Als erstes Kriterium wäre da die *schmale Komfortzone* zu nennen. Unter Komfortzone verstehe ich den Bereich, in dem Sie sich wohlfühlen, wo nichts zwickt und zwackt und Sie sich einigermaßen mit sich im Reinen fühlen. Dieser Bereich ist sehr schmal und deutlich kleiner als bei normalsensiblen Menschen. Wenn Sie diesen schmalen Pfad in die eine Richtung verlassen, wird Ihnen langweilig, wenn Sie ihn in die andere verlassen, sind Sie überstimuliert. Beide Zustände bringen Sie aus Ihrer Komfortzone hinaus. Nicht nur ein Zuviel an Reizen kann Ihnen unangenehm sein, sondern auch ein Zuwenig. Die stimmige Balance zwischen zu viel und zu wenig zu finden, verlangt eine hohe Aufmerksamkeit für das eigene Befinden. Wenn andere Menschen nach einem Arbeitstag noch in die Kneipe an der Ecke gehen wollen, möchten Sie Ihre Ruhe haben und zu Hause die Tür hinter sich schließen.

Das Anstrengende daran ist, dass Ihr Wohlfühlbereich nahezu stündlich neu ausbalanciert werden muss. Lichtverhältnisse, Temperaturen, Stimmungen und Gedanken werden stets unterschiedlich wahrgenommen und bewertet. Haben Sie sich vor einer Stunde noch wohlgefühlt mit dem Alleinsein, Ihrer Kuscheldecke und dem strömenden Regen vor den Fenstern, sind Sie nun auf einmal deprimiert, weil niemand nach Ihnen fragt, es eigentlich doch ganz schön wäre, unter Menschen zu sein, und der Regen kommt Ihnen vor wie die ungeweinten Tränen Ihres Lebens.

Diese Wechselhaftigkeit ist nicht nur für Sie anstrengend, sondern auch für Ihr Umfeld. Von außen ist es schlichtweg nicht zu sehen, was in Ihnen vorgeht. Ihre vielschichtige Wahrnehmungs-fähigkeit hat aber nichts mit Wankelmut oder gar Unstetigkeit zu tun, sondern ist lediglich Ausdruck einer Vielfalt von Interpretationsmöglichkeiten, die Sie wahrnehmen können.

Das zweite Kriterium, welches Hochsensible von Normalsensiblen unterscheidet, ist die *Neigung zur Überstimulation*. Unter Überstimulation verstehe ich den Zustand, in dem Ihnen alles zu viel wird, Sie nervös und fahrig werden und Ihnen die kleinsten Erfordernisse des Alltags schwerfallen. Überstimulation fängt schon bei ganz kleinen Dingen an, wie zum Beispiel dem Richten des Frühstücks für die Familie.

Viele hochsensible Mütter haben mir berichtet, dass sie sehr früh aufstehen, um in aller Ruhe das Frühstück vorbereiten zu können, und diese Zeit regelrecht brauchen, bevor der Sturm des Alltags über sie hereinbricht. Schon ein Kind, welches sich unerwartet früh meldet, bringt die hochsensible Mutter aus ihrer Komfortzone und kann überstimulierend wirken.

Bei sehr hochsensiblen Menschen kann jede Begegnung auf der Straße, jede Tätigkeit, jedes Gespräch überstimulierend sein. Wenn jemand überstimuliert ist, ist er nicht mehr in seiner Ruhe und kaum in Kontakt mit seiner Kraft. Überstimuliert zu sein, schwächt und es fühlt sich an wie ein Gewitter im Kopf und wie eine Konfusion im Herzen. Bei starker Überstimulation können Sie nicht mehr klar denken, reagieren gereizt und ungehalten und sind oft ein Rätsel für sich selbst und Ihre Umwelt. Die Tendenz, überstimuliert zu sein, ist allgegenwärtig für Hochsensible und Teil ihres Alltags.

Das dritte Kriterium hochsensibler Menschen besteht im *langen Nachhallen*. Alles, was Sie erleben, wirkt in Ihnen lange nach. Ihr Organismus ist wie ein Speicher, in dem alle Situationen, alle E-Mails, Telefonate und Gespräche gesammelt werden und dort mitunter wochenlang verbleiben, bis sie verarbeitet sind. Deshalb kann es sein, dass Ihnen lange ein unbedachtes Wort aus einer E-Mail nachläuft oder Sie sich noch lange darüber Gedanken machen, warum die Nachbarin wohl so kurz angebunden gewesen sein mag. Letztlich werden Sie auch Ihr eigenes Verhalten ständig auf Korrektheit überprüfen und sehr damit beschäftigt sein, sich Szenarien für »besseres« Verhalten auszudenken.

Das vierte Kriterium der Unterscheidung ist die *stark ausgeprägte individuelle Wahrnehmungsfähigkeit*. Jeder Hochsensible kann etwas anderes besonders stark wahrnehmen. Auch wenn sich im Grunde genommen die meisten Hochsensiblen mit ähnlichen Problemen konfrontiert sehen, so sind die individuellen Unterschiede doch sehr stark. Auch die Stärke der Empfindungen kann variieren. Und es gibt auch Menschen, die punktuell in einem Bereich sehr stark wahrnehmungsfähig sind, dafür aber ansonsten normalsensibel durchs Leben gehen. Die Bereiche, um die es hier geht, umfassen Geruch, Berührungen, Farben/Gestaltung, Geräusche und Stimmungen.

3. Der Einfluss des Umfelds

Forschungsergebnisse belegen, dass ca. 15 bis 20 Prozent aller Menschen hochsensibel sind, unabhängig vom kulturellen Hintergrund.[3] Hochsensible Menschen dürfte es immer schon gegeben haben, nur wurde jeweils unterschiedlich mit der Eigenschaft der Sensibilität umgegangen. Es ist leicht vorstellbar, dass es einen Unterschied macht, ob Sie in einer Gesellschaft leben, in der Sensibilität ein hoher Wert ist und geschätzt wird, oder ob Sie in einem Umfeld zu Hause sind, in dem eher Härte und Durchsetzungsfähigkeit als Maßstab für ein geglücktes Leben gelten. Es gibt vergleichende Studien, aus denen hervorgeht, dass sensible Kinder in China in der Klassenhierarchie ganz vorne stehen, während in Kanada die sensiblen Kinder am wenigsten geschätzt werden.[4] In unserer mitteleuropäischen Gesellschaft beobachte ich beides: Grundsätzlich gilt auch hier, dass Sensibilität an sich kein hohes Ansehen genießt, es sei denn, man ist anerkannter Künstler und kann sein Geld damit verdienen. Aber der normalbegabte Mensch ohne besondere künstlerische Ambitionen, der einfach nur besonders sensibel ist, wird leicht als »Mimose«, »Weichei« und Ähnliches bezeichnet. Immer noch sind viele Menschen, darunter auch viele Lehrer, der Ansicht, man müsse die Kinder auf das »ach so harte Leben« vorbereiten und ihnen ihre Sensibilität abtrainieren. Wie aber will man einem Birnbaum beibringen, Äpfel zu produzieren? Egal, was man mit ihm anstellt, er wird immer Birnen hervorbringen. So verhält es sich auch mit der Hochsensibilität. Eine angeborene Veranlagung wird man auch mit größter Anstrengung nicht wegbekommen können. Jedoch wird es natürlich einen Einfluss auf die Sensibilität haben, wie man mit ihr umgeht. Erlebt ein Kind, dass es in dieser Besonderheit nicht geschätzt wird und irgendwie anders sein sollte, als es ist, wird es sich entweder rebellisch verhalten oder sich ganz in sich selbst zurückziehen. Auf jeden Fall aber wird es versuchen, nicht sensibel zu erscheinen, koste es, was es wolle. Werden diese Kinder dann zu Erwachsenen und bekommen selbst Kinder, dann kann es sein, dass ihre angeborene Sensibilität, die sie jahrzehntelang gut kontrollieren konnten, sich zurückmeldet in Form von Überstimulation, Gereiztheit, Nervosität und ähnlichen Symptomen. Oft merken Erwachsene erst im Kontakt mit ihren eigenen Kindern, wie sensibel sie wirklich sind und eigentlich immer schon waren.

Andererseits gibt es seit einigen Jahren auch immer mehr Anzeichen dafür, dass sich eine Wandlung im herrschenden Wertesystem ankündigt. Die zahlreichen Bücher, die in den letzten Jahren zum Thema Hochsensibilität erschienen sind, legen ein Zeugnis davon ab. Immer mehr Menschen erkennen den hohen Wert sensibler Menschen und immer mehr Betroffene versuchen, ihr Leben hochsensiblengerecht zu gestalten. Für Hochsensible, die in Mitteleuropa leben, stellt sich momentan die Aufgabe, ihre Veranlagung zu akzeptieren und auf eine stimmige und selbstverständliche Weise zu leben. Kein leichtes Unterfangen, wenn man bedenkt, dass Sensibilität zwar im privaten Rahmen durchaus Anerkennung findet, im öffentlichen Raum (Schulen, Kindergärten, Wirtschaft, Politik, Beruf) allerdings wenig bis gar nicht. Der einzige öffentliche Bereich, in dem Sensibilität in einem gewissen Maß toleriert oder sogar erwünscht wird, ist die Religion. Als Seelsorger oder Pfarrer wird Einfühlungsvermögen vorausgesetzt. Beratungsgespräche und Predigten verlangen eine Differenziertheit in der Wahrnehmung. Als einfaches Gemeindemitglied hochsensibel zu sein und kein Forum des Ausdrucks dafür zu finden, ist hingegen vielfach nicht einfach.[5]

Lassen Sie mich noch einmal zusammenfassen: Hochsensibilität ist eine angeborene Veranlagung, die sich dadurch äußert, dass die Betroffenen innere und äußere Reize sehr viel stärker wahrnehmen als Normalsensible. Es gibt vier Unterscheidungskriterien, die Hochsensible von Normalsensiblen unterscheiden: die schmale Komfortzone, die Neigung zur Überstimulation, das lange Nachhallen und die individuell stark ausgeprägte Wahrnehmungsfähigkeit.

Ein wichtiger Hinweis darf hier nicht unerwähnt bleiben: Die meisten Hochsensiblen scheinen introvertiert zu sein, man spricht von einer Verteilung von 70 % zu 30 %, also 70 % introvertierte und 30 % extravertierte Hochsensible.[6] Dementsprechend richten sich die meisten Bücher an Introvertierte. Auch in diesem Buch wird größtenteils von Introvertierten die Rede sein. Aus diesem Grund ist es mir jetzt ein Anliegen, auf die Besonderheiten extravertierter Hochsensibler hinzuweisen.

Es scheint zum Beispiel so zu sein, dass sich extravertierte HSP (so die gebräuchliche Abkürzung hochsensibler Personen) leichter damit tun, soziale Kontakte herzustellen und aufrechtzuerhalten. Sie scheinen sich auch besser in Gesellschaft entspannen zu können. Sie haben vielleicht auch weniger Mühe mit Smalltalk und sind auf den ersten Blick möglicherweise gar nicht als hochsensibel erkennbar. Bei Extravertierten findet die Überstimulation nicht so sehr in Folge sozialer Kontakte statt, sondern ist möglicherweise mehr sachbezogen (zu viele Projekte). Die Eigenschaft, gut mit anderen Menschen in Kontakt zu sein, mag für introvertierte HSP sehr erstrebenswert erscheinen – gerade Mütter wünschen sich oft, leicht mit anderen Müttern in Kontakt zu kommen und sich auszutauschen.

Wichtig ist mir an dieser Stelle hervorzuheben, dass hochsensibel zu sein nicht gleichbedeutend ist mit introvertiert oder schüchtern sein. Hochsensibilität existiert unabhängig davon. Zudem ist Schüchternheit eine sozial erworbene Eigenschaft, nichts Angeborenes. Jemand wird schüchtern, weil er oder sie Erfahrungen mit der Umwelt gemacht hat, die ihn/sie zurückhaltend und vorsichtig werden ließen.

Wenn jemand sehr introvertiert, hochsensibel und vielleicht auch noch schüchtern ist, dann wünscht er oder sie sich verständlicherweise, auch einmal so unkompliziert und offen sein zu können wie der Freund oder die Arbeitskollegin. Mir ist es daher wichtig, von Kompetenzen zu sprechen.

Ein Introvertierter wird vielleicht nie wirklich extravertiert sein, aber gewisse Kompetenzen kann er oder sie sich von Extravertierten aneignen, zum Beispiel wie man ein Gespräch mit einer fremden Person eröffnet.

Umgekehrt können Extravertierte von Introvertierten eine größere Innerlichkeit und Zurückhaltung lernen, Eigenschaften, die auch manchmal gefordert sind. Es gibt keinen »besseren« Typus, es gibt nur Dinge, die man noch lernen kann, und Dinge, die man schon in großem Ausmaß zur Verfügung hat.

Die Vorschläge zur hochsensiblengerechteren Lebensweise, die in diesem Buch enthalten sind, sind für beide Typen in ihren unterschiedlichen Ausprägungen nützlich.

4. Fragebogen zur Selbsteinschätzung

Ich habe einen kleinen Fragebogen zusammengestellt, der Ihnen Anhaltspunkte dafür liefern kann, ob Sie zu den hochsensiblen Müttern gehören. Dabei ist mir wichtig, dass Sie ihn wirklich nur als Anhaltspunkt betrachten. Selbst wenn nur ein Punkt davon auf Sie zutrifft, dafür aber in besonderem Maße, können Sie hochsensibel sein. Um auf das Vorhandensein von Hochsensibilität schließen zu können, muss man viele Indizien berücksichtigen. Dennoch können Fragebögen hilfreich sein, um eine erste Annäherung zur Selbsteinschätzung vorzunehmen.

Der folgende Fragebogen ist ausschließlich für Mütter konzipiert. Ein Fragebogen zur allgemeinen Bestimmung von Hochsensibilität findet sich in dem Buch von Elaine Aron »Sind Sie hochsensibel?«, erschienen im MVG Verlag, München, 2005.

Ein Fragebogen zur Selbsteinschätzung

1. Oft fühle ich mich überfordert von der ständigen Präsenz, die von mir verlangt wird.
2. Die Stimmungen meines Kindes beeinflussen mich stark.
3. Es ist mir oft zu eng, wenn mein Kind starken Körperkontakt sucht.
4. Ich denke insgeheim oft, dass ich keine gute Mutter bin.
5. Ich mache mir viele Gedanken darüber, wie ich als Mutter sein sollte.
6. Wenn mein Kind schreit, leide ich körperlich.
7. Situationen, die unberechenbar sind, versuche ich zu vermeiden.
8. Ich fühle mich sehr verantwortlich für alles, was meinem Kind geschieht.
9. Ich bin sehr pflichtbewusst.
10. Wenn viel los ist, werde ich schnell gereizt.
11. Ich fühle mich oft schuldig, weil ich meinem Kind nicht das geben kann, was es meiner Meinung nach braucht.
12. Das Alleinsein fehlt mir oft sehr.
13. Ich bin oft müde und ausgelaugt.
14. In Gegenwart anderer kann ich oft nicht unbefangen mit meinem Kind umgehen.
15. Ich bin oft unsicher, ob ich den Bedürfnissen meines Kindes gerecht werde.
16. Mutter-Kind-Gruppen, Krabbeltreffs und Spielgruppen langweilen mich.
17. Ich kann mich gut in mein Gegenüber hineinversetzen und glaube zu wissen, was er oder sie spürt.
18. Oft fällt es mir schwer, Lehrern oder Erzieherinnen gegenüber meinen Standpunkt klar und deutlich zu äußern, weil ich niemanden verletzen will.
19. Konsequent zu sein in der Erziehung fällt mir eher schwer.
20. Kritik nehme ich persönlich.

Wenn Sie mindestens zwölf der Fragen mit Ja beantwortet haben, dann wirkt sich Ihre Hochsensibilität mit großer Wahrscheinlichkeit auf Sie als Mutter aus. Nun haben Sie eine Richtlinie zur Einschätzung der Themenbereiche, die Sie besonders betreffen. Von nun an wird es Ihnen möglich sein, Ihr bisheriges Leben aufgrund dieser Veranlagung neu zu bewerten und vieles anders einzuordnen. Ich habe diesen Fragebogen für Interviews mit hochsensiblen Müttern eingesetzt und die Antworten sind alle in dieses Buch eingeflossen. Im Übrigen kursieren mehrere Begriffe für das gleiche Phänomen. Neben »Hochsensibilität« ist am häufigsten der Begriff »Hochsensitivität« anzutreffen. Vertreter dieser Begrifflichkeit meinen, dass mit Hochsensitivität vor allem die sensorischen Verarbeitungsprozesse angesprochen sind und nicht nur das sensible Empfinden. Die Pionierin auf dem Gebiet der Hochsensibilität, Elaine Aron, klinische Psychologin aus San Francisco, bezeichnet aus diesem Grunde hochsensible Menschen auch als »Sensory-Processing Sensitivity (SPS)«, was so viel bedeutet wie »eine Sensibilität, die von einem Nervensystem verursacht wird, das unablässig Informationen mit all ihren subtilen Details aufnimmt und weiterleitet«.[7] Ich meine, dass es den Betroffenen wenig nützt, sich von den Feinheiten der Begriffsunterscheidung verwirren zu lassen. Sie sollten vielleicht einfach wissen, welche Begriffe es auch noch für diese Veranlagung gibt und denjenigen benutzen, mit dem Sie sich am wohlsten fühlen. Aus dem Grunde bleibe ich in diesem Buch auch bei dem Begriff »Hochsensibilität«.

5. Überstimulation als hilfreiches Werkzeug

Wie ich bereits geschrieben habe, gehört die Tendenz, überstimuliert zu sein, zu der Veranlagung des hochsensiblen Menschen dazu – auch wenn viele gerade diese Eigenschaft als problematisch erleben. Wir neigen manchmal alle dazu, nur das, was uns positiv erscheint, an einer Sache haben zu wollen, und diejenigen Dinge, die mühsam oder belastend erscheinen, nicht in Kauf zu nehmen. Das ist aber genauso, als würden Sie sich von einem Kuchen nur die Rosinen herauspicken oder, noch deutlicher ausgedrückt, duschen, ohne nass werden zu wollen. Wenn Ihnen an jedem Tag Ihres Lebens ein ganzer Kuchen hingestellt wird, von dem Sie aber nur die Rosinen essen, dann werden Sie nicht satt werden. Außerdem führt einseitiger Rosinengenuss auch zu Mangelerscheinungen. Mit der Zeit verlernen Sie dann, Geschmack an anderen Lebensmitteln zu haben und sind »rosinenfixiert«. Um den vollen Geschmack des Kuchens zu erleben, gehören auch Stücke ohne Rosinen dazu. Viele Menschen, die den Weg in meine Praxis finden, kommen mit dem Wunsch, die Überstimulation nicht mehr erleben zu müssen. Es ist ein wichtiger erster Schritt zu mehr Selbstkompetenz, zu erkennen, dass überstimuliert zu sein zum eigenen Wesen dazugehört wie die Nacht zum Tag. Sie können nicht hochsensibel sein, empathisch und wertschätzend, kognitiv begabt und differenziert, ohne auch zu akzeptieren, dass es häufig Momente gibt, in denen Ihnen alles zu viel ist und Sie nicht wissen, wohin mit den vielen Reizen, die bei Ihnen das innere Gewitter auslösen. Das ist sozusagen der Preis für Ihre Vielschichtigkeit.

In den folgenden Kapiteln werden die Dinge, die für Sie als hochsensible Mutter anstrengend sein dürften, genauer beleuchtet. An dieser Stelle möchte ich Sie zunächst einmal dazu einladen, ein paar grundlegenden Gedanken zum Thema Überstimulation Raum zu geben. Was genau ist denn Überstimulation? Überstimulation ist meines Erachtens ein subjektives Gefühl des »Zuviel«. Es gibt dafür keine objektive Maßeinheit. Alles, was Sie erleben, kann zu viel sein. Angefangen davon, dass es Ihnen vielleicht zu viel ist, wenn Ihre Kinder beide gleichzeitig auf Sie einreden, bis hin zu dem »Zuviel«, welches Sie erleben, wenn Sie an all das denken, was Sie heute noch erledigen müssen. Die Möglichkeiten, was »zu viel« sein kann, sind praktisch unbegrenzt.

Ein »Zuviel« wird auch immer von dem Gefühl begleitet, keine Möglichkeiten zur Bewältigung zu haben. Ein Weg, der Überstimulation regulierend zu begegnen, ist also, einen Weg der Bewältigung zu finden. Und der Eindruck, etwas bewältigen zu können, findet zunächst einmal im Kopf statt.

Aus diesem Grunde werden die Übungen, die ich Ihnen vorschlage, und die Fragen, welche ich Ihnen mitgeben möchte, zunächst darauf abzielen, zu beobachten und darüber nachzudenken. Gleichzeitig ist mir sehr bewusst, dass sich auch Ihr Körper überstimuliert fühlen kann. Deshalb lege ich ebenso großen Wert auf die Wahrnehmung Ihrer Körperreaktionen. Es mag sein, dass Sie das nicht gewohnt sind, weil in unserer westlichen (und auch christlichen) Tradition das Körperbewusstsein eine nur untergeordnete Rolle spielt, dennoch möchte ich Sie einladen, sich darauf einzulassen. Ungewohntes fällt zunächst schwer, deshalb kann es sein, dass Sie Ihren Körper am Anfang gar nicht besonders spüren. Das könnte Ihnen das Gefühl geben, dass Ihr Körper keine große Rolle spielt. In dem Fall möchte ich Ihnen ein Baby – vielleicht Ihr eigenes – vor Augen halten. Sie erinnern sich: Wenn ein hungriges Baby weint, weint der ganze Körper des Kindes mit. Hunger zu haben, ist ja für einen so kleinen Menschen eine lebensbedrohliche Erfahrung, die es mit dem ganzen Babykörper macht. Da krampft sich der ganze kleine Leib zusammen, die Händchen ballen sich, die Beinchen werden angezogen und Augen und Mund sind ein einziger großer Hilfeschrei. In dieser Lebensphase sind Körper und Seele noch eins und seelischer Schmerz drückt sich eins zu eins im Körper aus. Und zwar für jeden neugeborenen Menschen.

In unserer westlichen Zivilisation ist es so, dass dem Verstand sehr viel Bedeutung beigemessen wird. Das ist ein Relikt der Aufklärung mit ihren Vertretern Jean-Jacques Rousseau und Denis Diderot an der Spitze. Neben allen guten Errungenschaften ist aber besonders die Betonung des Verstandes aus dieser Zeit in die Nachwelt überliefert worden. Und es ist zu beobachten, dass in Kulturen, die sehr verstandesbetont sind, im Gegenzug der Körper kaum Beachtung erfährt. Wenn das Bewusstsein von frühester Kindheit an auf die Entwicklung des Verstandes gelenkt wird, verlernt der Mensch irgendwann, die Signale, die ihm sein Körper sendet, überhaupt wahrzunehmen. Als erwachsener Mensch kann es dann sein, dass Sie den Eindruck haben, dass Ihr Körper gar nicht besonders auf Anstrengung oder Überstimulation reagiert und dass Sie höchstens einmal Kopfschmerzen haben. Meiner Ansicht nach handelt es sich bei diesem geringen Körperbewusstsein aber schon um eine Blockade. Denn so sind Sie nicht geboren. Wenn Sie als hochsensibler Mensch lernen möchten, die Überstimulation zu bewältigen, dann führt der Weg dahin auch über den Körper. Das ist der Grund, warum ich Sie vor allem in den ersten Kapiteln öfters dazu einladen werde, Ihrem Körpergefühl nachzuspüren. Die Haltung, Körper und Geist nicht zu trennen, finden wir auch bei Jesus, der stets Körper und Geist als Einheit betrachtete (das kann in den Evangelien nachgelesen werden, zum Beispiel in Markus 2,1-12).

Wenn Sie nun in Zukunft Ihren Körper mehr mit in Ihre Wahrnehmung hineinnehmen, dann machen Sie sich darauf gefasst, dass Ihr hochsensibler Körper seine eigene deutliche Sprache spricht. Es muss sich nicht gleich dramatisch anfühlen, die Signale werden vielleicht erst zögerlich zu spüren sein. Sie haben vielleicht auch schon beobachtet, dass sich bei scheinbar geringen Anlässen Ihr Magen zusammenzieht, es sich eng im Brustbereich anfühlt oder dass sich Ihr Körper an irgendeiner Stelle verspannt und verkrampft anfühlt. Ein hochsensibler Organismus ist wie ein hochempfindliches Instrument zum Aufspüren von möglichen Erdbeben, wie ein Seismograph. Noch bevor unser Verstand die Gründe benennen kann, spürt unser Körper seine eigene Wahrheit.

Aber zunächst wenden wir uns Ihrem Verstand zu. Ich möchte Ihnen ein Gedankenexperiment vorschlagen: Wie wäre es, wenn Sie ab jetzt denken würden, dass eventuell die Überstimulation auch eine Art Signalwirkung haben könnte? Was wäre, wenn das Gefühl des »Zuviel« Sie auf etwas hinweisen wollte? Vielleicht auf etwas in Ihrem Inneren, das noch zu bearbeiten ist oder auch lediglich darauf, dass Sie den falschen Wecker haben?

Das Gefühl des »Zuviel« kann bedeuten, dass Sie noch nicht Ihren Rhythmus leben. Hochsensible sind im Gegensatz zur gängigen Meinung sehr wohl belastbar und leistungsfähig, wenn sie ihren Werten gemäß leben (dazu später mehr) und dem, was sie tun, Sinn geben können. Dort, wo Ihr Herzblut ist, ist kaum Überstimulation. Sie werden lernen können, auch Ihr Leben als hochsensible Mutter so einzurichten, dass Sie den Zustand der Überstimulation als nützliches Werkzeug betrachten und möglichst wenig in Hilflosigkeit und Ohnmacht abrutschen.

Nun ist es aber auch so, dass es sehr große Unterschiede zwischen Hochsensiblen gibt. Der eine legt jedes Wort auf die Goldwaage und fühlt sich extrem leicht verletzt, die andere hat im Vergleich dazu eine relativ harte Schale, kann aber Lärm, plötzliche heftige Geräusche oder ein ständiges Hintergrundsummen, wie es bei Computern der Fall ist, kaum ertragen. Die einen sind regelrecht überfordert vom Telefon, den anderen macht das gar nichts aus, dafür reagieren sie verstört auf die schrecklichen Bilder der Nachrichten im Fernsehen. Kurz, es gibt kaum etwas, das nicht als überstimulierend empfunden werden kann. Vielleicht ist es bereits der schrille Ton Ihres Weckers, der Ihre Nerven übererregt, sodass Sie bereits Stunden vorher wach werden, aus Angst vor dem Schock dieser Geräuschexplosion neben Ihrem Ohr. Es dauerte Jahre, bis ich erkannt habe, dass ich im Grunde genommen ständig eine erhöhte Herzfrequenz hatte aufgrund solcher Reize. Das Herzklopfen war für mich so normal, dass ich lange Zeit gar nicht auf die Idee kam, es könnte auch anders sein. Nicht jeder Hochsensible reagiert so stark. Manches mag Ihnen aber auch so selbstverständlich vorkommen, dass Sie es vielleicht gar nicht hinterfragen. Machen Sie sich bewusst, dass jeder Gedanke, den Sie haben, alles, was Sie tun, wie Sie Ihren Tag strukturieren und wo Sie einkaufen gehen, Auswirkungen auf Ihr vegetatives Nervensystem hat. Unser Nervensystem reagiert auf Impulse. Jeder Reiz ist ein weiterer Impuls, der auf das Nervensystem einwirkt. Da die Nervenfasern des vegetativen Nervensystems mit allen Organen unseres Körpers verbunden sind, übertragen sich diese Impulse direkt auf den Körper. Das ist bei allen Menschen so, bei Hochsensiblen ist die Auswirkung aber unmittelbarer zu spüren. Sie bekommen Herzklopfen, einen Druck im Magen, feuchte Hände oder Ohrenklingeln, obwohl Sie vielleicht den auslösenden Impuls gar nicht bewusst wahrgenommen haben.

Einer Klientin von mir, nennen wir sie Marlies, wurde immer schlecht, wenn sie sich in großen, leeren Räumen aufhielt, wie zum

Beispiel Museen, Turnhallen oder großen Schulungsräumen. Dreißig Jahre lang litt sie unter Schwindelattacken und Zusammenbrüchen, oft in Zusammenhang mit diesen räumlichen Situationen. Es ging so weit, dass Marlies vermied, Ausstellungen oder Vorträge zu besuchen, schlecht wurde ihr aber immer noch. Im Laufe unserer Arbeit daran stellte sich heraus, dass sie während ihrer Schulzeit ihren ersten Zusammenbruch beim Turnen in der Turnhalle hatte und sowohl die Lehrerin als auch die Mitschüler mit Hilflosigkeit und Bloßstellen reagierten. Fortan wurde ihr regelmäßig im Sportunterricht schlecht, später auch auf der Straße, in öffentlichen Verkehrsmitteln, in Supermärkten und bei festlichen Anlässen. Marlies erkannte, dass ihr kindlicher hochsensibler Organismus mit einer Art Schockzustand auf den ersten Zusammenbruch reagiert hatte. Vereinfacht dargestellt, könnte es in ihr so ausgesehen haben:

Ereignis: gehasster Schulsport in Turnhalle, ungeschützter Raum.

Kindliche Schlussfolgerung: In großen Räumen, wo ich mich ungeschützt fühle, geht es mir schlecht.

Entscheidung: Ich vermeide ungeschützte Räume – wenn ich mich doch in einem aufhalten muss, dann sorgt mein Körper dafür, dass ich schnell hinaus kann.

Als Erwachsene waren diese unverarbeiteten Dinge so tief in Marlies' Unbewusstem verankert, dass es ihr an allen möglichen Orten schlecht wurde, ohne dass ein ersichtlicher Grund zu erkennen war. Erst langsam wurden ihr diese Zusammenhänge bewusst. Heute ist Marlies erfolgreich selbständig, hält Vorträge und Seminare, besucht Ausstellungen und Diskussionsforen. Außerdem ist sie zweifache Mutter; Turnaufführungen oder Sommerfeste hat sie zwar immer noch nicht gern, aber ihr wird nicht mehr schlecht in solchen Situationen.

In diesem Beispiel ist die Turnhalle der Impuls, der bei Marlies auf ihr Nervensystem wirkte und extreme körperliche Reaktionen hervorrief. Erst durch das Bewusstwerden war es ihr möglich, die Prozesse zu erkennen, die ihrem hochsensiblen Schlechtwerden zugrunde lagen. Mit diesen Erkenntnissen und Beobachtungen im Alltag gelang es ihr Schritt für Schritt, neue Impulse zu erarbeiten, die dann wiederum auf ihr Nervensystem einwirken konnten. Dass sie heute frei vor Gruppen stehen und sprechen kann und keine Angst mehr vor ungeschützten Räumen hat, liegt daran, dass sie den Mut hatte, sich im Erwachsenenalter und mit professioneller Unterstützung immer wieder gerade in solche Situationen zu begeben, damit der Organismus und das Nervensystem neue Impulse erlernen konnten. Am Anfang dieses Prozesses musste sie denn auch erleben, dass ihr wirklich schlecht wurde und dass sie es manchmal auch sagen musste, weil ihre körperlichen Zustände sichtbar für andere waren. Das verlangte Mut und Durchhaltevermögen. Mit der Zeit wurden ihre Symptome jedoch geringer, bis sie schließlich ganz verschwanden.

Das geht natürlich nicht von heute auf morgen. Ich möchte Ihnen mit diesem Beispiel aber aufzeigen, dass alles, was Ihnen begegnet, einen Impuls darstellt, der auf Ihr Nervensystem wirkt und dort die mannigfaltigsten Auswirkungen haben kann. Und dass es möglich ist, sich selbst neue Impulse zu erarbeiten.

Machen Sie sich bewusst, dass Sie als hochsensible Mutter zahlreichen Impulsen ausgesetzt sind, die Ihnen möglicherweise gar nicht einmal bewusst sind. Schreit Ihr Kind häufig und Ihr Körper reagiert mit Nervosität, könnte das ein Hinweis auf einen Impuls in Ihrer Vergangenheit sein. Wissen Sie, wie Ihre frühen Bezugspersonen auf Ihr Weinen reagiert haben? Haben Sie als Baby viel geschrien oder waren Sie eher still und unauffällig? Die Erziehungsmaximen vor ein paar Jahrzehnten legten den damaligen jungen Eltern nahe, ihr Baby schreien zu lassen, in der irrigen Auffassung, das würde die Lungen stärken. Wie viele hochsensible Babys mag es darunter gegeben haben, die heute als Eltern jedes Mal, wenn ihr Kind weint, an ihr eigenes Weinen erinnert werden?

Es gibt also Reize, die unmittelbar und aus dem Moment heraus überstimulierend wirken, wie zum Beispiel das Weckergeräusch, und es gibt Reize, die Sie an einen Impuls in Ihrer Vergangenheit erinnern. Es ist manchmal gar nicht so einfach, das eine vom anderen zu trennen. Macht Sie das laute Radio so nervös, weil Sie geräuschempfindlich sind, oder erinnert die Lautstärke Sie an Ihr Elternhaus, in dem es auch immer (zu) laut herging? Ist diese ständige Anspannung, die Sie spüren, ein Ergebnis Ihrer hochsensiblen Wahrnehmung oder vielleicht doch eher die Erinnerung daran, dass Sie immer besonders viel leisten mussten, um anerkannt zu sein? Das sind interessante Fragen, die sich nur prozesshaft in einer Beratung oder Therapie beantworten lassen. Im Rahmen dieses Buches soll es zunächst genügen, Ihnen die Idee für die unterschiedlichen Reize und Impulse mitzugeben. Im Falle des Weckers ist die Lösung einfach: Es gibt im Fachhandel sogenannte Sonnenaufgangssimulator-Lampen mit Weckfunktion. Wie der Name schon verheißt, bilden diese Lampen das Licht eines Sonnenaufgangs nach. Es gilt als erwiesen, dass der Körper auf Licht reagiert und der Aufwachrhythmus von der Helligkeit gesteuert wird. Sie können bei dieser Lampe die Weckzeit einstellen und eine halbe Stunde vorher beginnt die Lampe, sanft das Tageslicht zu simulieren. So kann der Körper sich bereits auf das Aufwachen vorbereiten und wird nicht abrupt aus dem Schlaf gerissen. Ist die Weckzeit dann erreicht, können Sie zwischen Vogelzwitschern oder asiatischen Klängen wählen, die auch erst sehr leise sind und mit der Zeit lauter werden. Mir scheint die zugegeben etwas teure Anschaffung so einer Lampe für Hochsensible sehr sinnvoll, um den Tag nicht bereits schon vor dem Aufstehen überstimuliert zu beginnen.

Diese Art Reize können Sie also weitgehend eliminieren. Daneben gibt es sowieso noch genug, was Sie überstimulieren kann. Ich möchte Ihnen ans Herz legen, genau zu erforschen, was denn üblicherweise die Quellen Ihrer Überstimulation sind. Vielleicht hilft es Ihnen, sich aufzuschreiben, welche Reize Sie besonders stören, und zu versuchen, eine Einteilung in die zwei Kategorien von Reizen vorzunehmen, die ich oben beschrieben habe. Bei Ihren Beobachtungen können Ihnen folgende Inputs hilfreich sein:

· Beobachten Sie ehrlich, was Sie alles als störend empfinden.
· Machen Sie eine Liste aller Impulse, die Ihr Wohlbefinden beeinflussen.
· Überlegen Sie, welche dieser Reize sich relativ schnell beheben lassen.

- Beobachten Sie genau Ihre körperlichen und seelischen Reaktionen auf Überstimulation.
- Fragen Sie sich: Auf einer Skala von 1 bis 10, wenn 1 heißt, dass Sie nie überstimuliert sind, und 10, dass Sie ständig überstimuliert sind, wo befinden Sie sich da aktuell?
- Was ist nötig, damit Sie auf Ihrer Skala um einen Wert nach unten kommen, also etwas weniger Überstimulation erleben?

6. Sie wissen, dass Sie hochsensibel sind – und jetzt?

Wenn Sie sich mit Ihrer Hochsensibilität beschäftigen, dann mag sich das stellenweise so anfühlen, als würde ein ganzer Spiegelsaal voller Kronleuchter in Ihrem Kopf angezündet werden, so klar und hell erscheinen Ihnen dann Ihre Erfahrungen im Licht der Hochsensibilität. Andererseits dürften Sie auch zeitweise ganz schön aufgewühlt sein von den ganzen neuen Erkenntnissen und dem Wissen, welches Sie erfassen. Fast alle Hochsensiblen, die ich kenne, erleben das, wenn sie zum ersten Mal lesen, dass jemand sie so beschreibt, wie sie sich fühlen. Erleichterung wechselt ab mit dem Gefühl, endlich angekommen zu sein, und dem Bedürfnis, andere an diesen Erkenntnissen teilhaben zu lassen. So verständlich dieser Wunsch auch ist, so rate ich doch zur Vorsicht. Nicht jeder Mensch kann etwas damit anfangen. Es ist naturgemäß Normalsensiblen schwer verständlich zu machen, wie es sich anfühlt, so stark empfinden zu müssen. Umgekehrt verstehen Hochsensible auch nicht, wie es ist, nicht-hochsensibel zu sein. Das hat in den meisten Fällen nichts mit bösem Willen zu tun, sondern ist rein menschlich. Wir können uns immer nur auf das beziehen, was wir selbst kennen. Einen anderen Bezugsrahmen haben wir nicht. Trotz allem Bemühen, die Welt des anderen zu verstehen: Wenn wir nicht gleiche oder ähnliche Erfahrungen haben, wird uns die erlebte Gefühlsqualität eines Ereignisses immer verschlossen bleiben. Deshalb sollten Sie sich an dieser Stelle von der Vorstellung verabschieden, dass Sie Normalsensible an Ihrer Welt teilhaben lassen können. Da es Hochsensiblen so selbstverständlich ist, wie sie wahrnehmen, kommen sie oft nicht auf die Idee, dass das ungewöhnlich sein könnte, und nehmen einfach an, dass alle Menschen ähnlich empfinden wie sie. Dass dem nicht so ist, ist ein Lernprozess. Ruth Cohn, die große deutsche Psychologin, sagte: »Kommunikation ist die einzige Brücke von Insel zu Insel.«[8] Zu verstehen, dass wir im Grunde genommen alle voneinander getrennt sind, gehört zum Erwachsenwerden. Der Abschied vom Kinderglauben, eins zu sein mit Mutter und Vater, geschieht oftmals erst jenseits der dreißig. Wir machen Erfahrungen, die uns zeigen, dass wir eigentlich nur punktuell Nähe und Verbindung erleben. Jeder Abschied, jede Verletzung unseres Bedürfnisses nach Nähe, jede Abweisung kränkt unsere innewohnende Erwartung nach Verbundenheit. Das ist ein Grund, warum viele Menschen ihre Verbundenheit mit Gott suchen. Dort finden sie ein Aufgehobensein, das nie enttäuscht wird. »Gott gibt dem Einsamen ein Zuhause«, steht in Psalm 68,7. Das Gefühl, in Verbindung zu stehen und Nähe leben und erleben zu können, gehört nach Gerald Hüther zu den Grundbedürfnissen des Menschen.[9] Sich das vor Augen zu halten, scheint mir wichtig, um zu verstehen, warum wir so oft versuchen, uns mitzuteilen. Und dass wir damit nicht aufhören, obwohl uns die Erfahrung lehrt, dass wir eher selten wirklich verstanden werden.

Wichtig scheint mir, dass Sie selbst wissen, dass Sie hochsensibel sind und Ihre Reaktionen und Ihr Verhalten dementsprechend einordnen können. Und wenn es die Situation ergibt und Sie in einer wohlwollenden und wertschätzenden Beziehung zu Ihrem Gegenüber stehen, dann spricht auch nichts dagegen, das Thema Hochsensibilität anzusprechen. Ich denke aber, dass es Ihnen nichts nützt, dieses Thema inflationär zu gebrauchen und fortan missionarisch damit unterwegs zu sein. Zum einen wegen des geringen Stellenwertes, den Sensibilität in unserer westlichen Gesellschaft hat (wie oben bereits beschrieben), zum anderen aber auch, weil ein unbedachtes und vielleicht zu euphorisches Äußern Abwehrreaktionen beim Gegenüber hervorrufen kann, mit denen Sie dann wieder umgehen müssen.

Also: Achten Sie gut darauf, ob es für Sie wirklich nötig ist, dass alle Welt über Ihre Hochsensibilität Bescheid weiß und wem Sie es denn wirklich mitteilen wollen. Manchmal genügen auch einfach ein paar Andeutungen, und wenn Ihr Gesprächspartner Interesse zeigt, können Sie ihn ja gerne auf die umfangreiche Fachliteratur zum Thema aufmerksam machen.

Auf der anderen Seite erleben Sie aber vielleicht auch Überraschungen. Vielleicht gibt es Menschen in Ihrem Umfeld, die sich durch das Thema Hochsensibilität ebenfalls angesprochen fühlen, sodass Sie fortan mit dem- oder derjenigen ein gemeinsames Gesprächsthema haben. Je mehr Sie sich mit diesem Thema auseinandersetzen, umso mehr schärfen Sie auch Ihren Blick. Mit der Zeit werden Sie andere Menschen relativ schnell als ebenfalls hochsensibel oder als normalsensibel einstufen können.

Mir scheint es wichtig, zunächst einmal darüber nachzudenken, woraus denn eigentlich die hochsensible Wahrnehmung besteht, und mit Ihnen grundsätzliche Gedanken dazu zu teilen.

7. Über die hochsensible Wahrnehmung

Eine Situation ist mir lebhaft im Gedächtnis geblieben: Ich besuchte mit meinem Sohn, damals neun Monate alt, eine Krabbelgruppe. Ich mochte diese Treffen nicht, denn ich fühlte mich als Fremdkörper, wusste nicht, was ich mit den anderen Frauen reden sollte und kam mir linkisch und deplatziert vor. Aber ich dachte, der Besuch einer solchen Gruppe sei wichtig für das Kind, und ich wollte ja gern alles richtig machen. An einem dieser Treffen passierte das Missgeschick, dass die Windel meines Sohnes überquoll, was sich nicht nur durch einen äußerst unangenehmen Geruch, sondern auch durch einen immer größer werdenden Fleck auf seinem Strampler bemerkbar machte. Wäre ich nicht hochsensibel gewesen, hätte ich mir meinen Sohn geschnappt, mich auf die Toilette zurückgezogen, das Unglück schnell und effizient beseitigt und mich anschließend wieder zu den anderen Frauen gesellt. Da ich aber hochsensibel bin, habe ich erst einmal so getan, als wäre nichts – ängstlich in die Luft schnuppernd, ob man es schon riechen könne. Ich überlegte fieberhaft, ob ich denn eigentlich alles zum Windelwechseln dabei hatte, einen neuen Strampler zum Wechseln? Und wo könnte ich diese Aktion wohl am besten, das heißt am unauffälligsten, durchführen? Ich weiß noch genau, wie ich mit diesen Gedanken beschäftigt war, bis eine andere Frau schließlich sagte, dass da wohl ein Unglück passiert sei und ich so tat, als hätte ich es erst daraufhin auch bemerkt.

Natürlich kann es hochsensible Mütter geben, die gefestigter in der Kinderpflege sind, als ich es damals war. Dennoch macht dieses Beispiel die hochsensible Art, zu fühlen und Wahrnehmung und Interpretation zu verquicken, deutlich. Wir bilden uns ein, dass andere Menschen uns be- und verurteilen, weil wir auch oft genau diese Erfahrung gemacht haben. In der Situation, die ich oben beschrieben habe, war auch ein Gedanke von mir, was denn die anderen Mütter über mich denken würden. Es hat sich in mir also eine Vielfalt von Gedankengebilden verselbständigt, die ich als Realität ansah. Dasselbe passiert, wenn wir denken, dass jemand aggressiv gegen uns ist, dabei haben wir eigentlich nur seine laute Stimme wahrgenommen.

Natürlich ist nicht jede Frau, die so unsicher ist, wie ich es damals war, hochsensibel. Das Hochsensible an der oben geschilderten Situation ist aber die Tatsache, dass sich in Nullkommanichts Gedankengebilde auftürmen, die ein reges Eigenleben entfalten können und wenig bis nichts mit der realen Situation zu tun haben. Es stimmt ja, dass hochsensible Menschen sich durch ihre vielfältige und feine Wahrnehmung auszeichnen, aber darum müssen diese Wahrnehmung und die dabei auftretenden Gedanken und Gefühle nicht unbedingt richtig im Sinne von objektiv sein.

Mir begegnet bei Hochsensiblen vielfach die Haltung, dass sie annehmen, dass das, was sie spüren, auch tatsächlich existiert und ihre Wahrnehmungen als Tatsachen behandeln. Nun verhält es sich mit den menschlichen Wahrnehmungen aber so, dass sie immer ein Produkt von inneren und äußeren Faktoren sind.

Zu den äußeren Faktoren zählt lediglich das, was sichtbar ist, zum Beispiel eine hochgezogene Augenbraue, ein zusammengekniffener Mund, ein Lächeln, eine bestimmte Geste und so weiter. Das sind beobachtbare und mit den Sinnen erfahrbare Wahrnehmungen. Was können Sie denn tatsächlich feststellen?

Sie *sehen*, wie jemand die Stirn runzelt, Sie *hören* eine laute Stimme, Sie *spüren* eine Berührung, Sie *riechen* einen bestimmten Geruch. Sie *erleben* etwas. Und das, was Sie erleben, ist entweder wichtig oder unwichtig für Sie. Das, was Relevanz hat, entscheiden Sie aber nicht mit dem Verstand oder mit dem Bewusstsein, sondern auf einer viel tieferen seelischen Ebene wird das, was Sie erleben, mit emotionalen Qualitäten verknüpft. Diese Verknüpfung geschieht vor dem Hintergrund Ihrer individuellen Erfahrungen.

Heute weiß ich, dass manche der Frauen, die an dieser Krabbelgruppe teilnahmen, in Haltung und Ausdruck meiner Mutter ähnelten. Immer, wenn ich mit ihnen in Kontakt kam, bestieg ich praktisch eine Zeitmaschine, die mich auf direktem Weg in meine Kindheit zurückkatapultierte. In diesem kindlichen Zustand war ich aber extrem unsicher und hilflos. Und das übertrug ich nun als Erwachsene in diese Krabbelgruppe. Ich nahm etwas von den anderen Müttern wahr, das für meine Seele Relevanz besaß, und reagierte entsprechend. Wäre ich allein und keinen solchen Impulsen ausgesetzt gewesen, hätte ich ohne Zweifel adäquat reagieren können.

Das heißt: Wenn Sie zum Beispiel in Ihrer Vergangenheit eine wichtige Person in Ihrem Leben hatten, die Ihnen oft mit hochgezogenen Augenbrauen begegnete und Sie damals daraus gelernt haben, dass das Kritik an Ihnen bedeutete, dann wird sich in Ihrer Seele möglicherweise eine Art Formel gebildet haben, die in etwa so lauten könnte: Hochgezogene Augenbrauen = Kritik an meiner Person = die oder der hat etwas gegen mich. Kommen dann zu den Augenbrauen noch andere, für Sie relevante Signale dazu, wie zum Beispiel ein zusammengekniffener Mund und eine abgewandte Körperhaltung, verstärkt sich die innere Formel um ein Vielfaches, sodass Sie schließlich, ohne darüber nachzudenken, sicher sind, dass dieser Mensch etwas gegen Sie hat. Dabei könnte eine hochgezogene Augenbraue auch einfach Erstaunen ausdrücken. Es ist für Hochsensible immanent wichtig, sich dieser Mechanismen bewusst zu werden. Viele Missverständnisse und Fehlschlüsse können vermieden werden, wenn Sie lernen, Ihre Wahrnehmungen von den Interpretationen zu trennen. Wenn Sie etwas wahrnehmen, dann sollten Sie sich bewusst sein, dass es keine objektive und »richtige« Wahrnehmung gibt. Es gibt nur Wahrnehmungen, die durch Ihren Filter laufen.

Sie beobachten zum Beispiel, dass Ihr kleiner Sohn auf dem Spielplatz in eine handfeste Auseinandersetzung mit einem anderen Kind geraten ist. Beide zerren verbissen an je einem Ende einer kleinen Schaufel und machen ihrem Unmut lautstark Luft. Sie kennen diese Situation? Umso besser, dann wird es Ihnen nicht schwerfallen, sie sich vorzustellen. Sie haben den Anfang des Streits nicht mitbekommen, wissen also nicht, ob Ihr Sohn dem anderen Kind die Schaufel wegnehmen wollte oder umgekehrt. Sie sehen nur, wie beide mit Geschrei und hochroten Köpfen an dem Ding herumzerren. Das ist das, was Sie beobachten können. Welche Erfahrungen haben Sie bislang mit solchen Situationen gemacht? Haben Sie eher erlebt, dass sich Ihr Sohn auf dem Spielplatz nicht groß um Eigentumsrechte schert und diese freie Haltung auch dominant durchzusetzen weiß? Oder haben Sie ihn eher als schüchtern und zurückhaltend erlebt, als jemand, der seine Anliegen eher schlecht vertreten kann? Die Vermutung liegt nahe, dass Sie sein Verhalten gemäß Ihrer Erfahrungen mit ihm interpretieren werden. Erleben Sie Ihren Sohn eher als dominant und impulsiv, dann werden Sie vielleicht auf ihn zugehen und ihm sagen, dass er die Schaufel zurückgeben soll. Möchten Sie ihn in seinem Selbstvertrauen stärken, weil Sie erlebt haben, dass er sich von anderen leicht »die Butter vom Brot nehmen lässt«, werden Sie vielleicht versuchen, die Nutzungsbedingungen für die Schaufel auszuhandeln. Beobachtet haben Sie aber in beiden Fällen das Gleiche.

Bleiben wir doch noch einen Moment bei der hochsensiblen Wahrnehmung in dieser Situation. Sie beobachten, wie sich Ihr Kind mit einem anderen um die Schaufel balgt. Was mag dabei in Ihnen vorgehen? Die erste Reaktion ist vielleicht Erschrecken, dann denken Sie:»Oh nein, nicht schon wieder!« Oder eher so etwas wie:»Er ist bestimmt müde und hungrig. Zeit für seinen Mittagsschlaf.« Oder so:»Jetzt reicht es mir aber wirklich! Immer dasselbe mit ihm. Er braucht jetzt dringend Therapie.« Vielleicht auch:»Ich kann einfach nicht mehr, ich bin so müde und dieses Kind bringt mich um meinen Verstand. Ich weiß einfach nicht mehr, was ich tun soll.« Gleichzeitig haben Ihre Sensoren schon die Blicke der anderen Mütter aufgefangen, was wiederum eine Gedankenflut in Gang setzt:»Sie erwarten, dass ich was tue. Aber was wäre jetzt das Richtige? Was würde diese praktische Mutter dort hinten an meiner Stelle tun? Sie weiß bestimmt immer, was zu tun ist. Sie hat ja auch ein Vorzeigekind, kein Wunder, bei der Sicherheit, die sie ausstrahlt. Bestimmt denken jetzt alle, was für eine schlechte Mutter ich bin.« Und Ähnliches mehr. Wenn Sie besonders empathisch veranlagt sind, dann werden Ihre Gedanken aber auch um den seelischen Zustand der beiden Streithähne kreisen. Vielleicht in etwa so:»Er ist so verzweifelt. Vielleicht muss er so vehement um diese Schaufel kämpfen, weil ich ihn zu früh abgestillt habe? Wie kann ich das nur wieder gutmachen? Und der andere: Ist er nicht eher wütend, weil er sich ungerecht behandelt fühlt? Das verstehe ich sogar. Was soll ich nur tun?« Würde man die Emotionen und Gedanken hochsensibler Menschen in Zeitlupe ablaufen lassen, dann bekäme man eine Aufzeichnung ähnlich der, die ich hier versucht habe, zu skizzieren, nur noch viel komplexer und natürlich individueller. So ist die Wahrnehmungsfähigkeit der Hochsensiblen gleichzeitig ein Fluch und ein Segen.

Und jetzt wird vielleicht auch bereits verständlich, warum Hochsensible mitunter verspätet reagieren oder Zeit brauchen, sich ihre Meinung zu bilden oder zu handeln. Der innere Zustand gleicht dem, in dem man sich befindet, wenn man auf einer Kreuzung steht, von der zehn verschiedene Straßen abgehen. Wenn jede dieser Straßen gleich wichtig aussieht, dann ist es schwierig, sich zu entscheiden, welche man einschlagen soll, dann kommt man nicht vom Fleck.

Unsere Erfahrungen lassen sich mittlerweile auch neurobiologisch nachweisen und erklären. Hirnforscher wissen heute, dass jede Erfahrung, die wir machen, eine Spur in unserem Gehirn hinterlässt. Viele ähnliche Erfahrungen hinterlassen eine breite Spur, man kann sagen, eine Autobahn oder eine Schnellstraße im Gehirn. Gibt es Anzeichen, dass sich eine solche Erfahrung wiederholt, biegen wir mit unserem mentalen Auto auf die Schnellstraße ein und sind kaum noch zu stoppen. So entsteht dann schnell das Gefühl, dass wir »ja schon gewusst haben, dass es so kommen würde«, oder dass »mir immer das Gleiche passiert«. Waren Forscher vor einigen Jahren noch der Ansicht, dass unsere Erfahrungen wie eingebrannt in unseren Gehirnen bestehen bleiben und vor allem die frühkindlichen Erfahrungen nicht mehr rückgängig zu machen wären, so weiß man heute, dass das Gehirn plastisch ist, also ein Leben lang lernfähig. Wir können Erfahrungen, die uns geprägt haben, auch wieder »verlernen« und neue Erfahrungen in Form von Verknüpfungen im Gehirn anlegen.[10] Das ist doch eine mutmachende Erkenntnis! Wir sind nicht unser Leben lang dem ausgeliefert, was wir an Genen oder Umwelteinflüssen mitbekommen haben, sondern können in gewissem Rahmen mitbestimmen.

Grundsätzlich gibt es also drei Wahrnehmungsebenen: Ich kann die Situation beobachten und wahrnehmen, ich kann mich selbst beobachten und wahrnehmen, und ich kann schließlich die Umwelt beobachten und wahrnehmen.

Christlich orientierte Menschen können zusätzlich noch eine Wahrnehmungsebene bezogen auf ihren Glauben haben, sodass sie sich fragen, was denn nun im Sinne ihres Glaubens richtig oder falsch wäre. Bei Hochsensiblen fällt mir auf, dass sie vor allem ihre Umwelt stark wahrnehmen, also das, was außen ist. Aber das, was außen ist, findet einen direkten Nachhall im Inneren und drückt mit schlafwandlerischer Sicherheit diejenigen Knöpfe in ihrer Seele, die sich am besten dafür eignen, zum Beispiel den Unsicherheitsknopf. Ich denke, es ist interessant, einmal der Frage nachzugehen, woher diese Unsicherheit kommt. Wenn ein Kind außergewöhnlich gut beobachten kann, Dinge erspürt und wahrnimmt, die nicht erklärbar sind, und von wichtigen Bezugspersonen das Gefühl bekommt, dass es irgendwie anders sein sollte, als es ist, dann verlernt der kleine Mensch, seiner Wahrnehmung zu vertrauen. Ein Dilemma ist geboren: Einerseits kann das Kind nicht anders wahrnehmen und nicht anders sein, andererseits versucht es vielleicht, sich den (auch unausgesprochenen) Wünschen der wichtigen Menschen in seinem Leben anzupassen. Dieser Anpassungsversuch hat oft einen hohen Preis. Nach außen hin wird das Kind vielleicht schüchtern und linkisch, nach innen verliert es seine Sicherheit und misstraut seinen Bedürfnissen und Gefühlen. Dabei geht das Bewusstsein für sich selbst und die eigenen Möglichkeiten und Grenzen oft verloren. Man könnte also sagen, dass die Unsicherheit hochsensibler Menschen aus einem missglückten Anpassungsversuch heraus entsteht.

Nun ist es aber interessant zu beobachten, dass, wie oben beschrieben, viele erwachsene Hochsensible stark davon überzeugt sind, dass ihre Wahrnehmungen richtig sind. Mir scheint, es handelt sich dabei um etwas, das von Rolf Sellin als »kompensatorischer Eigensinn« bezeichnet wird.[11] Darunter kann man eine Eigenleistung des Verstandes verstehen, der Unsicherheit entgegenzuwirken.

Aber die Überzeugung, dass etwas richtig ist, bleibt oftmals eine Kopfleistung. Die Hartnäckigkeit, mit der viele Hochsensible darauf bestehen, zeigt, wie wichtig es ihnen ist, zumindest mit dem Verstand sich eine Art Pseudosicherheit einzureden. Sich selbst dem Ausmaß der eigenen Unsicherheit zu stellen, wirkt oftmals sehr bedrohlich und ist nur möglich, wenn es daneben etwas gibt, das verlässlich und sicher ist. Gerade in diesem Punkt tragen viele hochsensible Menschen aber keine Grundsicherheit in sich. Da Sicherheit aber zu den elementaren Grundbedürfnissen des Menschen zählt, finden unsere Seele und unser Verstand Wege, dem Organismus Sicherheit zu suggerieren. Gläubige Menschen können diese Sicherheit in ihrer Beziehung zu Gott finden. Das Christentum mit seiner patriarchal-väterlichen Ausrichtung kann in diesem Bereich Elternstelle einnehmen. So wichtig es auch ist, einen Bezug zu einer göttlichen Instanz zu haben, auf die man sich verlassen kann, so ist es doch auffällig, dass die meisten Menschen ihre Sicherheit außerhalb ihrer selbst suchen. Ob es sich dabei um Statussymbole handelt oder eben um die Beziehung zu einem väterlichen Gott, in den meisten Fällen soll eine äußere Instanz für die innere Sicherheit sorgen. Ob das funktioniert oder nicht, merken Sie daran, wie schwankend oder stabil Sie sich fühlen. Vielfach trauen hochsensible Menschen anderen allemal mehr zu als sich selbst. Unter anderem auch, dass sie ihnen ein gutes Gefühl geben können. Sollten Sie sich darin wiedererkennen, dann könnte es nützlich sein, den biographischen Spuren Ihrer Sicherheit/Unsicherheit nachzugehen. Vielleicht hat es ja einmal eine Zeit in Ihrem Leben gegeben, in der Sie sich sicher gefühlt haben. Es reicht eine einzige Situation, an die Sie sich erinnern können, um einen Beleg dafür zu haben, dass Ihr Nervensystem und Ihre Seele das Gefühl der Sicherheit kennt. Und alles, was Ihr Körper und Ihre Seele kennt, kann auch erinnert und wiederbelebt werden. Vielleicht fällt der Zugang zu diesen frühen Erfahrungen und Erinnerungen schwer, weil er verschüttet wurde durch das Geröll des Lebens, aber ich möchte Sie gerne darin bestärken, dranzubleiben und weiter nach der Quelle Ihrer Sicherheit zu suchen. Betätigen Sie sich als Schatzsucherin, die neugierig den Dschungel ihrer Seele durchkämmt.

Hochsensible Mütter, die das Suchen nach Sicherheit gut kennen, können in der Regel nachvollziehen, wie sich ihr hochsensibles Kind fühlt. Leider führt aber dieses Einfühlungsvermögen noch nicht automatisch auch zu einem angemessenen Verhalten. Der Wunsch, das eigene Kind vor den schlechten Erfahrungen zu schützen, die man selbst gemacht hat, führt mitunter dazu, dass eine härtere Gangart als nötig angeschlagen wird oder versucht wird, bewusst der Empfindlichkeit des Kindes gegenzusteuern.

An dieser Stelle möchte ich Sie gerne dazu einladen, sich einmal für einen Moment zurückzulehnen, tief einzuatmen und die Situation ein wenig von außen zu betrachten. Wenn Sie sozusagen die Beobachterposition einnehmen, merken Sie wahrscheinlich, wie die Distanz Ihnen dabei hilft, die Situation, Ihr Kind, sich selbst und Ihr Verhalten anders wahrzunehmen. Möglicherweise kommen Ihnen dann auch Ideen, wie Sie sich denn noch verhalten könnten. Die Begabung zur Fantasie und Kreativität, die vielen Hochsensiblen zu eigen ist, kann Ihnen dabei ein nützlicher Helfer sein. Es gibt immer mehrere Wege, wahrzunehmen und darauf zu reagieren. Wenn Sie meistens in einer bestimmten Art und Weise auf das Verhalten Ihres Kindes reagieren, dann bedeutet das nur, dass Sie eine entsprechende Autobahn in Ihrem Gehirn angelegt haben, die bereits viel befahren ist. Ich möchte Sie gerne dazu ermutigen, sich daneben auch ein wenig durchs Dickicht zu schlagen und Feldwege und Trampelpfade anzulegen, die nach häufigem Gebrauch auch zu breiten Wegen werden können. Es ist wichtig, sich bewusst zu machen, dass unsere Wahrnehmung immer ein Produkt unserer Veranlagung und unserer Erfahrung ist. Das, was Sie wahrnehmen, geschieht in Ihnen selbst, ein anderer Mensch mit anderen Erfahrungen würde in der gleichen Situation etwas ganz anderes wahrnehmen. Es gibt keine objektive Wahrnehmung, auch wenn sehr viele erwachsene Hochsensible Stein und Bein darauf schwören, dass das, was sie wahrnehmen, richtig ist. Es stimmt aber nur insoweit, als die Wahrnehmung in ihrem Inneren real und präsent ist.

Als mein Sohn zwei Jahre alt war, fing er an, süße kleine Mädchen zu beißen. Das erste Mal, als es passierte, waren wir beim Chef meines Mannes eingeladen. Mein Sohn krönte seinen Besuch damit, dass er die kleine Tochter des Chefs kräftig in die Wange biss. Obwohl mir sein Verhalten unverständlich und auch peinlich war, maß ich dem Ganzen keine weitreichende Bedeutung bei und hakte das Erlebnis unter der Rubrik »unangenehm, aber einmalig« ab. Das änderte sich, als ich das nächste Mal mit ihm auf dem Spielplatz war und er ein anderes kleines Mädchen biss. In der Folge biss er jedes Mal, wenn kleine Mädchen da waren. Nach einer Weile wusste ich schon, dass ich den Spielplatz verlassen musste, wenn ein süßes kleines Mädchen auftauchte. Irgendwann interpretierte ich jedes Weinen als etwas, wofür mein Sohn der Auslöser war. Mein Verhalten ihm gegenüber war entsprechend geprägt von diesen Vorerfahrungen und meinem Gefühl der Scham.

Ob es um eine Schaufel geht oder körperliche Attacken, auf jeden Fall werden Situationen wie diese Gefühle in Ihnen auslösen. Vielleicht fühlen Sie sich hilflos, enttäuscht oder ärgerlich. Immer dann, wenn eine Situation solche emotionalen Qualitäten für Sie hat, können Sie sicher sein, dass Ihre Geschichte an Ihre Tür klopft und sich in Erinnerung bringen will. Jedes Gefühl, das wir erleben, hat einen individuellen biographischen Hintergrund. Wir sind nicht einfach grundlos wütend, enttäuscht oder hilflos, sondern können diese Emotionen nur erleben, weil wir einen inneren Bezugsrahmen dafür haben. Um sich besser zu verstehen, gerade auch in der hochsensiblen Wahrnehmung, macht es deshalb Sinn, der Geschichte dieser Emotionen ein wenig nachzugehen.

Vielleicht sind Sie in einem Elternhaus aufgewachsen, in dem es ganz wichtig war, ein gutes Bild nach außen hin abzugeben. Vielleicht wurden Ihre Versuche, Ihren eigenen Stil zu finden und soziale Kontakte zu gestalten, zu Hause nicht gutgeheißen und bestraft, sodass Sie schließlich hin- und hergerissen waren zwischen Ihrem Wunsch, den Eltern gerecht zu werden, und Ihren eigenen Bedürfnissen im Umgang mit der Welt. Dann wäre es möglich, dass immer dann, wenn ein Verhalten sozial auffällig oder unerwünscht ist, diese frühen Erfahrungen reaktiviert werden und Sie mit Scham und Hilflosigkeit reagieren. Sich hilflos zu fühlen, ist kein angenehmer Zustand. Um das nicht erleben zu müssen, ist es möglich, dass Sie wütend oder ärgerlich werden, weil unsere Seele darauf angelegt ist, einen guten oder angenehmen Zustand herzustellen. Unser Unbewusstes sorgt dafür, dass wir die Emotionen haben, die sich für uns als ertragbar und möglichst angenehm erweisen. Und Wut ist ein starkes, aktivierendes Gefühl, welches leichter zu ertragen ist als Hilflosigkeit. Wenn Sie das nächste Mal also wütend sind, dann überlegen Sie sich doch, ob Sie sich nicht im Grunde genommen einfach hilflos fühlen. Nach meiner Beobachtung fühlen sich hochsensible Mütter oft hilflos, auch den eigenen Wahrnehmungen gegenüber. Wenn jemand so vieles wahrnimmt, und dazu noch so viel Verschiedenes und vielleicht auch Widersprüchliches, dann ist es nicht so einfach, die einzelnen Wahrnehmungen voneinander zu trennen, ohne einen Moment der Hilflosigkeit zu erleben.

8. Intuition

Wie verhält es sich nun aber mit der Intuition? Hochsensiblen Menschen wird nachgesagt, dass sie aufgrund ihrer feinen »Antennen« den Gemütszustand eines Menschen intuitiv erfassen können. Manche vermuten sogar dahinter die Fähigkeit, Ereignisse zu erspüren, bevor sie eintreffen. Allgemein wird Intuition als eine Art Ahnung betrachtet, die unter der Bewusstseinsschwelle liegt und mit dem Verstand nicht zu erklären ist. Es gibt Menschen, die ein Gespür dafür haben, ob der Dollarkurs steigen oder fallen wird, andere erkennen intuitiv, ob jemand ihnen wohlgesonnen ist oder nicht, wieder andere erfassen wie eingangs erwähnt die Gesamtsituation eines Menschen (körperlich, seelisch, materiell) auf Anhieb, ohne viel über die Person zu wissen. In meinen Seminaren gibt es eine Einstiegssequenz, die darin besteht, in einer Partnerarbeit zu zweit anhand eines Blattes mit persönlichen Fragen das Gegenüber intuitiv zu erfassen. Diese Übung wird fast unmittelbar am Anfang eines Seminars gemacht, wenn die Teilnehmenden noch kaum etwas übereinander wissen. Die Ergebnisse sind erstaunlich. Die meisten Teilnehmenden finden die Übung schwierig und herausfordernd, aber nach einer Weile können sie sich in der Regel darauf einlassen und beantworten die Fragen auf ihrem Blatt. Die Übung findet statt, ohne miteinander zu sprechen. Beim anschließenden Austausch wird deutlich, dass es sehr viele Übereinstimmungen zwischen der Intuition des einen und der Realität des anderen gibt. In der Regel sind die Teilnehmenden überrascht von diesem Ergebnis und sehen darin eine Bestätigung ihrer Intuition. Es gibt aber auch immer wieder einmal Dinge, die bei dieser Übung nicht übereinstimmen.

Woran liegt es nun, dass oft die Intuition greift und manchmal nicht? Ist die Intuition vielleicht eine unbewusste Wahrnehmung, die aufgrund unserer Erfahrungen einen anderen Menschen einordnet? Oder gibt es tatsächlich so etwas wie eine angeborene Fähigkeit dazu? Die sorgfältige Unterscheidung zwischen bewusster Wahrnehmung und Intuition könnte alleine schon ein ganzes Buch füllen,[12] an dieser Stelle möchte ich lediglich darauf aufmerksam machen, dass hochsensible Menschen in der Regel über eine stimmige Intuition verfügen, die mehr oder weniger trainiert zum Einsatz kommt. Bei den Teilnehmenden meiner Seminare, die sich in Bezug auf ihr Gegenüber irrten, stellte sich anschließend fast ausnahmslos heraus, dass sie bereits während der Übung ihre Wahrnehmung interpretierten, sodass ein verfälschtes Bild entstand. Diese Erfahrungen haben mir gezeigt, wie wichtig es ist, bewusste Wahrnehmungen, intuitive Ahnungen und Interpretationen voneinander zu trennen. Erst dann sind wir in der Lage, wirklich zu unseren angeborenen Fähigkeiten vorzustoßen.

Nicht alle Hochsensiblen sind intuitiv, viele aber schon, und ich denke, dass eine größere Wahrnehmungsfähigkeit die Ausbildung von Intuition begünstigt. Unsere westliche Gesellschaft ist außerordentlich verstandesorientiert. Alles muss logisch und rational belegt werden, wenn es einen Wert haben soll. Entscheidungen, die mit einem »Bauchgefühl« begründet werden, werden belächelt und nicht ganz ernst genommen. Im privaten Kreis mag das zwar noch ein gewisses Gewicht haben, aber in der Politik und Wirtschaft stellt Intuition an sich keinen hohen Wert dar, obwohl es mittlerweile einige Bücher darüber gibt, wie man nur durch gute Intuition Erfolg haben kann. Wir haben verlernt, auf unsere Intuition zu vertrauen. Hochsensible, die aufgrund ihrer geringen Filter grundsätzlich eine größere Durchlässigkeit zwischen Kopf und Bauch haben, können lernen, ihre Intuition zu stärken. Aber auch hier gilt das Gleiche wie für die bewusste Wahrnehmung: Versehen Sie das, was Ihnen Ihre Intuition sagt, mit einem Fragezeichen. Auch wenn Sie noch so davon überzeugt sind, dass es richtig ist, was Sie spüren, besteht immer die Möglichkeit, dass Sie sich irren und die Situation aufgrund Ihres biographischen Hintergrundes interpretieren.

Hochsensible Mütter können ihre Intuition dazu benutzen, ein Gespür dafür zu bekommen, wie der innerste Wesenskern ihres Kindes beschaffen ist und was es braucht.

Achten Sie aufmerksam auf kleine Zeichen, an denen sich bestimmte Eigenschaften ablesen lassen. Seien Sie auch offen für die

Intuition Ihres Kindes, die sich vielleicht noch ganz unverblümt Bahn brechen mag. Wenn Sie mit einem hochsensiblen Kind gesegnet sind, dann wird es wahrscheinlich oft mit unfehlbarer Sicherheit spüren, wie es Ihnen geht, lange, bevor Sie selbst es wissen.

Lernen Sie, die Wahrnehmung von der Interpretation und der Intuition zu unterscheiden, nehmen Sie sich Zeit, um Ihre Gedanken zu ordnen. Geben Sie Ihrer eigenen Intuition mehr Raum in Ihrem Leben, sei es durch meditatives Tanzen oder Malen, der Beschäftigung mit intuitiven Künstlern wie Wassily Kandinsky, dem Umgang mit Tieren oder was Ihnen sonst noch so einfällt. Es handelt sich bei der Intuition um eine nützliche Eigenschaft, die, sinnvoll eingesetzt, Ihnen die Richtung zeigen kann im Umgang mit Ihrem Kind und mit sich selbst. Eine Mutter, die im Einklang mit ihrer eigenen Geschichte und ihren Gefühlen ist und ihr Kind mit Herz und intuitiv erzieht, ist ein Segen. Intuitiv erziehen heißt, sich bewusst zu sein, dass Situationen, die gleich aussehen, nicht gleich behandelt werden müssen. Sie können lernen, Ihrem Gespür dafür zu vertrauen, was Ihr Kind gerade braucht, auch wenn Sie dafür Kopfschütteln ernten und gegen sämtliche Ratschläge der Erziehungsliteratur verstoßen.

Es mag in diesem Zusammenhang hilfreich für Sie sein, sich Ihre Beobachtungen aufzuschreiben. Halten Sie Ihre Wahrnehmungen möglichst detailliert fest. Vielleicht möchten Sie sich ein Notizbuch dafür anlegen. Das Schreiben hat den Vorteil, dass Sie Ihre Gedanken klären müssen, bevor Sie sie zu Papier bringen. Außerdem beschert es Ihnen einen Moment der Ruhe, den Sie so dringend nötig haben. Gönnen Sie sich eins von diesen wunderschönen Notizbüchern, die es seit ein paar Jahren in den Papeterien gibt. In Ihrem persönlichen Notizbuch können Sie Ihre Gedanken und Gefühle offenbaren, ohne politisch korrekt sein zu müssen.

Aber keine Angst: Es geht nicht darum, in Zukunft nur noch zu beobachten und nie mehr zu interpretieren. Dabei würden Sie zu Recht befürchten, Ihre Spontaneität zu verlieren, und das kann sich auch sehr anstrengend anfühlen. Es geht mir vielmehr darum, dass Sie sich ab und zu an die oben beschriebenen Prozesse erinnern und einmal versuchen, Momente Ihres Lebens danach zu analysieren. Es geht ja schließlich darum, dass Sie nützliche Werkzeuge an die Hand bekommen, die Sie nicht in Ihrer Freiheit einschränken. Das Ziel dabei ist, im Einklang mit Ihren Werten und Ihren Überzeugungen zu handeln. Aufgrund der komplexen Innenwelten hochsensibler Menschen ist es oft gar nicht so einfach, herauszufinden, was einem selbst denn wirklich wichtig ist. Gerade weil Hochsensible sich oft gut in ihr Gegenüber hineinversetzen können, übernehmen sie auch oft die Wertvorstellungen von anderen. Woran können Sie nun aber merken, ob Sie Ihren eigenen Werten folgen oder denen anderer Menschen? Die Antwort ist recht einfach: Es fühlt sich immer ein klein wenig »neben der Spur« an, wenn Sie nicht im Einklang mit sich selbst sind. Sie fühlen sich nicht ganz wohl in Ihrer Haut, fühlen sich nicht dazugehörig und haben vielleicht sogar das Bedürfnis, sich zu rechtfertigen für das, was Sie tun. Immer dann, wenn Sie sich so fühlen, verleugnen Sie einen wichtigen Teil von sich.

Das eigene Verhalten zu beobachten, lässt wichtige Rückschlüsse darauf zu, was einem wichtig ist, wie man funktioniert, welche Bedürfnisse man hat und was man sich wünschen würde. Im nächsten Kapitel beschäftigen wir uns deshalb ausführlich damit. Zur Beobachtung und zur Differenzierung zwischen Gedanken, Gefühlen und sonstigen Reaktionen habe ich ein paar Fragen für Sie:

- Kennen Sie solche Situationen, wie ich sie oben beschrieben habe?
- Was geht in Ihnen dabei vor?
- Was können Sie wirklich wahrnehmen (mit Ihren Sinnen)?
- Und was ist vielleicht eine Interpretation aufgrund Ihrer Erfahrungen?
- Gibt es Situationen, in denen Sie sich eher sicher fühlen? Welche Umstände tragen dazu bei?
- Und welche Umstände begünstigen die Entstehung von Unsicherheit in Ihnen?
- Halten Sie sich für intuitiv?

- Wenn Sie ganz Ihrer Intuition folgen würden, würden Sie etwas anders machen im Umgang mit Ihrem Kind oder anderen Menschen?
- Wie können Sie Ihre Intuition stärken?

9. Wie Ihre Werte Ihr Handeln beeinflussen

Als ich Mutter wurde, kannte ich mich selbst noch sehr wenig. Wenn mich damals jemand danach gefragt hätte, was mir wichtig ist im Leben, hätte ich keine Antwort geben können. Wenn ich heute an diese Zeit zurückdenke, dann scheint es mir, als sei ich völlig naiv durchs Leben gegangen, ohne Richtung und ohne das Gefühl, wirklich etwas selbst bestimmen zu können. Ich erinnere mich, dass ich mit zwanzig keine Kinder wollte. Ich war naiv genug zu glauben, dass es meinen Kindern, sofern ich welche hätte, sowieso gut gehen würde. Also hatte ich die Idee, fremden Kindern zu helfen. Dazu kam es dann zum Glück nicht. Zum Glück deshalb, weil ich heute weiß, dass ich aufgrund meiner Hochsensibilität, meiner Geschichte und dem, was mir wichtig ist, ungeeignet dazu bin, erziehende Aufgaben in einer Institution zu erfüllen. Außerdem war ich körperlich und seelisch äußerst labil – ich hätte der Kompromisslosigkeit von Kindern nichts entgegenzusetzen gehabt. Zwischen damals und heute liegen fünfundzwanzig Jahre, mehrere tiefe Krisen, körperliche und seelische Zusammenbrüche, Therapien, neue Ausbildungen, eine Ehe und zwei Geburten. Diese Erfahrungen haben mich gelehrt, dass, wenn wir uns wirklich verstehen wollen, es sich nicht vermeiden lässt, sich mit sich selbst auseinanderzusetzen.

Das, was Sie sind, ist sehr komplex. So komplex, dass es sich für hochsensible Menschen mitunter so anfühlt, als ob sie jeden Tag eine etwas andere Person wären. Wenn ich Sie jetzt frage, welche Eigenschaften Sie haben, fallen Ihnen bestimmt mindestens fünf Dinge ein, ohne besonders darüber nachdenken zu müssen. Das sind dann meistens auch die Eigenschaften, die andere bei Ihnen wahrnehmen können, die Ihnen ziemlich bewusst sind und über die Sie von anderen schon Rückmeldungen bekommen haben. Daneben gibt es aber auch bei genauerem Hinsehen Eigenschaften, die nur Ihnen bewusst sind und die Sie anderen nicht gerne zeigen, wie zum Beispiel die Tendenz zur Unduldsamkeit oder eine gewisse Besserwisserei. Und dann gibt es noch eine Reihe von Eigenschaften, die andere an Ihnen bemerken, Sie selbst aber nicht wahrnehmen. Zum Beispiel können Ihre Nachbarn Sie als sehr zurückgezogen und reserviert wahrnehmen, Sie selbst halten sich aber für kontaktfreudig und vermeiden einfach Situationen, in denen Sie Small Talk machen müssen. Hochsensibel zu sein, bedeutet nach meiner Auffassung auch die Aufforderung, sich selbst in der Tiefe kennenzulernen. Und dabei stoßen wir möglicherweise auf Dinge, die uns bei der ersten Begegnung nicht einmal angenehm sein müssen, die aber genauso zu unserem Wesen gehören wie unsere allseits bekannten Eigenschaften.

Um innere Prozesse deutlich zu machen, wähle ich gern Bilder aus der Natur. Dies deshalb, weil viele Hochsensible in der Natur sehr gut auftanken können und die Natur sehr mögen. Stellen Sie sich eine Landschaft vor, die von mehreren Bächen, Flüssen, Seen und anderen Gewässern durchzogen ist. Manche Flüsse sind breit und dominant, sozusagen nicht zu übersehen. Andere Bäche wiederum liegen fast im Schilf verborgen und sind zwischen tiefen Uferböschungen eingegraben, liegen aber immer noch an der Oberfläche. Dann gibt es auch unterirdische Wasseradern, welche die Landschaft mitprägen und für ein sumpfiges oder eher trockenes Oberflächengebiet sorgen, obwohl man sie nicht sieht. So verhält es sich auch mit unseren Wesenszügen. Die dominanten Eigenschaften sind vergleichbar mit großen und breiten Flüssen, andere Merkmale, die uns ausmachen, liegen mehr im Verborgenen. Ihre individuelle Seelenlandschaft ist nicht denkbar ohne Flüsse, Bäche und unterirdische Wasseradern.

Um zu verstehen, warum Ihre Oberfläche, das heißt, die Art und Weise, wie Sie sich verhalten, so ist, wie sie ist, ist es notwendig, die Beschaffenheit Ihrer ganz persönlichen unterirdischen Seelenlandschaft kennenzulernen. Viele Hochsensible, die ich kennengelernt habe, versuchten, ihre unterirdischen Wasseradern (sprich: ihre

Hochsensibilität) nicht wahrzuhaben, versuchten sich anzupassen und die sumpfigen Stellen, die durch ihre Wasseradern entstanden, zu ignorieren. Jeder Gärtner weiß, wie wichtig die Kenntnis der Bodenbeschaffenheit ist, wenn er etwas anpflanzen will. Es wird wenig Nutzen haben, wenn Sie sich vornehmen, wunderschöne Lilien auf 2000 Metern Höhe zu pflanzen oder Rosmarin im feucht-kalten Klima zu ziehen. Vielfach ist das aber genau die Einstellung, die mir in der Arbeit mit Hochsensiblen begegnet. Da heißt es vielleicht: »Ich möchte nicht mehr so viel fühlen müssen«, oder jemand sagt: »Gibt es nicht eine Methode, das lange Nachhallen wegzubekommen?« So verständlich diese Wünsche auch sind, sie gleichen doch sehr dem Versuch, anders sein zu wollen, als man ist. Das heißt nun aber nicht, dass Sie sich mit dem Aussehen Ihrer Landschaft zufriedengeben müssten. Behutsame Korrekturen da und dort, Veränderungen mit natürlichen Materialien und sanfte Einflussnahme können eine Landschaft erst zu ihrer vollen Schönheit bringen. Deshalb rate ich Ihnen, zunächst einmal Ihre Seelenlandschaft möglichst vorurteilsfrei zu betrachten um sich dann, wie ein guter Gärtner, die eine oder andere Stelle vorzunehmen, an der Sie etwas formen möchten. Oft hilft es dabei, wenn man sich ein reales Bild schafft. Wenn Sie Farben gern haben, dann können Sie ein Bild Ihrer persönlichen HSP-Landschaft malen. Oder beim nächsten Spaziergang mit Ihrem Kind schauen Sie sich bewusst in der Natur um und sammeln Steine, Gräser, Blätter und Hölzer, um zu Hause dann eine Collage daraus zu gestalten. Auf diese Weise gehen Sie bewusst mit Ihrer Veranlagung um und lernen, Ihre innere Seelenlandschaft zu akzeptieren.

Wenn ich mit Klientinnen in meiner Praxis arbeite, dann kommt irgendwann unweigerlich der Moment, in dem wir die unterirdischen Wasseradern erforschen.

Eine hochsensible Mutter erzählte mir von dem alltäglichen morgendlichen Stress zwischen Aufstehen und Kindergarten. Sie berichtete von ihrem inneren Ärger, der von Minute zu Minute anschwoll wie ein Pegel bei Hochwasser, wenn sie das Gefühl hatte, dass ihr Sohn beim Anziehen trödelte, die Kleine eine Matscherei beim Frühstück verursachte und die Betten noch nicht gemacht waren. Sie hatte das Gefühl, in ihrer Rolle als Hausfrau zu versagen, wenn die Betten bis halb acht am Morgen nicht in Ordnung gebracht würden. Dieser innere Stress entlud sich häufig in Schreierei und heftigen verbalen (und manchmal auch körperlichen) Aktionen gegen die Kinder. Aufgrund dessen hatte sie auch noch das Gefühl, als Mutter zu versagen. In unserer Arbeit stellte sich dann heraus, dass sie aus einer Familie stammte, in der Ordnung mehr zählte als freundlicher und liebevoller Umgang miteinander. Im Laufe ihres Lebens verinnerlichte sie diese Ordnungsliebe so stark, dass es ein regelrechter Zwang wurde, morgens zeitig die Betten zu machen und ständig mit Aufräumen und Putzen beschäftigt zu sein. Nur wenn alles glänzte, hatte sie das Gefühl, ihrer Aufgabe gerecht zu werden. In diesem Beispiel wird deutlich, wie ein an sich neutraler und positiver Wert, nämlich die Ordnungsliebe, sich zu etwas Negativem entwickeln kann, das die ganze Familie beeinflusst und das Alltagsgeschehen zu einer Zerreißprobe werden lässt. Als der Klientin das bewusst wurde, konnten wir zusammen daran arbeiten, am Beispiel der morgendlichen Situation nach Strategien zu suchen, einen entspannteren Umgang mit ihrer Ordnungsliebe zu versuchen.

Ich denke, so wie meiner Klientin in diesem Beispiel geht es vielen Frauen. Nicht nur, ob uns Ordnung, gute Tischmanieren oder ein gepflegtes Äußeres wichtig sind, wird unsere Handlungen beeinflussen, sondern auch unser Glaube, unser Umgang mit Geld, mit unseren Nachbarn oder unseren Freunden, ob wir naturverbunden sind und gerne im Garten arbeiten, ob wir lieber zurückhaltend sind und uns möglichst unauffällig verhalten– das alles spiegelt unsere Wertvorstellungen wider. Solange uns aber nicht bewusst ist, was uns wichtig ist, haben wir auch nur sehr geringe Möglichkeiten des Handelns. Dann nehmen wir uns vielleicht vor, uns nicht mehr so aufzuregen, gelassener zu bleiben und allgemein zufriedener zu sein, aber bei der nächsten Gelegenheit fallen wir ins alte Muster zurück, haben ein schlechtes Gewissen und fühlen uns unfähig, das Leben zu meistern.

Deshalb sollten Sie sich etwas Zeit nehmen, um sich bei einer Tasse Kaffee oder Tee einmal Gedanken darüber zu machen, welche

Werte Ihnen wichtig sind. Das wird vielleicht gar nicht so einfach sein, wie es sich jetzt liest, möglicherweise fallen Ihnen tausend Dinge ein, vielleicht aber auch gar nichts. In meinen Seminaren gibt es oft eine Sequenz, in der sich die Teilnehmenden mit ihren Werten beschäftigen sollen. Dabei zeigt es sich regelmäßig, dass es Zeit braucht, sich mit dem zu beschäftigen, was einem wichtig ist im Leben. Oft fällt es nicht leicht, sich auf dieses Thema einzulassen. Aber wenn es dann doch gelingt, erleben die Teilnehmenden oftmals einen Aha-Effekt, wenn ihnen bewusst wird, wie sehr ihre Werte ihren Alltag beeinflussen. Versuchen Sie also, eine Liste Ihrer persönlichen Werte zu erstellen. Hochsensible verfügen oft über einen hohen moralischen und ethischen Anspruch, der natürlich nicht mit dem Muttersein aufhört. Hochsensible Werte können sein: Ehrlichkeit, Pflichtbewusstsein, Gewissenhaftigkeit, Loyalität, Höflichkeit, Respekt und Toleranz. Ihnen fallen bestimmt noch mehr Dinge ein. Beobachten Sie sich ein wenig: Was stört Sie, was freut Sie? Dinge, die eine emotionale Resonanz in uns hervorrufen, haben immer auch mit unseren Werten zu tun.

Wenn Sie zum Beispiel ein Mensch sind, dem gute Tischmanieren wichtig sind und gutes Benehmen im Allgemeinen, dann macht es Ihnen vielleicht Mühe, Ihrem Kleinkind beim Essen zuzuschauen oder das lustvolle Matschen im Brei auszuhalten. Selbst wenn Ihr Verstand Ihnen sagt, dass das zum Alter Ihres Kindes dazugehört und normal ist, verspüren Sie vielleicht doch auch einen unangenehmen Druck im Brustbereich oder in der Kehle, Ihre Atmung wird flach und Ihr Herz schlägt schneller. Nach 1 095 Tagen mit drei Mahlzeiten täglich sind Sie vielleicht so nervös, dass Sie ohne ersichtlichen Grund ungeduldig werden und ein Verhalten zeigen, das Sie selbst nicht mögen und welches Ihnen auch im ersten Moment unverständlich vorkommt.

Als mein Sohn drei Jahre alt war, hatte er die leidige Angewohnheit, sich mitten im Supermarkt auf dem Boden zu wälzen. Völlig unbeeindruckt davon, dass er im Weg lag und andere Menschen behinderte, schmiss er sich hin und wälzte sich. Mit Vorliebe an der Kasse. Mir war das furchtbar peinlich, aus verschiedenen Gründen.

Zum einen hielt ich sein Benehmen für absolut unverständlich und unpassend, was mit meinem inneren Wert, nämlich gutes Benehmen, in heftigen Konflikt geriet. Zum anderen, weil ich nicht wusste, wie ich mich als Mutter verhalten sollte. Ich wollte keinen Machtkampf mit meinem Sohn riskieren, der alle Aufmerksamkeit auf uns gelenkt hätte, ich konnte sein Verhalten aber auch nicht akzeptieren. Welch ein Dilemma! Also tat ich gar nichts, spürte aber innerlich große Anspannung, Ärger und Nervosität. Außerdem entnahm ich den Reaktionen der anderen Kunden, dass ich in ihren Augen unfähig war, mein Kind zu bändigen. Ich hatte damals eine Freundin, die gegensätzlicher nicht hätte sein können. Wir waren einmal zu dritt einkaufen, mein Sohn wälzte sich wie üblich und ich beobachtete, wie es ihr überhaupt nichts ausmachte. Nicht deswegen, weil sie nicht für ihn verantwortlich war, sondern weil sie sein Verhalten nicht als störend empfand. Ihr war das, was man gemeinhin als gutes Benehmen bezeichnet, einfach nicht wichtig. Sie war nicht hochsensibel und nahm deshalb auch die Reaktionen der Umwelt nicht so detailliert wahr. Es war einfach keine große Sache für sie.

Wäre mir damals schon bewusst gewesen, dass mir gutes Benehmen so wichtig ist, hätte ich gelassener reagieren können, mehr Distanz zu meinen Emotionen entwickelt und ein gesundes Verhältnis zum unangepassten Verhalten meines Sohnes gehabt. Ich hätte Strategien entwickeln können, mit dem Verhalten meines Sohnes umzugehen, vielleicht gerade auch mithilfe meiner nicht-hochsensiblen Freundin. So aber empfand ich das unpassende Verhalten meines Sohnes als Bedrohung und als gegen mich gerichtet. Keine gute Voraussetzung für eine liebevolle Mutter-Kind-Beziehung, wie sie mir vorschwebte.

Unsere Vorstellungen davon, wie etwas zu sein hat, verstellen oftmals die Sicht darauf, was in der Tiefe wirklich unserem Wesen entspricht. Zweifellos geben Vorstellungen über die Art und Weise des Zusammenlebens Halt und Orientierung, ohne die wahrscheinlich das blanke Chaos ausbrechen würde. Von daher haben Vorstellungen ihren Wert und ihre Berechtigung. Aber allzu oft geschieht es, dass Vorstellungen nicht mehr zu der aktuellen Lebenssituation passen und von ihren Besitzern kaum noch hinterfragt werden. Und so kann es schließlich kommen, dass wir uns in der Mitte unseres Lebens wiederfinden und von überkommenen Vorstellungen geleitet werden, die aber wenig Bezug zu unserem Wesen und dem, was wir wirklich möchten, haben.

Deshalb ist es kein Luxus, wenn Sie sich mit Ihren Werten, mit dem, was für Sie wichtig ist, beschäftigen. Wenn auf Ihrer Werteliste ein paar Punkte stehen, dann können Sie anfangen, zu beobachten: Wie zeigt sich das, was mir wichtig ist, in meinem Alltag? Am Beispiel meiner Klientin von oben heißt das: Ihre Ordnungsliebe zeigte sich in dem Zwang, pünktlich die Betten machen zu müssen, aber auch darin, dass ihre Kinder immer ordentlich aussahen und keine schmutzige oder zerrissene Kleidung trugen. Wenn Toleranz auf Ihrer Werteliste steht, dann zeigt sich das vielleicht darin, dass Sie Menschen aller Kulturen und aller Hautfarben akzeptieren können, aber vielleicht auch an der Tatsache, dass Sie zu nachgiebig Ihrem Kind gegenüber sind und zu viel durchgehen lassen. Es gibt keine rein positiven oder negativen Werte, alles hat zwei Aspekte und verschiedene Seiten, die man betrachten kann. Es geht mir nicht um Bewertung, sondern lediglich um das Aufzeigen von Dingen, die hemmend Ihrer Entwicklung im Wege stehen könnten.

Das, was uns wichtig ist, verändert sich aber auch im Laufe des Lebens. Ist jemandem mit 20 Freiheit und Unverbindlichkeit wichtig, dann kann der gleiche Mensch mit 30 beständig und häuslich sein, mit 50 sich in einer Art Aufbruchstimmung befinden, neue Ausbildungen und den Motorradführerschein machen, und mit 70 für das kleine Kräutergärtchen vor dem Küchenfenster leben. Was Ihnen heute wichtig ist, muss es in zehn Jahren nicht mehr sein. In Zeiten der Familienbildung ist eine gewisse Beständigkeit und Häuslichkeit sicher nützlich; wenn sich neben diesen Eigenschaften aber auch ein starkes Freiheitsstreben bemerkbar macht, dann geraten Sie vielleicht in einen inneren Konflikt, weil Sie meinen, sich entscheiden zu müssen. Mutterschaft wird vielerorts noch immer mit Häuslichkeit, Nestbauen und Sicherheitsstreben in Verbindung gebracht. Also liegt es nahe, dass eine Frau, wenn sie Mutter wird, versucht, diese Eigenschaften in sich zu finden, die von ihr erwartet werden. Für hochsensible Frauen mit ihrem komplexen Innenleben kann sich das aber so anfühlen, als würden sie ganze Kontinente innerlich brachliegen lassen. Die literaturbegeisterte Frau hat auf einmal kaum eine Minute mehr Zeit zum Lesen, geschweige denn dazu, einen Bummel durch ihre Lieblingsbuchhandlung zu machen. Die hochsensible Mutter, die gerne in tiefgreifenden und langen Gesprächen ihr Innenleben reflektiert, Beziehungen analysiert und philosophische Fragen erörtert, findet sich auf einmal in Gesprächen über die beste Windelsorte und die vitaminreichste Babynahrung wieder. Es gibt meines Erachtens noch zu wenig Vorbilder, die uns zeigen würden, wie es gelingen kann, scheinbar unvereinbare Werte auf eine stimmige Weise miteinander zu verbinden. Und da auch Sie wahrscheinlich kein Vorbild haben, dem Sie nacheifern könnten, sind Sie bei dieser Aufgabe weitgehend auf sich allein gestellt.

Wenn Sie gläubig sind, dann werden Sie sich wahrscheinlich an den Werten Ihres Glaubens orientieren, als da sind: Ehrlichkeit und Barmherzigkeit, Nächstenliebe und Gottesliebe. Dabei werden diese Werte oft in Bezug zu anderen gelebt. In der Bibel gibt es viele Beispiele, die zeigen, wie Barmherzigkeit oder Nächstenliebe in Bezug auf bedürftige Menschen aussehen kann, grundlegend ist der Vers: »Liebe deinen Nächsten wie dich selbst.«[13] Mir scheint, dass gerade hochsensible Frauen dazu neigen, den zweiten Teil des Verses zu vernachlässigen. Aufgrund einer Prägung, die jede Beschäftigung mit sich selbst als narzisstisch verurteilt, wird alle Energie auf die Sorge um den Nächsten, oft auch das eigene Kind, gelegt. Ich meine, es ist auch wichtig, dass Sie sich selbst nahestehen, nicht auf eine egoistische und narzisstische Weise, sondern eher wie eine langjährige Freundin, die Sie gut kennen und die ihre Stärken und Schwächen hat, die Sie akzeptieren. Als Christ lernt man, sich selbst nicht so wichtig zu nehmen. Es mag Ihnen wie ein Widerspruch dazu vorkommen, wenn ich Sie nun auffordern möchte, sich selbst ernst zu nehmen und dem, was Ihnen wichtig ist, Raum zu geben. Für mich ist das allerdings kein Widerspruch. Ich gehe davon aus, dass Sie grundsätzlich so sein können, wie Sie als Mensch von der Schöpfungskraft gedacht worden sind. Durch Ihre Erfahrungen werden jedoch mitunter Ihre mitgebrachten Anlagen und Begabungen beschränkt, sodass Sie nicht im Vollbesitz Ihrer Kräfte sind. Im Erwachsenenalter haben Sie jedoch die Möglichkeit, etwas von dem, was Ihren Wesenskern ausmacht, von Schutt und Geröll zu befreien, um wieder zu dem Menschen zu werden, den Gott in Ihnen sieht und angelegt hat. Es geht also nicht um den egozentrischen oder narzisstischen Versuch der Selbstbespiegelung, sondern um das Zurückfinden zu Ihrem inneren Wesenskern, dazu, wie Sie gedacht worden sind. Auch in der Bibel werden wir dazu aufgerufen: »Vor allem aber behüte dein Herz, denn dein Herz beeinflusst dein ganzes Leben.«[14]

Unsere Kraft und Energie sind dort zu finden, wo wir ganz mit uns im Reinen sind. Die Energielosigkeit, unter der Hochsensible so oft leiden, liegt meines Erachtens daran, dass wir uns oft in familiären Konstellationen oder Bezügen wiederfinden, die im Grunde genommen unseren inneren Werten widersprechen. Es kostet viel Energie, die Augen vor der Wahrheit zu verschließen und jeden Tag aufs Neue etwas zu leben, das Ihnen eigentlich widerspricht oder zumindest nicht ganz zu Ihnen passt. Dann spüren Sie vielleicht Widerstand, ohne recht zu wissen, warum, ziehen sich noch mehr zurück und fühlen sich allein und unverstanden.

Es gibt im Norden Mexikos eine Höhle, die vor ein paar Jahren praktisch durch Zufall bei der Arbeit an einem großen Bauprojekt entdeckt wurde: die Höhle Naica. In dieser Höhle wachsen gigantische meterhohe Stalagmiten und Stalaktiten aus den Wänden, dem Boden und der Decke. Das Klima in dieser Höhle ist für den menschlichen Organismus nicht günstig, es herrschen immer mindestens 60 Grad Celsius, sodass Menschen diese Höhle nur in Spezialanzügen und mit Sauerstoffgeräten betreten können. Deshalb wird diese Höhle nie für die Öffentlichkeit zugänglich sein. Aber die Menschen, die mit der Erforschung dieser Höhle beauftragt worden sind, erleben täglich ein einzigartiges Naturschauspiel, sind sich der Großartigkeit ihrer Entdeckung bewusst und gehen entsprechend sorgsam damit um. Mir scheint, dass Sie die Erforschung Ihrer inneren Seelenlandschaft mit dem Erkunden der Höhle Naica vergleichen können. Begeben Sie sich einmal auf den Weg, werden Sie großartige Entdeckungen machen. Vielleicht ist das Klima dort unten nicht sehr angenehm oder für die Öffentlichkeit bestimmt, und vielleicht brauchen Sie am Anfang eine Spezialausrüstung, um es dort auszuhalten, aber Sie werden dafür mit dem Erlebnis belohnt, zu Ihrem Kern vorgedrungen zu sein.

Ich vermute, dass sich für Sie einzigartige Welten erschließen werden, wenn Sie Ihren innersten Wesenskern entdecken. Vielleicht kommen Sie in Kontakt mit Ihrer Kreativität und originelle Ideen brechen sich Bahn. »Es sind noch Lieder zu singen«, dieser Satz von Paul Celan kann für Hochsensible leitend sein und sie in ihrem Gefühl bestärken, dass sie etwas bewirken können für die Welt. Auch als Mutter haben Sie Tag für Tag neu die Chance, Lieder zu singen; ganz praktisch mit Ihren Kindern zusammen oder auch für sich allein und im übertragenen Sinne: ein Lied für die Welt zu singen, denn Kinder zu gebären und großzuziehen heißt, eine neue Saite zum Klingen zu bringen. Wie dieser Klang ausfällt, ob er eher dunkel oder hell ertönt, können Sie mitbestimmen. Vielleicht ist diese Gestaltungsmöglichkeit bereits Ausdruck Ihres inneren Wesenskerns, auch wenn Sie im hektischen Alltag möglicherweise oft den Blick dafür verlieren.

Zur Erforschung dessen, was Ihnen wirklich wichtig ist, können folgende Fragen und Gedanken hilfreich sein:

• Was ist Ihnen wirklich wichtig im Leben?
• Welche Werte wurden Ihnen in Ihrer Herkunftsfamilie vermittelt?
• Sind das auch Ihre eigenen Werte?
• Gelingt es Ihnen, nach Ihren Werten zu leben, oder haben Sie eher das Gefühl, dass es dabei noch Hürden gibt?
• Welche Eigenschaften, Fähigkeiten, Kompetenzen, Verhaltensweisen mögen Sie an sich und welche nicht?
• Was mögen andere an Ihnen und was weniger?
• Im Sinne Ihrer Persönlichkeitsentwicklung: Welche Eigenschaften möchten Sie an sich in Zukunft entwickeln, verstär-

ken oder ans Licht holen und welche möchten Sie eher so belassen bzw. nicht noch zusätzlich verstärken?
- Was wäre ein guter erster Schritt dazu?

Wenn Sie sich mit diesen Fragen beschäftigen, dann kommen Ihnen vielleicht auch Eigenschaften in den Sinn, die Sie gerade aufgrund Ihrer Hochsensibilität haben. Auf diese Weise können Sie lernen, Ihre Veranlagung neu zu bewerten und auch die positiven Aspekte darin zu erkennen. Hochsensibel zu sein, fordert den ganzen Menschen, mit allen seinen Gedanken, Gefühlen, Einstellungen, Erfahrungen und Werten. Lediglich das äußere Verhalten zu regulieren, wäre nicht nachhaltig und tiefgreifend genug. Von daher hoffe ich, dass ich Sie mitnehmen kann auf den Weg der Selbsterkenntnis. Dann wird sich für Sie auch der praktische Nutzen einstellen.

II. Wenn eine hochsensible Frau Mutter wird

1. Das Dilemma der Mutterrolle

Meine beiden Schwangerschaften sind mir als beinahe schönste Zeit meines Lebens in Erinnerung geblieben. Ich fühlte mich sehr gut, litt nicht unter Übelkeit, bekam keine Heißhunger- oder Ekelattacken, und ich weiß noch, dass das Gefühl, dass neues Leben in mir heranwuchs, großartig war. Ich war stolz und glücklich und wurde von allen, besonders von der Familie, behandelt wie ein rohes Ei. Ich litt kaum jemals während dieser Zeit unter Überstimulation. Warum? Zwar war ich sehr müde, aber jeder hatte Verständnis dafür und ich konnte mich zurückziehen, wann immer ich wollte. War ich eingeladen und ich fühlte mich nicht wohl in der Runde, konnte ich mich mit meiner Schwangerschaft, Übelkeit oder einem Wehwehchen entschuldigen und mich zurückziehen. Hatte ich Stimmungsschwankungen, so wurde das auf die Hormone geschoben und mir schnell verziehen. Rückblickend betrachtet, konnte ich mir also während neun Monaten mein Leben hochsensiblengerecht einrichten. Sich wegen einer Schwangerschaft zu entschuldigen, findet in der Regel mehr Akzeptanz als zu sagen, man sei sehr sensibel.

Haben Sie ähnliche Erfahrungen gemacht? Wenn ja, dann haben Sie mindestens einmal in Ihrem Leben erfahren, wie es sich anfühlen kann, sich Ihr Leben stimmig einzurichten. Ich wünsche Ihnen, dass Sie etwas davon in Ihr Leben nach der Schwangerschaft mitnehmen können. In den ersten Wochen nach der Geburt wird man Ihnen wahrscheinlich noch zugestehen, sich an die neue Situation gewöhnen zu müssen, erschöpft zu sein und Ruhe zu brauchen, aber irgendwann kommt der Moment, in dem Sie merken, dass die Luft kälter wird. Vielleicht fallen dann manchmal Sätze wie: »Das ist eben so, da muss man durch«, oder: »Das haben alle mitgemacht, das ist normal«, oder auch so: »Reiß dich zusammen, sei nicht so empfindlich, das ist doch kein Grund, sich aufzuregen, das schadet dem Kind!«, und was dergleichen Killersätze noch mehr sind. Sollte Ihnen solches Unverständnis entgegenschlagen, machen Sie sich bitte einmal mehr bewusst, dass Sie hochsensibel sind und deshalb stärker reagieren. Sie nehmen stärker wahr als Nicht-Hochsensible, und in welchen Bereichen Sie besonders stark emotional reagieren, ist, wie schon gesagt, eine Mischung aus äußeren Reizen und Ihrer persönlichen Erfahrungsgeschichte. Dazu möchte ich Ihnen eine eigene kleine Geschichte erzählen:

Als mein Sohn geboren wurde, war er das erste Enkelkind beider Großelternpaare. Sie freuten sich alle sehr auf das Baby. Beide Familien wohnten in ziemlicher räumlicher Entfernung. Meine Eltern telefonierten nach der Geburt mit mir und ich merkte durchs Telefon, wie sie sich freuten und Anteil nahmen. Meine Schwiegermutter dagegen nahm den Weg unter die Räder und besuchte uns am nächsten Tag im Krankenhaus. Sie war begeistert von ihrem Enkel und nachdem sie ihn einmal auf dem Arm hatte, gab sie ihn nicht mehr her. Und dann, ohne Vorwarnung oder ein Wort oder auch nur einen Blick in meine Richtung, verließ sie mit ihm das Zimmer und kam – endlos lange für mein Gefühl – nicht wieder. Obwohl es eine relativ leichte Geburt gewesen war, war ich doch emotional äußerst labil und nahm das eigenmächtige Entfernen meines Babys als extrem übergriffig und respektlos wahr. Ich brach in Tränen aus und konnte mich lange nicht beruhigen. Es mag Frauen geben, die in dieser Situation gelassen reagiert hätten oder es sogar als Entlastung empfunden hätten, dass die Schwiegermutter sich so intensiv um das Baby kümmert, aber mir war das nicht möglich. Und zwar aufgrund bestimmter biographischer Erfahrungen, die mich besonders empfänglich für Grenzverletzungen jeder Art machten. Meine Reaktion war also eine Mischung aus hochsensibler Wahrnehmung und Erfahrungen, die mich befürchten ließen, Grenzverletzungen zu erleben.

Als hochsensible Mutter gibt es auch bei Ihnen Bereiche, in denen Sie besonders stark reagieren. Vielleicht ähnliche wie bei mir, vielleicht auch ganz andere. Mir scheint es eine wichtige Voraussetzung für einen gelingenden Umgang mit der eigenen Hochsensibilität zu sein, sich darüber bewusst zu werden, durch welche biographischen Hintergründe Ihre Hochsensibilität besonders ausgeprägt ist. Die Erkenntnis darüber schafft Klarheit und ein wenig mehr Ordnung in Ihrem Inneren.

Interessant ist, dass ca. 20 Prozent aller Mütter an einer postnatalen Depression erkranken.[15] Mir scheint es kein Zufall zu sein, dass es sich dabei um genau den Prozentsatz handelt, von dem auch immer im Zusammenhang mit der hochsensiblen Veranlagung gesprochen wird. Der Zusammenhang ist noch nicht erforscht, aber möglicherweise begünstigt die Hochsensibilität die Ausformung einer postnatalen Depression. Wenn Sie sich vor Augen halten, dass eins der Kriterien für Hochsensibilität die Neigung zu Überstimulation ist, dann liegt es nahe, dass Mütter nach einer Geburt ein hohes Maß an Überstimulation erleben: Da kommt die Familie zu Besuch und alle möchten das Kind sehen, auf den Arm nehmen und wissen, wie die Geburt verlaufen ist. Das Stillen klappt vielleicht nicht auf Anhieb, ist schmerzhaft und eine rechte Prozedur. Der Hormonhaushalt ist in Aufruhr, was sich in extremen Stimmungsschwankungen ausdrücken kann. Die Anstrengungen der Geburt wirken noch nach, die junge Mutter ist müde und ausgelaugt und hat das Gefühl, keine Ruhe zu bekommen. Selbst, wenn alles gut verlaufen ist, die Familie harmonisch und liebevoll ist und Glückshormone die Mutter überschwemmen, dann ist das auch eine Form von Überstimulation. Jedwede Aufregung, auch wenn sie positiv ist, kann zu viel sein. Der hochsensible Organismus reagiert darauf mit Erschöpfung.

Das, was in der Schwangerschaft noch möglich war, nämlich, dass Sie sich zurückziehen konnten und das toleriert wurde, ist jetzt kaum noch machbar. Versuchen Sie dennoch, sich und Ihrem Kind Ruhezeiten einzuräumen, ernten Sie vielleicht Befremden und Unverständnis. Lassen Sie aber alle Kontakte zu, dann bezahlen Sie den Preis dafür, indem Sie sich ausgelaugt, erschöpft und gereizt fühlen. So manch eine Frau erlebt in dieser Situation das erste Mal ein grundlegendes Dilemma: Soll sie sich den Anforderungen und Erwartungen ihres Umfeldes beugen oder soll sie sich nach ihren Bedürfnissen richten und damit vielleicht andere vor den Kopf stoßen?

Da das Wissen über Hochsensibilität noch relativ neu ist, nehme ich an, dass Sie wenig bis nichts über diese Veranlagung wussten, als Sie Mutter wurden. Ihre Schwangerschaft mag anders verlaufen sein als meine, auf jeden Fall aber war das, was danach kam, nämlich die Geburt und die erste Zeit mit dem Baby, voll der Veränderung und Neuorientierung. Wie mag es Ihnen damit gegangen sein? Als ich eine Freundin danach fragte, wie es ihr in der ersten Zeit nach der Geburt ihrer Tochter gegangen sei, antwortete sie mit einem einzigen Wort: »Grässlich!«.

Eine Geburt zählt zu den krisenhaften Ereignissen im Leben. Eine Krise erleben wir dann, wenn eine Situation eine Rollentransformation erfordert.[16] Wird eine Frau zur Mutter, ist sie schlagartig mit einer anderen gesellschaftlichen Rolle konfrontiert. Wir alle durchlaufen in unserem Leben verschiedene Rollen. Kaum sind wir geboren, mutieren wir vom Säugling zum Krabbelkind, dann zum Kleinkind. Kaum sind wir den Windeln entwachsen, werden wir zum Kindergartenkind, später zum Schulkind. Treten wir einem Sportverein bei, werden wir zum Vereinsmitglied. Spielen wir ein Instrument, werden wir zur Pianistin oder zur Flötistin. Es gibt also Rollen, die wir uns selbst aussuchen, und diejenigen, welche uns gesellschaftlich übergestülpt werden. Von Beginn unseres Lebens an wird uns die Rolle »Frau« oder »Mann« begleiten. Dass es sich dabei nicht um eine Rolle im Sinne eines Theaterstücks handelt, wird uns spätestens dann klar, wenn wir versuchen, mit diesen Rollen zu spielen oder die Erwartungen zu hinterfragen, die mit einer bestimmten Rolle, zum Beispiel dem Frausein, verknüpft sind. Noch heute scheinen Frauen sich dafür rechtfertigen zu müssen, wenn sie sich bewusst gegen Kinder entscheiden. Bis vor ein paar Jahrzehnten wurde eine Frau, die keine Kinder hatte und nicht verheiratet war, bis ins hohe Alter hinein als »Fräulein« bezeichnet. Heute wird vielleicht nicht mehr ausdrücklich gesagt, dass eine Frau ohne Kinder keine richtige Frau sei, aber unausgesprochen empfinden Frauen noch immer die Mutterschaft als zu ihrer Rolle als Frau gehörig. Es gehört einfach dazu, zu heiraten und Kinder zu bekommen und wird kaum hinterfragt. Ebenso wenig machen sich die zukünftigen Eltern Gedanken darüber, was ein Kind für sie und ihr Leben bedeutet. So ist es nicht verwunderlich, dass viele Frauen nach der Geburt eine Art Schock erleben. Praktisch über Nacht sind sie von der Frau zur Mutter geworden. Sie erleben eine komplexe Stresssituation, obwohl den meisten von ihnen das nicht bewusst sein dürfte. Stress wird als subjektiv wahrgenommenes Ungleichgewicht zwischen internen und/oder externen Anforderungen und den zur Verfügung stehenden Bewältigungsmöglichkeiten betrachtet.[17] Beim Beispiel einer Geburt kann das bedeuten, dass die junge Mutter sich vornimmt, alles perfekt zu machen (interne Anforderungen), dass die Familie zum Beispiel von ihr erwartet, dass sie ihren Beruf aufgibt, um ganz für das Kind da zu sein oder dass die Schwiegermutter möglicherweise sich in die Pflege und später in die Erziehung des Kindes einmischt (externe Anforderungen). Wenn die junge Mutter nun das Gefühl hat, sie schafft das alles nicht und nicht glauben kann, dass sie selbst Möglichkeiten hat, mit diesen Anforderungen umzugehen, erlebt sie sich als gestresst. Dieses Dilemma, es auf der einen Seite so gut machen zu wollen wie möglich und auf der anderen Seite mit Erwartungen konfrontiert zu sein, die sie nicht erfüllen kann oder will, kann sich sehr leicht in dem Gefühl ausdrücken, überfordert zu sein.

Das, was die Überforderung schafft, liegt tief in der hochsensiblen Seele verborgen. Hochsensible Menschen neigen dazu, sehr hohe Ansprüche an sich und andere zu stellen. Obwohl sie dann durch das tatsächliche Leben feststellen müssen, dass sie diese Ansprüche nicht immer erfüllen können, halten sie oft sehr lange daran fest. Es scheint sich fast einfacher anzufühlen, mit hechelnder Zunge einem Ideal hinterherzujagen, als die Ansprüche, vor allem die eigenen, zu überdenken. Es anderen recht machen zu wollen, ist auch ein Anspruch, der nur selten gelingt. Nach meiner Beobachtung ist hierbei hilfreich, dass Sie sich einmal mehr Ihre Veranlagung bewusst machen. Wenn Sie wissen, dass Sie zu den Menschen gehören, für die hohe Ansprüche zu haben so selbstverständlich ist wie der Morgenkaffee und genauso aktivierend, dann kann es Ihnen auch an der einen oder anderen Stelle gelingen, Ihre Ansprüche als das zu betrachten, was sie sind: nämlich eine Idee im Kopf und nichts, was wirklich real Gestalt annehmen muss.

Es ist manchmal interessant, in welchen Kleidern Ansprüche daherkommen. Ich habe eine Reihe von Interviews für dieses Buch geführt. Eines ist mir besonders deutlich in Erinnerung geblieben wegen der Atmosphäre, die sich mir mitgeteilt hat. Meine Interviewpartnerin und ich hatten ein telefonisches Interview vereinbart. Den Termin zu finden, gestaltete sich schwierig, da die junge Mutter mir einen Termin noch am selben Abend vorschlug, was bei mir aber so kurzfristig nicht möglich war. Schon diese Eile machte mich nachdenklich. Es teilte sich mir etwas Getriebenes, eine Art Hektik mit. Als wir dann eine Woche später tatsächlich miteinander sprachen, war ich gefangen genommen vom Klang ihrer Stimme, mehr noch als vom Inhalt des Gespräches. Sie sprach sehr schnell und ich spürte den ganzen Druck und die enorme Anspannung, der sie ausgesetzt war. Sie hätte mir auch etwas ganz anderes erzählen können, ihre psychische Verfassung hätte sich mir trotzdem mitgeteilt. Nach wenigen Minuten war ich genauso gestresst wie sie. Sie werden sich vielleicht fragen, warum ich dieses Beispiel erwähne, wenn es um Ansprüche geht. Nun, es wurde mir im Laufe des Gespräches deutlich, wie wichtig es meiner Interviewpartnerin war, mir das ganze Ausmaß ihrer häuslichen Situation so begreiflich zu machen, dass ich es *wirklich* verstand. Es schien mir, als würde sie nach einem Strohhalm im Meer von Unverständnis und Desinteresse greifen, in dem verzweifelten Wunsch nach jemandem, der ihr zuhört und sie versteht. Und das ist natürlich auch ein Anspruch.

Wenn Sie gerade ein Kind geboren haben, dann machen Sie vielleicht auch die Erfahrung, dass Sie sich unbedingt und in allen Details verständlich machen möchten. Dieses Bedürfnis, dass andere doch begreifen mögen, und dabei nicht locker zu lassen und es immer wieder zu versuchen, begegnet mir häufig bei Hochsensiblen. Auf der einen Seite gibt es also das starke Bedürfnis, die Umwelt an dem vielschichtigen Innenleben teilhaben zu lassen, und auf der anderen Seite wird dieser Wunsch auch ständig frustriert und enttäuscht, weil er mit dem Bedürfnis, verstanden zu werden, einhergeht. So kompliziert und verwirrend sich das jetzt auch für Sie anhören mag, ein möglicher Lösungsweg ist im Grunde recht einfach: mitteilen ja, verstanden werden vielleicht. Trennen Sie das Mitteilungsbedürfnis von dem Wunsch, verstanden zu werden. Mitteilen können Sie immer alles, wenn Sie nicht gleichzeitig erwarten, dass Ihr Umfeld für die Lösung sorgt. Natürlich gibt es organisatorische Dinge, die im Alltag der neuen jungen Familie zwischen beiden Partnern geregelt werden müssen, sodass nicht die Alleinverantwortung auf den Schultern eines Elternteils liegt. Wenn es um die Organisation des Alltags geht, ist es wichtig, sich mitzuteilen und dabei konstruktive Lösungen anzustreben. Wenn es aber um Ihre emotionale Befindlichkeit geht, dann können Sie dies zwar auch mitteilen, aber der Schlüssel zur Lösung liegt einzig in Ihnen.

Es ist nicht einfach, sich mit der neuen Rolle als Mutter anzufreunden, wenn die Interpretation, was eine gute Mutter ist und wie sie sich zu verhalten hat, einfach unausgesprochen transportiert wird. Es gibt kaum eine Familie, die sich aktiv mit diesen Themen vor der Geburt eines Kindes beschäftigt. Die Vorbereitung auf das Baby zeigt sich vielerorts darin, dass das Kinderzimmer eingerichtet, ökologisch unbedenkliches Holzspielzeug gekauft wird und es genügend Strampler, Lätzchen und Windeln in Reichweite gibt. Alles wichtige Dinge für das Baby. Aber wer nimmt sich genauso viel Zeit dafür, darüber nachzudenken, was dieser neue Mensch allein durch seine Existenz für das Leben der Frau, des Mannes und für das gesamte Familiengefüge bedeutet?

Vielleicht ist es in Ihrer Herkunftsfamilie unausgesprochen Maßstab gewesen, dass eine gewisse Opferbereitschaft zum Muttersein dazugehört. Es kann sein, dass Sie als kleines Mädchen gespürt haben, dass es für Ihre Mutter ein Opfer bedeutet hat, Kinder zu haben. Auch wenn Sie in der Pubertät vielleicht dagegen rebelliert haben und sowieso alles ganz anders als Ihre Mutter machen wollten, könnte es doch sein, dass Sie diese Haltung – Kinder bedeuten Opfer – übernommen haben. Diese Einstellung äußert sich dann in Sätzen wie: »Das ist nun einmal so«, »Wenn du Kinder hast, dann kannst du eben einfach nicht mehr das tun, was du willst«, »Das gehört nun eben dazu« und Ähnliches mehr. Und es ist ja auch richtig, dass Ihr Leben nie mehr so sein wird wie vor den Kindern. Aber selbst wenn sie opferbereit sind, ist das Muttersein für viele Hochsensible mit Strapazen verknüpft, an die sie vorher nicht gedacht haben. Es wird Ihnen klar gewesen sein, dass Sie von nun an mehr Ausgaben haben werden. Vielleicht auch, dass Sie weniger in Urlaub fahren können und gesünder kochen sollten. Aber waren Sie wirklich darauf vorbereitet, dass Ihnen Ihr eigenes Innenleben es oftmals schwierig macht, das Leben mit Ihren Kindern zu genießen? Natürlich haben Sie gewusst, dass Sie umziehen müssen und sind auch bereit gewesen, dieses »Opfer« zu bringen. Und vielleicht haben Sie auch vermutet, dass Sie weniger von dem tun können, was Ihnen bis jetzt Freude gemacht hat. Umso überraschter werden Sie sein, wenn Sie feststellen, dass trotz aller Veränderungen, die Sie in Ihrem Leben für das Baby vornehmen, es nicht reicht, opferbereit zu sein, um selbst zufrieden zu sein.

An dieser Stelle wage ich einen Ausflug in die Geschichte. Das Verständnis von der Rolle als Mutter ist im christlichen Abendland über die Jahrhunderte hinweg relativ konstant geblieben. Das Ideal der fürsorglichen, sich aufopfernden Mutter, mit Maria, der Mutter Jesu, an der Spitze, galt und gilt auch heute noch als Vorbild.

Dabei sind die äußeren Erwartungen an das Frausein nicht die gleichen geblieben. Frauen sollten heute einen eigenen Beruf haben und ihn auch ausüben; was früher »Kinder, Küche, Kirche« hieß, könnte heute zu »Kinder, Küche, Kirche und Karriere« erweitert werden. Dagegen ist gar nichts zu sagen, zum Glück haben Frauen heute sehr viel mehr Möglichkeiten als früher, ihr Leben zu gestalten – das ist eine großartige Errungenschaft des letzten Jahrhunderts. Ich möchte an dieser Stelle nur bewusst machen, dass mit der Vielfalt der Möglichkeiten auch die Verantwortung gewachsen ist, diese verschiedenen Rollen unter einen Hut zu bringen. Und diese Aufgabe bleibt leider auch allzu oft alleine den Frauen überlassen. Wenn Frauen heute Mutter *und* Berufsfrau sein möchten, haben sie wie selbstverständlich auch dafür Sorge zu tragen, dass der Haushalt nicht darunter leidet. Wenn sie sich eine Putzfrau zur Entlastung wünschen, dann heißt das oft, dass sie selbst jemanden rekrutieren und auch selbst bezahlen müssen. Wenn sie mehr arbeiten möchten, obliegt ihnen die Suche nach einem geeigneten Krippenplatz. Frauen bekommen täglich vor Augen geführt, dass ihre Entscheidungen einen teuren Preis haben. Entscheiden sie sich dafür, »nur« Mutter zu sein, werden sie belächelt und als »Heimchen am Herd« angesehen. Entscheiden sie sich dafür, Kinder *und* Beruf unter einen Hut bringen zu wollen, dann werden sie schnell zur »Rabenmutter«, die ihre Kinder fremden Händen anvertraut, um Karriere zu machen. Mütter sind also Frauen in Zwickmühlen. Selbst wenn ihnen diese Zusammenhänge nicht bewusst sein sollten, so spüren sie doch, wo sie an Grenzen stoßen und ob sich ihr Leben erfüllt anfühlt oder sie eher die Erfüllung ihrer Bedürfnisse auf unbestimmte Zeit nach hinten verschieben.

Ich habe mich ganz bewusst dafür entschieden, den Mutterschaftsurlaub von drei Jahren, den es damals in Deutschland gab, voll auszuschöpfen. Voller Enthusiasmus und Engagement bin ich Mutter geworden – um dann nach drei Jahren festzustellen, dass aus der engagierten und fürsorglichen Mutter ein reines Nervenbündel geworden war, welches zugleich gelangweilt und überfordert war. Diesem Phänomen, welches ich von vielen hochsensiblen Menschen kenne, zugleich gelangweilt und überfordert zu sein, möchte ich im nächsten Kapitel ausführlich nachgehen.

Anregungen zum Nachdenken können sein

- Wie haben Sie die Geburt(en) erlebt?
- Wie ist Ihre Familie mit dem Baby und mit Ihnen umgegangen?
- Gibt es etwas Unausgesprochenes, was Ihnen bis heute auf der Seele liegt?
- Welche Erwartungen hatten Sie an sich selbst und welche hatte Ihr Umfeld an Sie? Wurden diese Erwartungen ausgesprochen oder haben Sie sie eher unterschwellig wahrgenommen?

- Welche Erfahrungen haben Sie in der Schwangerschaft gemacht?

2. Zwischen Langeweile und Überforderung

Die eigenen Bedürfnisse kennen

Man könnte mit gutem Recht behaupten, dass es das letzte Abenteuer dieser Erde ist, Kinder zu haben. Suchen Sie den ultimativen Kick mit Adrenalinschubgarantie? Dann brauchen Sie bloß Ihrem Kind an einer viel befahrenen Straße das Fahrradfahren beizubringen. Möchten Sie eher sich selbst kennenlernen und einen Selbsterfahrungstrip unternehmen? Dann genügt es, wenn Sie mit Ihren pubertierenden Kindern Dinge wie Ausgehzeiten, Haus- und allgemeine Anstandsregeln diskutieren. Was Sie auch an Herausforderung suchen, im Grunde genommen genügt es, Kinder zu haben, um sie zu bekommen. Warum dann die gähnende Langeweile, von der mir viele Mütter berichten und die ich auch selbst erlebt habe?

Hochsensibel zu sein bedeutet eben nicht nur, sich zurückzuziehen von der überfordernden Welt, sondern auch, sich angezogen und fasziniert zu fühlen von den Möglichkeiten »da draußen«. Ein Teil von Ihnen möchte teilnehmen an der Welt, gefragt und beliebt sein und im Austausch mit anderen Erwachsenen (!) stehen. Wenn Sie könnten, wie Sie wollten, würden Sie Ihre Zeit mit dem Studium altjapanischer Schriften oder mit dem Malen in Acryl verbringen und es wäre Ihnen dabei mit Sicherheit *nicht* langweilig! Es geht also darum, *wie* Sie Ihre Zeit verbringen. Lassen Sie mich raten: Sie verbringen sie nämlich nicht für sich, sondern für diesen hilflosen kleinen Menschen, der ohne Sie nicht überleben würde. Kaum eine Mutter, die ich kenne, behauptet, dass sie etwas für sich täte, wenn sie mit ihrem Kind zusammen ist. Hochsensibel zu sein bedeutet, viel Zeit für sich selbst zu brauchen, einerseits, um zur Ruhe zu kommen und sich zu erholen, andererseits, um etwas zu tun, aus dem Sie Energie und Kraft ziehen können. Und damit ist ein weiteres

Dilemma ersichtlich: Wie oben bereits beschrieben, besteht unser Mutterbild in der Auffassung, dass Mütter fürsorglich und aufopfernd sein sollten. Die meisten Mütter, die ich kenne, versuchen sehr tapfer und sehr lange, diesem Bild gerecht zu werden. Sie geben ihre Hobbys auf, wenn sie schwanger werden, machen keinen Sport mehr und Musikinstrumente oder Malutensilien werden in Kellerregale verbannt. Es scheint ja auch gute Gründe dafür zu geben: Da ist auf einmal keine Zeit mehr zum Malen, das Musizieren ist zu laut und würde nur die Kleine wecken, der Bub ist gerade im schönsten Entdeckeralter und würde die wertvollen Pinsel anknabbern ... Natürlich gibt es gute Gründe, diese Tätigkeiten alle sein zu lassen – und überhaupt haben Sie ja sowieso keine Energie mehr für so etwas übrig. Meines Erachtens ist das Abschneiden von den Dingen, die Ihnen einmal Freude gemacht haben, aber ein grundlegender Fehler. Sie vernachlässigen dadurch einen wichtigen Teil von sich, den Teil, der Ihnen sagt, dass Sie nicht nur Mutter, sondern auch interessante Gesprächspartnerin, begabte Malerin, potenzielle Innenarchitektin oder politische Aktivistin sind. Sich ganz auf die Rolle als Mutter zurückzuziehen, bedeutet eine Kränkung der eigenen Begabungen.

Deshalb möchte ich Sie dazu einladen, sich daran zu erinnern, was Ihnen Freude gemacht hat, als Sie noch Frau und keine Mutter waren. Vielleicht sind Sie gerne wandern gegangen, haben Musik gehört, Pingpong gespielt oder was dergleichen unschuldige Freuden mehr sind. Dann lassen Sie bitte wieder etwas davon aufleben. Vielleicht können Sie im Bücherregal im Wohnzimmer eine Ecke für Ihr Skizzenbuch reservieren, mit den schönen Faber-Castell-Stiften daneben, die Sie zur Hand nehmen können, wenn Ihr Kind gerade schläft. Vielleicht gönnen Sie sich eine besonders schöne CD oder ein Hörbuch mit den Gedanken großer Philosophen, wenn es Ihnen Spaß gemacht hat, komplexe Gedankenwelten zu entwerfen. Möglicherweise erleben Sie aber auch Entspannung und Erholung, wenn Sie sich in die Natur begeben. Sie kennen vielleicht einen Ort, an dem Sie sich ganz eins mit sich fühlen, einfach still dort sitzen können und die Schönheiten der Natur in sich aufnehmen. Wenn Sie sich dem christlichen Glauben verbunden fühlen, dann können

Sie bewusst eine Schlafenszeit Ihres Kindes zur Zwiesprache mit Gott nutzen. Vielleicht haben Sie zu Hause einen speziellen Andachtsort, wenn nicht, dann könnten Sie sich eine kleine Ecke dafür herrichten. Ganz gleich, was Sie tun, es geht dabei immer darum, auch etwas für sich zu tun. Sie werden sich dabei mehr erholen, als wenn Sie versuchen, sich auf dem Sofa zu entspannen.

Es ist interessant, aber eine zu beobachtende Tatsache, dass wir uns nur scheinbar erholen, wenn wir uns ausruhen und nichts tun. Dadurch, dass Hochsensible ständig mit ihren Gedanken und inneren Zuständen beschäftigt sind, können sie nämlich dann, wenn vollkommene Ruhe herrscht, oft nicht wirklich abschalten. Dann liegen sie wach und machen sich Gedanken über dieses und jenes, gehen den Einkauf im Supermarkt vom Vormittag durch und überlegen sich, wie sie das nächste Mal, wenn sie der Frau von gegenüber begegnen, reagieren werden. Vielleicht denken Sie auch an all das, was im Haus noch getan werden sollte, an die zu waschende Wäsche und die Blumenzwiebeln, die unbedingt noch in die Erde müssen. Dabei sollte diese halbe Stunde doch Ihnen dienen und Zeit für Sie selbst darstellen! Letztlich kann es sein, dass Sie mit Herzklopfen und überhaupt nicht erholt wieder aufstehen.

Auch hier gilt, dass nicht alles, was wir uns wünschen, uns auch gut tut. Sie können wünschen, mit einem Glas Wein auf dem Sofa zu sitzen und fernzusehen, dabei würde es Ihnen und Ihrem Körper wahrscheinlich besser tun, eine halbe Stunde spazieren zu gehen und dabei zu spüren, wie Ihre Muskeln arbeiten und Ihr Körper perfekt funktioniert. Mir ist bewusst, dass es immer eine Überwindung bedeutet, von Gewohntem (oder auch nur gewohnten Wünschen) abzuweichen und etwas Neues auszuprobieren. Mitunter brauchen Sie dabei auch Unterstützung, jemanden, der mit Ihnen spazieren geht und Sie auch dazu motivieren kann. Eine gute Gelegenheit, mit Ihrem Mann zu sprechen. Wahrscheinlich täte es ihm genauso gut, nach einem langen Bürotag ein wenig in die Natur zu gehen.

Machen wir ein Gedankenexperiment: Stellen Sie sich einen ganz normalen Morgen in Ihrem Leben vor. Der Wecker klingelt (für Ihr Gefühl viel zu früh, denn Sie sind am Vorabend wieder einmal zu spät ins Bett gegangen, damit Sie noch etwas vom Tag hatten), stehen übermüdet auf, gehen ins Bad und richten danach das Frühstück für Ihre Familie. Jeder Handgriff sitzt, in Gedanken hadern Sie aber damit, dass immer Sie es sind, die so früh aufstehen muss, fühlen sich ausgenutzt und würden am liebsten wieder schlafen gehen. Da meldet sich auch schon die Kleine, Sie hatten aber noch nicht einmal Zeit, um in Ruhe eine Tasse Tee zu trinken. Der Abwasch stapelt sich vielleicht noch vom Vorabend in der Küche, Sie bleiben bei dem Gedanken hängen, dass es gestern Abend da noch diese Missstimmung zwischen Ihnen und Ihrem Mann gab, deren Ursachen Sie gerne ergründen würden. Sie holen die Kleine und geben ihr ihr Frühstück, während ihr großer Bruder wieder einmal zu verschlafen scheint. Mit einem Ohr lauschen Sie hinauf in sein Zimmer: Ist er schon wach? Müssen Sie ihn schon wieder wecken? Und können Sie die Kleine so lange alleine lassen oder müssen Sie sie mitnehmen? Innerlich sind Sie schon ärgerlich, weil Sie sich hin- und hergerissen fühlen zwischen diesen Fragen. Sie lassen sich zwar nichts anmerken, aber Ihre Stimme rutscht eine Oktave höher, Sie atmen flach und spüren, wie die Nervosität in Ihnen heraufkriecht. Sie entscheiden sich dafür, die Kleine kurz in ihrem Hochstuhl sitzen zu lassen, während Sie Ihren Sohn wecken. Er wacht quengelig auf und kündigt lautstark an, heute nicht in den Kindergarten zu gehen. Sie reagieren etwas genervt auf diese Störung der Tagesplanung und zwingen ihn mehr oder weniger zur Tür hinaus.

Später, auf dem Spielplatz, setzen Sie sich müde auf eine Bank, während Ihre Tochter für circa zwei Sekunden alleine im Sandkasten spielt und danach Ihre Anwesenheit verlangt. Aber in Gedanken sind Sie ganz woanders, nämlich bei der Frage, was es zu Mittag geben soll, bei den Dingen, die Sie heute noch erledigen müssen, und bei Ihrer Stimmung, die sich irgendwie unzufrieden anfühlt. Ihre Bewegungen werden ruppig und fahrig, Ihr Blick hart und Ihre Stimme bekommt einen metallischen Klang. Die Kleine reagiert auf diese Veränderungen in Ihrem Ausdruck und wird weinerlich. Schnell bemühen Sie sich, hektisch und fahrig ein paar Sandkuchen mit ihr zu backen, aber dann ordnen Sie den geordneten Rückzug nach

Hause an. Die Kleine sieht diesen schnellen Aufbruch überhaupt nicht ein und das Verlassen des Spielplatzes gelingt nur unter Einsatz Ihrer Körperkräfte. Erschöpft kommen Sie zu Hause an. Die Mutter in dieser Szene befindet sich in einer Spirale der Überstimulation. Lassen Sie uns kurz innehalten, um zu ergründen, was zu der Erschöpfung beigetragen hat, in der sich die Mutter bereits am späten Vormittag befindet. Nun, das Erste, was ins Auge fällt, ist, dass sie nicht genug geschlafen hat. Hochsensible brauchen relativ viel Schlaf, um sich ausgeruht zu fühlen. Die nötige Schlafmenge kann durchaus über den empfohlenen 8-9 Stunden liegen. Im Grunde genommen könnte man nun sagen, das ist ja kein Problem, dann soll sie doch einfach früher schlafen gehen. Ganz so einfach ist es aber leider nicht, denn die junge Frau in unserer Geschichte hat erst abends, wenn die Kinder im Bett sind, das Gefühl, dass jetzt *ihr* Tag beginnt. Würde sie früh zu Bett gehen, hätte sie subjektiv den Eindruck, dass sie sich selbst von der wenigen Zeit abschneidet, die sie zur freien Verfügung hat. Andererseits ist sie jeweils abends so müde, dass sie nur noch fernsieht, anstatt endlich das gute Buch zu lesen oder sich mit ihrer Freundin zu treffen, die sie schon lange nicht mehr gesehen hat. Also schläft sie regelmäßig zu wenig und wacht unausgeruht auf. Schlafmangel ist ein Nährboden für Energieverlust und bereitet den Weg für die Überstimulation vor. Nach dem Aufstehen tut unsere Protagonistin das, was getan werden muss, um das Frühstück für die Familie zu machen. Dabei ist sie aber mit ihrer Aufmerksamkeit nicht bei den Tätigkeiten, sondern sie hadert mit ihrem Schicksal, vielleicht sogar mit ihrer Ehe und sorgt nicht gut für sich, indem sie sich noch nicht einmal eine Tasse Tee gönnt.

In diesem kleinen Ausschnitt werden verschiedene Dinge deutlich. Erstens: Die Vernachlässigung eigener Bedürfnisse zugunsten der Pflichterfüllung. Und zweitens: Die Verstrickung in negative Gedanken und das Ausrichten der Aufmerksamkeit darauf. Nun haben unsere Gedanken die manchmal unangenehme Eigenschaft, direkt mit unseren emotionalen Zentren im Gehirn verknüpft zu sein. Das hat zur Folge, dass negative Gedanken negative Emotionen nach sich ziehen. Es ist schlichtweg nicht möglich zu denken:

»Immer muss ich so früh aufstehen, niemand nimmt mir etwas ab«, und sich dabei gut zu fühlen. Dieses Muster zieht sich bei der Mutter in der obigen Sequenz durch ihren weiteren Tagesverlauf. Auch auf dem Spielplatz ist sie nicht bei der Sache, kümmert sich nur mechanisch um ihre Tochter und ist geistig abwesend. Dieses »Sich-Verlieren« in allem Möglichen hat wieder einen Energieverlust zur Folge, der durch die körperliche Anstrengung noch verstärkt wird. Erschöpfung ist schließlich das Ergebnis.

Wenden wir uns nun dem zu, was die junge Frau denn an Möglichkeiten hätte, etwas anders zu machen. Ich habe versucht, Ihnen aufzuzeigen, welche Faktoren zu der Überstimulation und Erschöpfung beigetragen haben. Fassen wir zusammen: Schlafmangel, Vernachlässigung der körperlichen Bedürfnisse, negative Gedankenspirale, nicht bei der Sache sein. Diese Faktoren sind meines Erachtens zentral für das Gefühl der Überforderung verantwortlich, unter dem viele, wenn auch nicht alle, hochsensiblen Mütter leiden.

Grundsätzlich scheinen Hochsensible mit einem überaus großen Pflichtbewusstsein ausgestattet zu sein, so sehr, dass sie über die Pflichterfüllung alles andere, vor allem sich selbst, vergessen. Die Dinge, die eine Veränderung bewirken, sind aber oftmals sehr klein. So könnte die Mutter in unserer Geschichte lernen, sich selbst ernst zu nehmen und sich morgens, wenn sie in die Küche kommt, als Erstes eine Tasse Tee machen. Sie könnte, während sie den Tee trinkt, ihre Aufmerksamkeit auf ihr körperliches und seelisches Befinden richten und ihren Atem wahrnehmen. Sie könnte ihre Müdigkeit registrieren und ihrem Körper versprechen, in Zukunft besser für ihn zu sorgen. Sie könnte sich bewusst gegen die negativen Gedanken entscheiden und sich erlauben, sich an dem ruhigen Moment zu erfreuen. Im späteren Tagesverlauf könnte sie immer wieder auf ihren Atem achten, dann würde sie nämlich bewusst wahrnehmen, wenn er flach wird und könnte ihn dann vertiefen, um so ruhiger zu werden. Im Supermarkt könnte sie lernen, ihre Schritte bewusst und langsam zu setzen, ganz zentriert und präsent zu sein und sich vornehmen, sich nicht aus der Ruhe bringen zu lassen. Das alles klingt schwierig für Sie – oder zu klein, um Erfolg zu haben? Dann möchte ich Sie an die Autobahnen in Ihrem Kopf erinnern. Machen Sie sich bewusst, dass Sie durch diese (kleinen) Veränderungen neue Straßen in Ihrem Gehirn bauen. Ob die junge Frau in unserer Geschichte wohl bereit ist, mehr Präsenz und Zentriertheit zu üben? Sind Sie dazu bereit?

Präsent sein

Wenn Sie zentriert sind, dann ist das auch für andere sicht- und spürbar. Und natürlich auch, wenn Sie im wahrsten Sinne des Wortes außer sich sind. Dazu möchte ich Ihnen zwei Beobachtungen nicht vorenthalten, die ich in unserem örtlichen Supermarkt vor ein paar Monaten gemacht habe.

Beobachtung Nr. 1: Ich bemerkte eine Mutter, die mit ihren zwei Kindern (eins im Kindergartenalter und eins im ersten Schuljahr, vermute ich) einkaufte. Während sie Brot aus den Regalen zusammensuchte, kletterten ihre Kinder am Einkaufswagen herum. Sie schoben und sie zerrten daran und jedes von ihnen wollte als Erstes hineingelangen. Das ging nicht ohne eine gewisse Lautstärke ab. Die Mutter, immer noch mit dem Brot beschäftigt, drehte sich nicht zu ihnen um, verbat sich aber das Geschrei. Ihre Worte verhallten jedoch ungehört, im Gegenteil, das Gezerre am Einkaufswagen wurde immer hektischer. Mittlerweile war es dem größeren Mädchen gelungen, den Platz im Inneren zu erobern, während ihr kleiner Bruder an der Seite des Wagens hing und lautstark protestierte. In dem Moment packte ihn seine Mutter am Arm und zerrte ihn von dem Wagen weg, während sie die beiden anschimpfte: »Hört auf damit, was soll denn das? Könnt ihr nicht hören? Nie wieder nehme ich euch irgendwohin mit. Es reicht jetzt!« Und so weiter. Der Bub hockte sich daraufhin auf den Boden und heulte hemmungslos. Das Mädchen dachte nicht daran, aus dem Wagen herauszuklettern, immerhin hatte sie ja hart für diesen Platz gekämpft. Im Gegenteil, sie fing an zu schaukeln und fühlte sich offensichtlich wie auf Käpt'n Jack Sparrows Schiff *Black Pearl*. Der Wagen begann bedenklich zu kippen und fiel schließlich mitsamt seiner Kapitänin um. Nun war das Geschrei bei beiden Kindern groß. Die Mutter, inzwischen mit dem Gemüse beschäftigt, kam angerannt und fing an zu schreien: »Noch nicht einmal einkaufen kann ich mit euch! Das ist ja furchtbar mit euch! Hört auf zu heulen!«

Beobachtung 2: Einige Zeit später beobachtete ich eine andere Mutter, die mit ihren beiden Kindern im gleichen Supermarkt einkaufte. Das Baby lag im Kinderautositz und der größere Junge war etwa vier Jahre alt. Die kleine Familie fiel mir lange nicht auf, ich bemerkte sie erst, als der kleine Junge zu nörgeln anfing und ich unwillkürlich auf die Reaktion der Mutter wartete. Sie reagierte ruhig, aber sehr konsequent auf die Äußerungen ihres Sohnes. Er wollte irgendetwas haben und sie lehnte freundlich, aber bestimmt ab. Daraufhin quengelte der Kleine und gab seinem Protest lautstark Ausdruck. Das änderte aber nichts am Verhalten seiner Mutter. Sie blieb ihm zugewandt, redete leise mit ihm, machte aber nicht viele Worte, sondern erledigte ihren Einkauf gesammelt und konzentriert. Sie strahlte Ruhe und Bestimmtheit aus, die sich auch auf mich übertrug. Obwohl ihr Sohn auch versuchte, seinen Willen durchzusetzen, blieb sie ganz bei sich und tat, was nötig war, ohne emotional zu werden.

Eine zusätzliche Beobachtung mag am Rande noch von Wert sein: Die Mutter in der ersten Geschichte war eher nachlässig gekleidet, dunkles T-Shirt und dunkle Jeans, während die Mutter in der zweiten Beobachtung ein hübsches helles Sommerkleid trug und auch sonst sehr attraktiv und gepflegt wirkte. Für sich selbst zu sorgen, bedeutet auch, der äußeren Erscheinung einen gewissen Wert beizumessen. Es hat einen Einfluss auf Ihr Selbstwertgefühl, ob Sie sich attraktiv fühlen oder nicht. Ich weiß aus eigener Erfahrung, wie schnell es gehen kann, über dem Muttersein das Gefühl zu verlieren, eine attraktive Frau zu sein.

Ich weiß nicht, ob die Mütter in den beiden Beobachtungen von oben hochsensibel sind oder nicht. Was ich Ihnen aufzeigen möchte, ist die Bedeutung der Zentrierung und des Bewusstseins, was mir als ganz wesentlich zum konstruktiven Umgang mit der eigenen Hochsensibilität erscheint.

Präsent zu sein, ganz im Augenblick und bei der jetzigen Tätigkeit zu verweilen, ist ein wirksames Instrument gegen das Gefühl der Langeweile. Auch wenn es Sie nicht besonders fordert, Sandkuchen zu backen, können Sie diese Tätigkeit mit mehr Präsenz und Achtsamkeit tun. Sie können beobachten, wie die einzelnen Sandkörner glitzern und seitwärts am Kuchen herunterrinnen, Sie können die Sonne auf Ihrem Rücken spüren und die Nähe zu Ihrem Kind genießen. Sie können die feinen Härchen an den Armen Ihres Kindes betrachten und dankbar für dieses Wunder der Schöpfung sein. Sie können ein Picknick für sich und Ihr Kind mitnehmen und es genießen, an einem ungewöhnlichen Ort zu Mittag zu essen. Spüren Sie den Unterschied?

Im Hier und Jetzt zu sein, heißt, mit allen Sinnen den jetzigen Augenblick erleben, nichts anderes zu denken und zu wünschen als den gegenwärtigen Zeitpunkt. Das Einzige, was Sie davon noch trennt, ist ein wenig Disziplin. Sobald Sie merken, dass Ihre Gedanken anfangen abzuschweifen, halten Sie innerlich ein Gedanken-Stoppschild hoch. Ein Mensch, der ganz im Augenblick ist, wirkt sicher und gelassen. Üben Sie die Präsenz in allen Ihren Tätigkeiten. Ob es der Abwasch ist, Ihre berufliche Tätigkeit, ob Sie Auto fahren oder kochen, immerzu können Sie Ihr gedankliches Stoppschild aktivieren. Auch wenn Sie nun beginnen, wieder etwas mehr von dem zu tun, was Ihnen wirklich Freude macht, können Sie die Tätigkeit mit Achtsamkeit ausüben und Ihre Präsenz dabei steigern.

Wenn Sie damit beginnen, etwas zu tun, das Sie von innen heraus nährt, dann sind Sie auch besser gewappnet für die zeitweise Überforderung, die so sicher kommen wird wie der Frühling auf den Winter folgt.

Überfordert fühlen wir uns dann, wenn wir uns einer Situation nicht gewachsen fühlen. Aufgrund der hohen Wahrnehmungsfähigkeit sind Hochsensible in der Lage, aus jeder Situation feinste Nuancen abzulesen. Dabei fehlt ein innerer Filter, der dafür sorgen würde, Wichtiges von Unwichtigem zu unterscheiden. Zum Beispiel kann es sich für Ihr Inneres genau gleich wichtig anfühlen, ob Sie mit Ihrem Kind spielen, die Steuererklärung ausfüllen oder die Spülmaschine ausräumen.

Es scheint auch eine neurologische Erklärung für dieses Phänomen zu geben. Wissenschaftler haben beobachtet, dass ein neuronales Netzwerk im Gehirn dafür verantwortlich ist, Wichtiges von Unwichtigem zu unterscheiden. Sie nennen dieses Netzwerk »latente Hemmung«. Die latente Hemmung sorgt dafür, dass wir Prioritäten setzen können. Ist die latente Hemmung nur schwach ausgeprägt (wie zum Beispiel bei Schizophreniepatienten nachgewiesen wurde), macht das zwar kreativ, sorgt aber auf der anderen Seite auch dafür, dass die Betroffenen oft ein Gefühl der Überstimulation erleben.

Ich vermute, dass die meisten Hochsensiblen eine niedrige latente Hemmung haben und aufgrund dessen sich oftmals überstimuliert und überfordert fühlen. Der wissenschaftliche Nachweis darüber steht aber noch aus, sodass ich mich hier mit der Vermutung begnügen muss. Jedoch könnte hierin eine Erklärung für das oft etwas chaotische Verhalten von Hochsensiblen liegen und auch ein Erklärungsansatz für die kreativen Ideen bieten, die hochsensible Menschen oftmals haben. Denn die latente Hemmung wird auch als Grund für hohe Kreativität angesehen.

Und das, was kreativ ist, muss sich nicht unbedingt in großformatigen Bildern äußern, die auf dem Kunstmarkt einen hohen Preis erzielen. Kreativität fängt da an, wo Sie die gewohnten Pfade verlassen. Zum Beispiel bei der Zubereitung eines Salates heute zum Mittagessen, dessen Zutaten Sie aus dem Garten zusammensuchen. Oder bei der Erlaubnis, anderes Verhalten einzuüben, wie in den Beispielen von oben gezeigt wurde.

Fassen wir zusammen: Hochsensibel zu sein, heißt oft auch, gleichzeitig überfordert und gelangweilt zu sein. Grund dafür ist die Tatsache, dass Sie sich als Mutter um einen anderen kleinen Menschen kümmern, der ohne Sie nicht überleben würde. Dieses »Kümmern« nimmt 24 Stunden Ihres Tages in Anspruch. Dabei kommt die Beschäftigung mit Ihren Interessen zu kurz. Dafür mag es, vor allem, wenn Ihr Kind noch sehr klein ist, auch gute Gründe geben. Wichtig scheint es mir jedoch, von Anfang an sich ein wenig die eigenen Interessen zu bewahren, um die eigenen Begabungen nicht verkümmern zu lassen und sich selbst nicht zu kränken. Oftmals kommt durch die eigene Vernachlässigung ein Teufelskreis in Gang. Man fängt an, aus einem übermäßigen Pflichtgefühl seine Bedürfnisse zu ignorieren, bis man sie irgendwann gar nicht mehr spürt. Negative Gedankenspiralen setzen negative Emotionen frei, die Aufmerksamkeit wird zu einem Scheinwerfer, der das, was schwierig ist, anstrahlt. Vielleicht ist es auch schwierig für Sie, Wichtiges von Unwichtigem zu unterscheiden, sodass Sie sich allein von den ständigen Entscheidungsprozessen überfordert fühlen. Sich täglich darin zu üben, zentriert und präsent zu sein, hilft dabei, zu mehr Ruhe und Klarheit zu kommen und die eigene Situation besser akzeptieren zu können. Das werden auch andere bemerken.

Wenn Sie Zeit und Lust haben, können Sie sich noch zusätzlich mit folgenden Fragen beschäftigen:

- Fühlen Sie sich oft gleichzeitig gelangweilt und überfordert?
- Was haben Sie aufgegeben, als Sie Kinder bekamen?
- Sorgen Sie gut für sich? Schlafen Sie genug, essen Sie ausreichend und gehaltvoll, bekommen Sie genug Naturerlebnisse und Bewegung?
- Üben Sie sich darin, Ihre Aufmerksamkeit mehr zu bündeln?
- Gibt es etwas, das Sie gerne täten, sich aber bisher nicht erlaubt oder gegönnt haben?

Eng verwoben mit der Langeweile ist auch das Gefühl, fremdbestimmt zu sein, bei gleichzeitigem Freiheitsdrang. Diesem Zwiespalt in der Seele hochsensibler Mütter gehe ich im folgenden Kapitel nach.

3. Fremdbestimmung contra Freiheitsstreben

In einer Gesellschaft zu leben, in der Autonomie und Selbstbestimmung als hohe Güter gelten, prägt uns alle, die wir in einer westlichen Kultur groß geworden sind. Quasi mit der Muttermilch saugen wir es auf, dass es für ein erfolgreiches Leben wichtig ist, selbständig und möglichst unabhängig zu sein. Vorbilder aus Kultur, Sport und Wirtschaft belegen eindrücklich durch ihre Biographien, wie lange, beschwerlich, aber auch glückverheißend der Weg zur beruflichen und persönlichen Selbstbestimmung sein kann. So wird uns von klein auf Autonomie als hoher Wert vermittelt.

Als ich in meiner psychologischen Ausbildung war, erzählte uns unsere Dozentin einmal eine Begebenheit aus ihrer Praxis. Sie hatte eine Klientin, die sich vollkommen absorbiert von ihren kleinen Kindern, ihrer Ehe und dem Haushalt fühlte, so sehr, dass sie überhaupt kein Gefühl mehr für sich selbst hatte. Ihr Alltag sah so aus, dass sie von morgens bis spätabends die Bedürfnisse anderer erfüllte, bis sie schließlich vollkommen verlernt hatte, eigene Bedürfnisse zu spüren. Das, worunter sie am meisten litt, war die Tatsache, dass sie sich zu hundert Prozent fremdbestimmt fühlte. Der einzige Moment am Tag, den sie selbst gestalten konnte, war der Augenblick, in dem sie eine Büroklammer von ihrer rechten Hosentasche in die linke steckte. Das tat sie mehrere Monate lang jeden Tag. Immer dann, wenn sie das Gefühl hatte, vor lauter Fremdbestimmtheit unterzugehen und nicht mehr weiterzukönnen, steckte sie die Büroklammer in die andere Tasche. Dieser Moment gehörte ihr, sie hatte ihn buchstäblich in der Hand. Es war ihre Entscheidung, ob sie die Büroklammer langsam oder schnell an den anderen Ort platzierte, ob sie sie auseinanderbog oder für einen Augenblick lang betrachtete. Die bewusste Tätigkeit rettete sie über die schlimmste Zeit hinweg und gab ihr das Gefühl, ein Mensch mit Handlungsmöglichkeiten zu sein.

Diese Geschichte ist ein eindrückliches Beispiel dafür, wie belastend es sich anfühlen kann, durch andere Menschen, auch durch die eigenen Kinder, die in der Regel ja gewollt sind, fremdbestimmt zu sein. Eine hochsensible Mutter drückte es mir gegenüber einmal als »komplette Vollbremsung« aus.

Was es bedeutet, hundertprozentig verantwortlich für einen kleinen Menschen zu sein, übersteigt die Vorstellungskraft. Ist das Baby da, kommt trotz Geburtshäusern, Betreuung im Wochenbett und Mütterberatung der Moment, an dem die Mutter allein mit sich und dem Baby ist. Von nun an wird ihr Leben weitestgehend fremdbestimmt durch die Anwesenheit und die Bedürfnisse ihres Kindes sein. Da, wo sie vorher Möglichkeiten für kleine Freiheiten hatte, sei es ein unbeschwerter Stadtbummel oder ein Restaurantbesuch, steht fortan immer der Gedanke an das Kind oder die Organisation der Kinderbetreuung im Vordergrund. Mag sein, dass die hochsensible Mutter sich ihrer Freiheit nicht bewusst gewesen ist, jetzt jedoch erlebt sie sich fremdbestimmt. Ihr Alltag richtet sich nunmehr nach den Bedürfnissen eines anderen Menschen. Ich habe bereits versucht aufzuzeigen, wohin die Anpassungsbereitschaft hochsensibler Mütter führen kann. Jetzt möchte ich noch einmal darauf zurückkommen und Ihnen bewusst machen, dass Sie möglicherweise gar nicht bewusst wahrnehmen, wie fremdbestimmt Sie sind und wie sehr die Bedürfnisse Ihres Kindes Ihr Leben bestimmen. Nur manchmal sind Sie von einer Sekunde auf die andere zu Tode erschöpft und haben das Gefühl, einfach nicht mehr zu können.

Denn gleich ob Sie füttern, Hausaufgaben machen oder putzen, bald wird das Kind wieder hungrig, die nächsten Aufgaben warten und der Fußboden wird wieder staubig werden. Es ist meines Erachtens auch diese Art von Sisyphos-Arbeit, die erschöpfend wirkt. In der griechischen Mythologie gibt es die Gestalt von Sisyphos, der Zeus beleidigte und deshalb damit bestraft wurde, sein Leben lang einen schweren Stein einen Berg hinaufrollen zu müssen, der aber immer wieder hinabrollte. Die Geschichte schweigt sich darüber aus, mit welchen emotionalen Zuständen Sisyphos auf diese Mühsal reagiert hat. In einer Familie von heute mit ihren vielfältigen Anforderungen und sich oft widersprechenden Bedürfnissen ihrer Mitglieder gleicht es einer Sisyphos-Arbeit, täglich erneut zu versuchen, diesen gerecht zu werden.

Moderne Frauen erleben heute eine Welt von Möglichkeiten. Durch Medien, Presse und Werbung wird uns suggeriert, dass wir alles erreichen können, was wir nur wollen. Moderne Frauen schaffen es offenbar spielend, Kinder *und* Karriere unter einen Hut zu bekommen und daneben noch eine liebevolle Partnerin zu sein. Die Welt steht uns scheinbar offen, wenn wir zwanzig sind. Nach dem dreißigsten Geburtstag haben sich die meisten von uns bereits mehr oder weniger bewusst für einen Lebensentwurf entschieden. Sich für oder gegen Kinder zu entscheiden, hat auch heute noch existenzielle Bedeutung für Frauen. Selbst wenn diese Entscheidung zugunsten von Kindern ausfällt, heißt das noch lange nicht, dass die Mütter sich auch der Konsequenzen bewusst sind. So kann es sein, dass eine Mutter sich mit ihrem Wunschkind in einer Situation wiederfindet, in der sie sich in ihrer Freiheit beschränkt und eingeengt fühlt. Gefühle entstehen immer in unserem Inneren und aufgrund des einzigartigen Zusammenspiels von Anlagen, Umwelteinflüssen, Erfahrungen, Bewusstem und Unbewusstem, welches unsere Identität ausmacht. Es wäre ja auch denkbar, dass Sie sich glücklich, unbeschwert und leicht fühlen als Mutter – auch als hochsensible Mutter. Aber dann mag es wieder Phasen von tödlicher Langeweile geben und der Gedanke setzt sich in Ihrem Kopf fest, dass es direkt neben dem Leben, welches Sie führen, auch ein anderes für Sie gegeben hätte, mit Freunden in London und den USA, durchgetanzten Nächten und sexy Abendkleidern.

Ein beschränkter Freiheitsdrang kann sich auch in ganz alltäglichen Situationen zeigen. Eine gute Freundin erzählte mir, dass sie es schier unerträglich fand, mit ihrer kleinen Tochter spazieren zu gehen, weil diese ständig stehen blieb und jedes Blatt und jede Blüte bewunderte und untersuchte. Auf der einen Seite schätzte sie diese Neugier auf die Welt und das Bedürfnis ihrer Tochter, auf Entdeckungsreise zu gehen, auf der anderen Seite rebellierte sie innerlich dagegen, nicht ihr eigenes Tempo gehen zu können und ständig stehen bleiben zu müssen. Das körperliche Bedürfnis nach dem eigenen Tempo wurde so lange vernachlässigt, dass sie ungeduldig und angespannt wurde.

Lassen Sie mich eine Hypothese wagen: Ich denke, dass auch das Gefühl von Freiheit oder das Gegenteil, der Beschränktheit, in ihrem Inneren entsteht. Ich habe Mütter getroffen, die ihr Muttersein mit der größtmöglichen inneren Freiheit erlebt haben, und ich habe Mütter gesehen, die grenzenlos gelitten haben an ihrer Situation. Beides auch mit der Veranlagung der Hochsensibilität. Woran liegt es nun aber, sich frei oder unfrei zu fühlen? Mir ist aufgefallen, dass die Mütter, die sich relativ frei fühlten, ihr Leben und sich selbst mehrheitlich gut akzeptieren konnten. Durch dieses Einverstanden-sein mit dem, was ist, gelang es ihnen, auch schwierige Zeiten mit einer Art Grund-Gelassenheit zu überstehen. Hingegen die Mütter, die sich eher gefangen in ihrem Leben fühlten, haderten oft mit ihrer Situation und machten sich Gedanken, die schlechte Gefühle in ihnen auslösten. Zu welcher Gruppe möchten Sie gehören? Ich habe bereits aufgezeigt, dass Sie viele Möglichkeiten haben, durch Ihre Gedanken Ihre Gefühle zu beeinflussen. Wie in den vorigen Kapiteln bereits auch, können Sie sich auch hier hilfreiche Fragen stellen. Zum Beispiel Fragen wie diese:

- Wie frei/unfrei fühle ich mich?
- Was kann ich tun, um mich ein wenig freier zu fühlen?
- Angenommen, ich wäre bereits so frei, wie ich mir das wün-sche, wie würde mein Leben aussehen? Wo würde ich woh-nen, wie würde ich mich einrichten, was für Freunde hätte ich, wie würde ich mich kleiden, ernähren, etc.? Welches Auto würde ich fahren, welche Interessen hätte ich?
- Gibt es Vorbilder für mich, die ihre Situation in Freiheit an-nehmen können? Wie machen die das?
- Gibt es etwas, das ich mir bei ihnen abschauen kann?
- Was kann ich heute noch tun, um meine Freiheit zu feiern?

Das große Bedürfnis nach Freiheit, welches viele Hochsensible ha-ben, resultiert meines Erachtens aus dem großen Ruhebedürfnis. Oft ist es lediglich das Bedürfnis nach Ruhe, das uns davon abhält, uns frei zu fühlen. Also geht es dann vor allem darum, herauszufinden, wie Sie zu mehr Ruhe kommen. Üben Sie sich darin, zentriert zu sein und pflegen Sie die Beziehung zu Ihrem Ich. Nehmen Sie Ihren Körper gut wahr und setzen Sie Ihre Handlungen bewusst und lang-sam. Sie werden Erstaunliches entdecken: Im Grunde genommen hat sich äußerlich betrachtet nichts verändert, aber innerlich sind Sie weiter und freier geworden. Es hat in der Geschichte Beispiele von Menschen gegeben, die jahrelang im finstersten Kerker einer Burg gefangen gehalten wurden und nur aufgrund ihrer Fantasie überlebt haben. Ich möchte Sie gerne dazu einladen, Ihren inneren Kerker zu sprengen oder wenigstens auszudehnen. Ein größeres Einverstandensein und etwas von der Weite jenseits des Elfenbeinturms ist Ihre Belohnung. »Ihr seid berufen, liebe Freunde, in Freiheit zu leben«, schreibt der Apostel Paulus.[18]

4. Zwischen Anpassung und Rebellion

Wenn Sie hochsensibel und dazu sehr empathisch veranlagt sind, dann werden Sie sehr wahrscheinlich dazu neigen, es allen recht machen zu wollen. Schon seit frühester Kindheit versuchen viele Hochsensible, die Erwartungen und Bedürfnisse ihrer Bezugspersonen zu erspüren, um diese dann zu erfüllen. Beobachtet ein hochsensibles Kind, dass seine Mutter oft gestresst und überfordert ist, wird es wahrscheinlich sich selbst als Quelle der Nervosität ansehen und versuchen, sich möglichst unauffällig zu verhalten. Im Grunde genommen ist die Fähigkeit, das eigene Verhalten den Erwartungen der Umwelt anzupassen, eine außerordentlich hohe Begabung. Menschen mit dieser Stärke können sich sehr gut in andere hineinversetzen, sind in der Lage, auch andere Perspektiven einzunehmen und suchen immer das verbindende Element, auch in Konfliktsituationen. Sie versuchen auszugleichen, wo immer es in ihren Kräften liegt, und mitunter überfordern hochsensible Kinder sich damit. Oft genug erlebe ich in meiner Praxis erwachsene Hochsensible in der Mitte ihres Lebens, die an einem Punkt angekommen sind, an dem sie erkennen, dass sie sich eigentlich ihr ganzes Leben lang angepasst haben, auf Kosten ihrer eigenen Bedürfnisse. Nicht selten ist es ein schmerzhafter Prozess, sich bewusst zu machen, dass diese hohe Begabung, sich anzupassen, kaum gewürdigt wurde. Oft erleben sehr anpassungsfähige Kinder, dass ihre Bemühungen um Harmonie und das Hintanstellen eigener Bedürfnisse als selbstverständlich hingenommen oder, schlimmer noch, gar nicht bemerkt werden. Hierin liegt meines Erachtens die Wurzel des oft so geringen Selbstbewusstseins Hochsensibler: hohe Begabungen zu haben, die aber nicht beachtet werden und darüber kein positives und verstärkendes Feedback zu bekommen.

Wie alle Menschen sind Hochsensible für die Entwicklung eines gesunden Selbstvertrauens auf Rückmeldungen von außen angewiesen. Im Gegensatz zu normalsensiblen Menschen scheint es aber bei Hochsensiblen so zu sein, dass sie mehr noch auf positives Feedback angewiesen sind. Fehlen aufmerksame Bezugspersonen, die hinter der Zurückhaltung und Schüchternheit eine Anpassungsleistung sehen können, kann sich im hochsensiblen Kind ein Bewusstsein für die eigenen Schwächen, aber nicht für die Stärken entwickeln. Sollten Sie ähnliche Erfahrungen als Kind gemacht haben, dann ist es nun an der Zeit, Ihre Geschichte in einem anderen Licht zu sehen: Ihre Erfahrungen haben Sie vielleicht verletzt, möglicherweise sogar brüchig in Ihrem Selbstvertrauen werden lassen. Dennoch dürfen Sie sich nun bewusst machen, dass die Fähigkeit zur Anpassung eine Leistung war. Sollten Sie dafür keine Anerkennung erfahren haben, dann haben Sie heute als erwachsene Frau und Mutter die Möglichkeit, sie vor sich selbst anzuerkennen. Ihre Chance heute besteht darin, Ihrem Kind die Aufmerksamkeit und Anerkennung zu schenken, die Sie damals nötig gehabt haben. Auch wenn Sie jetzt vielleicht noch nicht so genau wissen, wie Sie das bewerkstelligen sollen, reicht vielleicht bereits eine verstärkte Beobachtung: Können Sie erkennen, wo sich Ihr Kind anpasst? Ich möchte hier nicht so verstanden werden, als hielte ich die Fähigkeit, sich anzupassen, für erstrebenswert. Es geht mir lediglich darum, den Blick dafür zu schärfen, wo die Begabungen hochsensibler Menschen liegen.

Geben Sie Ihrem Kind genug Aufmerksamkeit und Feedback für die Begabungen, die es hat? Sollten Sie ein sehr anpassungsbereites Kind haben, dann möchte ich Sie dazu einladen, sich zu erinnern, wie Sie sich als Kind gefühlt haben und sich die Frage zu stellen, was Sie denn damals gebraucht hätten. Es ist gut möglich, dass die Antwort Ihnen den Weg zu einem anderen Umgang mit Ihrem Kind weist. Oftmals ist es vor allem Verständnis, welches so nötig von hochsensiblen Kindern gebraucht wird. Und es ist nicht wirklich schwer, durch kleine alltägliche Gesten Ihrem Kind zu zeigen, dass Sie es verstehen. Sie könnten sich zum Beispiel darin üben, Ihre eigene Befindlichkeit einmal für wenige Momente als weniger wichtig zu betrachten, und Ihre Empathie Ihrem Kind zuwenden. Dann könnten Sie ihm beispielsweise sagen: »Nicht wahr, du kannst es nicht gut ertragen, wenn Mama und Papa streiten?« oder: »Es ist dir jetzt einfach zu laut hier, oder?« Sie könnten sich auch täglich ein wenig Zeit nehmen, um Ihrem Kind innerlich nahe zu sein und zu erspüren, wie es ihm wirklich geht.

Selbst wenn Ihr Kind tobt und schreit, haben Sie als erwachsener Mensch die Möglichkeit, sich innerlich zurückzulehnen und Distanz zu Ihren eigenen Wahrnehmungen und dem, was das Verhalten Ihres Kindes mit Ihnen macht, zu gewinnen. Die Voraussetzung dafür ist die Erkenntnis, den eigenen Gefühlen nicht mehr so ausgeliefert zu sein, wie man es als Kind erfahren hat, sondern Möglichkeiten zu besitzen, sich selbst zu steuern. Sie tun es ja eigentlich schon permanent: Immer dann, wenn Sie versuchen, sich einer Situation oder einem anderen Menschen anzupassen, steuern Sie Ihr Verhalten entsprechend. Diese Anpassungsfähigkeit wird Ihnen vielleicht schon so selbstverständlich sein, dass Sie nicht auf den Gedanken kommen, dass das eine Fähigkeit ist, die Sie gut trainiert haben. Auf dieselbe Weise können Sie aber auch andere Fähigkeiten trainieren, zum Beispiel die Fähigkeit, Abstand zu gewinnen von den Emotionen. Dazu gehört auch, die eigenen Befindlichkeiten zu relativieren.

Die Tendenz vieler Hochsensibler, ihre eigenen Befindlichkeiten sehr wichtig zu nehmen, hat meines Erachtens zwei Quellen: Erstens haben Sie vielleicht als Kind gelernt, auf die inneren Empfindungen besonders achtzugeben, einerseits, weil die Wahrnehmungsfähigkeit immer schon sehr stark war und Sie von Empfindungen, Beobachtungen und Körperreaktionen geradezu überschwemmt wurden, sodass Sie Ihre ganze Aufmerksamkeit brauchten, um den inneren Vorgängen standzuhalten. Andererseits, weil vielleicht das elementare Bedürfnis verletzt wurde, so angenommen zu werden, wie Sie sind. Sie haben vielleicht gespürt, dass Sie mit Ihrer sensiblen Art eine Herausforderung für Ihre Bezugspersonen waren und haben sich ziemlich allein gefühlt. Daraus kann eine Art Frustration entstanden sein, sodass Sie fortan nur sich selbst hatten, um Ihrer inneren Reichhaltigkeit nachzugehen. Aus dieser Perspektive ist es dann verständlich, dass Ihnen Ihre Befindlichkeit sehr wichtig wurde. Die zweite Quelle, sich und die eigenen Befindlichkeiten so wichtig zu nehmen, liegt nach meiner Beobachtung in der Tatsache verborgen, dass die meisten Hochsensiblen, die ich kenne, im Grunde genommen viel von ihren verschlungenen Gedanken und differenzierten Gefühlen halten. Ganz ehrlich, schätzen die meisten Hochsensiblen ihre innere Welt. Spannungen erleben sie erst im Kontakt mit ihrer Umwelt. Ganz für sich allein, können sie ungehindert ihrem reichhaltigen Gefühlsleben nachspüren und sich in ihren philosophischen und weltverbessernden Gedankengebilden sehr wohlfühlen. Gleichzeitig haben sie aber auch das Gefühl, damit ein wenig »neben der Spur« zu sein und niemandem davon erzählen zu können, aus Angst, Ablehnung und Spott oder zumindest Nicht-Beachtung zu erfahren. Nicht beachtet zu werden, kann sich für Hochsensible, die alles so stark empfinden, wie eine Form des Nicht-Existierens anfühlen.

Ich stelle in meiner Arbeit immer wieder fest, dass es vielen Hochsensiblen schwerfällt, sich vorzustellen, dass sie aktiv dazu beitragen können, ihre Wahrnehmung zu steuern. Sie haben sich so lange als ohnmächtig erlebt, dass sie nahezu die Hoffnung aufgegeben haben, selbst etwas tun zu können. Die eigenverantwortliche Kraft zu wecken, stellt in der Beratung oft eine Herausforderung dar. Ist es aber erst einmal gelungen, durch kleine und kleinste Schritte zu erkennen, dass auch Hochsensible ihr Leben in der Hand haben und Veränderungen bewirken können, ist der Damm in der Regel gebrochen. Besonders Mütter halten oft sehr hartnäckig an ihrer Weltsicht fest, ihrer Situation hilflos ausgeliefert zu sein. Einer Verhaltenskorrektur stehen oftmals zu groß gefasste Ziele entgegen. Viele hochsensible Mütter, die ich gesprochen habe, hatten den Wunsch, gelassen reagieren zu können. Auf meine Frage, wie das denn genau aussehen würde, wenn sie gelassen wären, kam dann meistens nach einer Weile des Nachdenkens die Antwort: »Nun ja, ich würde ruhig sein können und nicht mehr alles so ernst nehmen.« Ruhe und

Gelassenheit sind hehre Ziele – ich kenne kaum einen Menschen, der sich das nicht wünschen würde, ob er hochsensibel ist oder nicht. Was aber den meisten Menschen fehlt, ist das Bewusstsein, dass auch kleinste Schritte den Weg zu mehr Gelassenheit ebnen. Ein kleiner Schritt kann zum Beispiel sein, dass Sie bei der nächsten Gelegenheit nur auf Ihren Atem achten, bis zehn zählen und erst dann reagieren. Oder sich Zeit erbitten, um sich Ihre Meinung zu bilden. Oder indem Sie sich Ihren Tag nicht vollpacken, sondern bewusst Zeiten der Ruhe, eine Zimmerstunde oder Mittagspause, einplanen. Oder Sie versuchen, Ihre Schritte bewusst und langsam zu setzen und ganz im Augenblick zu sein. Menschen neigen oftmals dazu, vor lauter Fixierung auf ein weit entferntes Ziel den Weg aus den Augen zu verlieren und nicht zu beachten, wie viel der Wegstrecke sie schon zurückgelegt haben, in Richtung auf dieses Ziel hin.

Was Hochsensiblen vor lauter Anpassungsversuchen oft passiert, ist der Verlust ihres Selbstbewusstseins. Hochsensible Menschen neigen dazu, andere und deren Verhalten höher zu bewerten als sich selbst. In ihren Augen schneiden sie meistens schlechter ab als normalsensible. Sie sind vielleicht weniger praktisch und effizient, sind oft nicht so klar und strukturiert und manchmal können sie durchaus chaotisch wirken. Solange Hochsensible nicht lernen, ihre hohe Wahrnehmungsfähigkeit als Stärke anzusehen, gewinnt der lebensunpraktische Teil von ihnen an Bedeutung. Die übergroße Anpassungsbereitschaft hochsensibler Menschen bedingt, dass sie sich ständig mit normalsensiblen vergleichen. Hochsensible fragen sich ständig, wie sie denn sein sollten. Dieser Vergleich ist aber in etwa so, ich wiederhole mich, als würden Sie Äpfel mit Birnen vergleichen. Es bedeutet eine große Herausforderung, ist aber aus meiner Sicht eine Notwendigkeit, zu erkennen, dass Sie aufgrund Ihrer hochsensiblen Veranlagung tatsächlich anders sind. Ihr Gefühl, dass Sie irgendwie nicht ganz dazugehören und irgendwie anders sind, hat Sie also nicht getrogen. Sie sind anders, nehmen anders und stärker wahr, haben andere Ziele im Leben und stellen andere Ansprüche an Ihre sozialen Kontakte. Haben Sie diese Tatsachen erst einmal verinnerlicht, dann werden Sie feststellen, dass dieses Bewusstsein eine große Entlastung bedeuten kann. Denn diese Erkenntnis bedeutet nichts anderes, als dass Sie es ein Stück weit aufgeben können, zu versuchen, sich anzupassen. Vielmehr geht es darum, Ihre hochsensiblen Seiten zu stärken und sichtbar werden zu lassen.

Nach meiner Auffassung sollten Hochsensible unbedingt lernen, ihre Nachdenklichkeit, Reflektionsfähigkeit und Differenziertheit auszudrücken und ihrer Umwelt zu zeigen. Sich selbst bewusst zu sein, heißt für mich auch zu wagen, alle Seiten der eigenen Persönlichkeit zu zeigen. Erst wenn Hochsensible in der Lage sind, manchmal Abstand zu den eigenen Emotionen zu halten, die wertvollen inneren Vorgänge nach außen sichtbar werden zu lassen und den eigenen Bedürfnissen nach Ruhe und Aktivität Raum zu geben, entsteht nach und nach ein Selbstbewusstsein, mit dem es auch möglich ist, die eigene Unvollkommenheit anzunehmen.

Wenn Sie also feststellen, dass Sie sich Ihr Leben lang zu sehr angepasst haben, Ihre Bedürfnisse zu wenig kennen und mehr Selbstbewusstsein erlangen möchten, dann schlage ich Ihnen die Beschäftigung mit folgenden Fragen vor:

- Worin bestand Ihre Anpassungsleistung, als Sie Kind waren?
- Was konnten Sie aufgrund Ihrer Anpassungsversuche nicht leben?
- Wie hat Ihr Umfeld auf Ihre sensible Art reagiert?
- Was hätten Sie damals als Kind gebraucht, was hätten Sie sich gewünscht?
- Haben Sie eine Idee, welche Bedürfnisse Sie gerne ausgelebt hätten?
- Gab es jemanden, der Sie geschätzt hat, so wie Sie waren (Großeltern, Freundin, Lehrer)?

Auch die Neigung zur Rebellion wohnt in vielen hochsensiblen Menschen. Ich meine, dass die Art, rebellisch zu sein, Widerstand zu spüren und manchmal deswegen aggressiv zu reagieren, ebenfalls aus einer übergroßen Anstrengung zur Anpassung resultieren kann.

Sie können sich solange anpassen, Ihre Meinung für sich behalten und Ihre Werte verleugnen, bis es Ihnen irgendwann wie bei einem Dampfkochtopf, der unter zu viel Druck steht, den Deckel sprengt. Innerlich haben Sie vielleicht schon lange gegen die Art und Weise rebelliert, wie Ihre Freundin mit Ihnen spricht oder wie respektlos sich Ihre heranwachsenden Kinder Ihnen gegenüber verhalten, aber um des lieben Friedens willen haben Sie geschwiegen. Jedoch können Sie nicht auf Dauer ignorieren, dass wichtige Bedürfnisse von Ihnen ignoriert worden sind. Diese Teile fangen dann irgendwann an, zu rumoren und sich Bahn zu brechen. Im Grunde genommen ist diese Rebellion eine gesunde Reaktion auf krank machende Umstände. Es ist doch nicht falsch, Freundlichkeit zu erwarten und zu geben, ethische Werte zu haben und einen hohen Anspruch an den Umgang miteinander zu stellen. Hemmend für Ihre eigene Entwicklung ist nur, wenn Sie sich verleugnen, der härteren Umwelt anzupassen versuchen und nur selten durch einen Ausbruch, der dazu oft noch unpassend ist, sich von der Anspannung in Ihnen befreien. Viel günstiger und weniger destruktiv erscheint mir, täglich ein bis zwei kleine Dinge zu tun, mit denen Ihr Herz, Ihre Seele und Ihr Körper vollständig einverstanden sind. Es geht darum, zu *erleben*, wie es sich anfühlt, im Einklang mit sich selbst zu handeln.

Hilfreiche Fragen zum Umgang mit Ihrem rebellischen Teil können sein:

- Wenn Sie ärgerlich werden und Widerstand spüren, haben Sie eine Idee, wogegen Sie in Wahrheit rebellieren?
- Welches Bedürfnis von Ihnen ist in letzter Zeit zu kurz gekommen?
- Was bräuchte es, damit Sie gelassener sein könnten?
- Angenommen, Sie wären schon ganz bei sich und könnten Ihren hochsensiblen Teil ausleben: Wie würde das konkret aussehen? Wie würden Sie mit Ihrer Familie und Ihren Freunden umgehen, hätten Sie einen anderen Beruf? Wie wäre die Beziehung zu Ihren Kindern? Wie würden Sie sich kleiden, ernähren, hätten Sie andere Hobbys?

Malen Sie sich Ihre Antworten so konkret wie möglich aus. Es ist oft hilfreich, genau zu wissen, welchen Zustand man erreichen will, um konkrete Schritte dorthin zu setzen. Veränderungen geschehen nur im Konkreten – und in kleinen Schritten!

Wenn wir uns das Leben wie eine Waage vorstellen, dann scheint es oft so zu sein, dass die eine Waagschale viel schwerer wiegt als die andere. Alles, was an Belastungen, Sorgenvollem und Schwerem in unserem Leben ist, zieht diese Waagschale nach unten. Unsere Aufmerksamkeit wird gebündelt auf diese eine Seite. Dabei vergessen wir oftmals die andere. Es lohnt sich aber, den Blick gerade auf die andere Waagschale zu richten, die im Moment noch so wenig gefüllt zu sein scheint. Dort hat alles Leichte, Freudvolle und Sonnige seinen Platz. Das, was uns von innen nährt.

Als Mensch, besonders als hochsensibler Mensch, haben Sie Begabungen. Auch wenn Ihnen das momentan nicht bewusst ist – ich gehe davon aus, dass es auf der Welt einen Platz gibt, den nur Sie ausfüllen können. Und zwar allein durch die Tatsache, dass Sie so sind, wie Sie sind. Gott hat Sie hochsensibel geschaffen. Was wäre, wenn Ihre eigentlichen Begabungen jenseits der Mutterschaft lägen? Manch eine Mutter krankt an dem diffusen Gefühl, nicht wirklich sie selbst sein zu können. Dieses Gefühl kann aber im Grunde nur entstehen, wenn es eine leise Ahnung davon gibt, dass Sie noch zu etwas anderem geschaffen sind. Das biblische Wort »Stelle dein Licht nicht unter den Scheffel« (Matthäus 5,15, Luther) gewinnt für Mütter eine nicht zu unterschätzende Bedeutung. Mütter, die eine Karriere in Politik und Wirtschaft anstreben, werden immer noch skeptisch von der Seite betrachtet:»Wie schafft sie das? Irgendetwas bleibt dann sicher auf der Strecke. Wie entwickeln sich die Kinder? Sind schon Spuren von Vernachlässigung zu erkennen?«, und weitere Fragen ähnlicher Art sind es, die ausgesprochen oder unausgesprochen das Leben dieser Mütter begleiten. Allzu oft werden diese Frauen von anderen Frauen abgewertet. Wenn eine Frau die Begabung hat, politisch zu wirken, redegewandt ist und über eine differenzierte Analysefähigkeit verfügt, soll sie diese Begabungen brachliegen lassen, um ihren Kindern zu Hause das Sprechen beizubringen? Hier ist nicht der Ort, um dieses große Thema zu diskutieren, aber fest steht, dass es oftmals so ist, dass Mütter unglücklich sind, weil sie ihre Begabungen brachliegen lassen. Die Kunst ist es, den eigenen Weg zu finden, ohne sich von den Ansprüchen anderer aus der Ruhe bringen zu lassen.

5. Gas- und Bremspedal

Um zu verstehen, in welchem Spannungszustand sich hochsensible Mütter oftmals befinden, ist es wichtig, sich Folgendes bewusst zu machen: Im menschlichen Organismus wohnen sich widerstreitende Kräfte. Auf der einen Seite gibt es den Drang zur Aktivität, Lust auf Unternehmungen, viele Interessen. Manchmal scheint das Leben fast zu kurz zu sein, um alles, was man noch machen möchte, darin unterzubringen. Und auf der anderen Seite gibt es dieses enorme Rückzugsbedürfnis, sodass Ihnen manchmal das Leben eines Eremiten verlockend erscheinen mag. Diese beiden Pole wohnen in jedem Menschen, was bei Hochsensiblen aber hinzukommt, ist das schnelle Pendeln zwischen dem Zustand der Aktivität und dem Ruhebedürfnis. So kann es binnen Kurzem dazu kommen, dass Sie Lust haben, sich heute Abend mit einer Freundin zu treffen und mal endlich das 24-Stunden-Frauengespräch zu führen, welches Sie schon lange einmal haben wollten. Schon in der nächsten Stunde ist Ihnen eher nach Badewanne, einem guten Buch und frühem Zubettgehen. Eine junge Frau erzählte mir, dass sie gerne klettern geht. Morgens nimmt sie sich vor, dass sie abends in die Kletterhalle geht, nachmittags um zwei hat sie aber plötzlich keine Lust mehr dazu, um drei freut sie sich wieder drauf, um vier ist sie bereit, alles abzusagen und sich mit einem Glas Wein vor den Fernseher zu setzen, um fünf weiß sie immer noch nicht, was sie nun wirklich machen möchte, bis sie schließlich um sechs in der Kletterhalle steht (oder auch nicht).

In meiner Praxis geschieht es recht häufig, dass Hochsensible mit mir Termine machen, um Projekte zu besprechen oder ihre Mitarbeit in den Dienst des Institutes zu stellen. Genauso häufig erlebe ich aber auch Absagen in letzter Minute. Ich habe dieses Phänomen als typisch für Hochsensible kennengelernt und es scheint mir an den oben beschriebenen zwei Kräften zu liegen. Das Pendeln zwischen dem Zustand der Aktivität und dem der Ruhe ist für die Betroffenen selbst sehr anstrengend und für ihre Umwelt kaum nachzuvollziehen.

Impulsgesteuert, wie Hochsensible oft sind, neigen sie dazu, diesen Zuständen jeweils nachzugeben. Und hier offenbart sich die ganze Komplexität Hochsensibler: Auf der einen Seite neigen sie dazu, ihren inneren Impulsen nachzugeben, auf der anderen Seite sind sie kaum spontan fähig, auf Anforderungen von außen, wie spontane Einladungen oder Telefongespräche, zu reagieren. Das fühlt sich mitunter so an, als würden Sie Ihr Auto zu bewegen versuchen, indem Sie gleichzeitig Gas- und Bremspedal treten. Die Autofahrerinnen unter Ihnen wissen, dass der Effekt gleich null ist, das heißt, Sie bleiben auf der Stelle stehen und schaden dem Motor und dem Getriebe. Sie können das Auto nur fahren und von A nach B gelangen, wenn Sie sich für das Gas entscheiden. Hochsensible sind also täglich vor schwierige Entscheidungen gestellt. Entscheiden sie sich für das Gas, also für Aktivität, dann sind sie häufig überstimuliert und überfordert. Entscheiden sie sich dagegen für die Bremse, also für ihr Ruhe- und Rückzugsbedürfnis, dann verpassen sie das Leben. Welch ein Dilemma!

Eine Teilnehmerin eines meiner Seminare erzählte folgende Geschichte dazu: Als sie studierte, lebte sie in einer größeren Wohngemeinschaft mit 20 anderen Studenten zusammen. Als kleines Ritual hatte sich eingebürgert, dass sich alle Mitbewohner sonntagabends zum Abendessen in der Gemeinschaftsküche trafen. Die Teilnehmerin genoss diese Treffen und den Austausch, oft wurde es zwei Uhr nachts, bis sich die Gruppe auflöste. Trotz des überwiegend positiven Erlebnisses lag meine Teilnehmerin am Tag nach diesen Treffen regelmäßig mit Migräne im Bett, hatte in der Nacht kaum geschlafen und brauchte zwei Tage, um sich von der Überstimulation zu erholen.

Diese Geschichte macht sehr eindrücklich bewusst, dass auch Dinge, die Sie grundsätzlich gern tun, überstimulierend wirken und vielleicht dem widersprechen, was Ihr Körper im Moment braucht. Eindeutig wird ersichtlich, wie sehr Kopf und Bauch oft im Widerstreit miteinander liegen. Eigentlich möchten Sie gerne, aber Ihr Körper meldet ein deutliches Stoppsignal.

Bei der Entscheidung ist oftmals das Lustprinzip vorherrschend. Keine Lust zu etwas zu haben, verhindert Aktivität – Sie stehen auf der Bremse. Nun ist es wichtig, zu unterscheiden, aus welcher Quelle heraus Sie keine Lust verspüren. Merken Sie, dass Ihr Körper schon erschöpft ist? Oder haben Sie vielleicht keine Lust, mit gerade diesen Leuten zusammen zu sein? Oder brauchen Sie mal wieder einen Abend allein für sich? Die ehrliche Beantwortung dieser Fragen ist wie ein Leitfaden, der Sie darauf aufmerksam macht, was Sie wirklich möchten und brauchen.

Im Grunde genommen scheint mir die Tendenz Hochsensibler, ihrem Lustgewinn so hohe Priorität einzuräumen, auch ein Ausdruck für das Bedürfnis nach Freiheit zu sein. Manche Menschen haben das Gefühl, Freiheit bedeute, das tun zu können, wozu sie Lust haben, und alles, was ihnen bei diesem Ziel im Wege steht, wirkt auf sie einschränkend. Für mich bedeutet Freiheit, sich und sein eigenes Wesen zur Entfaltung zu bringen. Das bedeutet auch, sich im Sinne der Selbstformung nicht immer nach dem zu richten, was ich gerade möchte, sondern mitunter eher eine sanfte Korrektur vorzunehmen. Ganz praktisch gesehen heißt das, wenn Sie sich eher als passiv und übervorsichtig betrachten, ab und zu ein kleines Abenteuer in Ihr Leben einzubauen. Oder sich zu fragen, welche Menschen Sie denn gerne darin hätten und dann vielleicht eine kleine Einladung zu organisieren, zu der Sie nicht nur Ihre Freunde einladen. Im Zusammenleben mit Ihren Kindern kann das heißen, dass Sie lernen, offener Kontakte zu suchen. Aber es gibt auch das Umgekehrte: Vielleicht gehören Sie zu den extrovertierten Hochsensiblen, die gerne viele Leute um sich haben, viele Aktivitäten planen und denen es leichtfällt, Kontakte zu knüpfen, die aber trotzdem schnell überstimuliert sind. Dann wäre es ein nützliches Experiment für Sie, einmal für eine Woche wenig Programm einzuplanen, gut für Ihren Körper zu sorgen und sich auf die Suche nach der passenden Balance zwischen Aktivität und Ruhe zu machen. Nun ist es nicht ganz leicht, sich vom Lustprinzip zu entfernen. Unser Organismus »scannt« ja sozusagen jeden Reiz auf mögliche Auswirkungen, die sich wie eine Bestrafung oder zumindest wie eine Nicht-Belohnung anfühlen können.[19] Dem Lustprinzip nicht zu gehorchen, verspricht zumindest keine Belohnung. Ihre hochsensible Seele dürstet aber nach etwas, das sich lohnend anfühlt. Wenn ich hier von Selbstformung spreche und davon, nicht immer dem Lustprinzip zu folgen, dann ist es mir genauso wichtig, dass Sie sich sinnvoll belohnen: zum Beispiel, wenn es Ihnen schon etwas mehr als gestern gelungen ist, bei sich zu bleiben, wenn Sie ein wenig geduldiger mit Ihren Kindern und mit sich selbst sein konnten oder wenn Sie vielleicht sogar einmal Ihren Standpunkt vertreten haben. Kaufen Sie sich vielleicht eine schöne Blume, nur für sich, oder gönnen Sie sich das exklusive Duschgel und machen Sie sich, wann immer Sie Ihre Blume anschauen oder duschen, bewusst, dass Sie einen weiteren Schritt hin zu Ihrer Entfaltung getan haben.

Wenn Sie zu der großen Gruppe der introvertierten Hochsensiblen gehören, neigen Sie wahrscheinlich dazu, übervorsichtig und scheu auf plötzliche Veränderungen zu reagieren. Die relative Unflexibilität hochsensibler Menschen hängt größtenteils mit dieser Vorsicht und Scheu zusammen. Die Wahrnehmung eines neuen Termins, eine Änderung im Tagesablauf oder auch nur schon ein ungeplanter Kontakt zu einem Nachbarn kann von dieser Unflexibilität begleitet werden. Da sich oft soziale Kontakte an sich schon krisenhaft anfühlen können, neigen viele Hochsensible dazu, diese Situationen zu vermeiden. Oft dauert es Jahre, bis sie so viel Vertrauen in ihre Freundschaften finden, dass sie sich wirklich öffnen können. Den Betroffenen geht noch stundenlang nach der Episode jede Einzelheit davon durch den Kopf. Sie überlegen sich, wie sie hätten anders reagieren können oder sollen und spüren der Gefühlsqualität nach. Diese Innenschau führt dazu, dass sie oft zeitverzögert auf eine Situation reagieren (»nachher fallen mir immer tausend Sachen ein, die ich hätte sagen können«).

Auf der anderen Seite können sie sehr flexibel sein, wenn es darum geht, gedanklich einen anderen Standpunkt einzunehmen, sich auf ein Gespräch einzulassen und originelle und kreative Ideen zur Lösung für die Probleme anderer zu entwickeln.

Jeder Mensch strebt größtmögliche Sicherheit an. Da hochsensible Menschen sich oft nur sicher fühlen, wenn sie gedanklich möglichst viele Situationen vorwegnehmen, also im Inneren durchspielen (Denken ist Probehandeln), wird nun vielleicht verständlich, warum sie so leicht durch Veränderungen oder Neues aus der Bahn zu werfen sind.

Was bedeutet das alles nun für hochsensible Mütter? Kinder und ihr Verhalten sind relativ unberechenbar. Vor allem im Kleinkindalter, wenn der Bewegungsdrang des Kindes in der Regel sehr groß ist und es anfängt, die Welt zu entdecken, können nicht alle Situationen vorhergesehen werden. Nun wird aber eine hochsensible Mutter mit einem ausgeprägten Rückzugs- und Ruhebedürfnis diese Unberechenbarkeit als bedrohlich erleben und sich entsprechend in einem ständigen Spannungszustand befinden. Dabei geschehen innerlich interessante Prozesse: Sie wird vielleicht dafür sorgen, dass das Gefühl der Bedrohung in einem erträglichen Maß bleibt und mehrheitlich mit dem Kind zu Hause bleiben, sich in gewohnter Umgebung bewegen, um sich vor noch mehr Unsicherheit zu schützen.

Gleichzeitig reagiert aber das Gaspedal in ihr mit dem Gefühl der Langeweile, weil wenig passiert. Damit befindet sich die HSP-Mutter in einem Dilemma: Wagt sie es, mit dem Kind neue Umgebungen aufzusuchen (zum Beispiel an einer Krabbelgruppe teilzunehmen), nimmt sie in Kauf, dass sie permanent bedrohlichen, weil nicht voraussehbaren Situationen und Erlebnissen ausgesetzt ist. Wagt sie es nicht, ist ihr langweilig und ein Teil in ihr, den ich hier als Weltneugier bezeichnen möchte, bleibt unbefriedigt. Dazu muss sie noch das schlechte Gewissen aushalten, dass sie ihrem Kind keine Anreize oder sozialen Kontakte ermöglicht. In den meisten Ratgebern zur Kindererziehung werden frühe soziale Kontakte als maßgeblich für eine gesunde psychosoziale Entwicklung des Kindes gesehen. Soll sie sich nun verantwortlich dafür fühlen, dass sie ihrem Kind keine optimalen Voraussetzungen für eine gute Entwicklung bietet? Oder soll sie lieber in Kauf nehmen, dass sie Ängste und eine permanente Nervosität entwickelt, die kaum zu kontrollieren sind?

Stellen Sie sich vor, Sie fühlen sich gefangen und eingeschränkt in Ihrem Bedürfnis, an der Welt in Ihrem eigenen Rhythmus und Ihren Wünschen entsprechend teilzunehmen, weil da ein kleines Wesen ist, das durch sein Vorhandensein und seine Bedürfnisse Ihr Leben bestimmt, und zwar auf sehr lange Zeit hin (es kann sich endlos anfühlen). Auf die vermisste Freiheit reagieren Sie, indem Sie abends zu lange aufbleiben, weil Sie das Gefühl haben, noch nichts vom Tag gehabt zu haben. Demzufolge bekommen Sie immer zu wenig Schlaf. Freiheit ist für Sie vielleicht an Lustgewinn geknüpft. Sie reagieren impulsiv auf Ihr Gas- und Bremspedal in Ihrem Inneren und sind nur in ausgewählten Situationen flexibel. Im Groben skizziert, könnte das momentan Ihr Ist-Zustand sein.

Wie ist es nun aber möglich, aus diesen inneren Spannungszuständen herauszufinden und Gas- und Bremspedal so virtuos zu bedienen, dass Sie von A nach B kommen? Wie kann es machbar sein, mit diesen scheinbaren Gegensätzen so umzugehen, dass die Betroffene möglichst im Einklang mit sich selbst ist?

Für hochsensible Mütter scheint mir wesentlich zu sein, dass sie sich dieser Mechanismen frühzeitig bewusst werden, um entsprechend reagieren zu können. Hat sich nach einigen Jahren die Situation so eingependelt, dass das Bedürfnis nach Aktivität immer zu kurz und die Weltneugier so gut wie nie zu ihrem Recht kommt, dann gewinnt dieser unbeantwortete innere Teil ein Übergewicht. Die Folge davon kann verheerend sein. Wut gegenüber dem Kind oder Aggressionshandlungen gegen sich selbst können auf diesem Boden entstehen. Nicht selten geraten aus diesem Grund Ehen in die Krise, weil der Ehepartner verständlicherweise nicht nachvollziehen kann, was diese Veränderung in seiner Frau bewirkt und diese es selbst meistens nicht weiß. Schuldzuweisungen und Entfremdung können die Folge sein.

Darum ist eine ehrliche Bestandsaufnahme wichtig. Nehmen Sie wahr, welche Verhaltensweisen, Gedanken und Gefühle Sie bei sich selbst beobachten können. Es mag erschreckend für manche hochsensible Mutter sein, sich einzugestehen, dass sie nicht immer nur liebevolle Gedanken für ihr Kind hat. Oft ist es ein längerer Weg von dem diffusen Wahrnehmen eines Gefühls hin zu einem klaren Gedanken. Zusammenfassend sollen Ihnen am Ende dieses Kapitels folgende Impulse dienlich sein:

- Wie stark sind Gas- und Bremspedal bei Ihnen gewichtet?
- Geben Sie Ihren Impulsen häufig nach?
- Neigen Sie dazu, eher zu stark auf die Bremse zu treten oder bevorzugen Sie eher das Gas, um nichts zu verpassen?
- Haben kleine Abenteuer Platz in Ihrem Leben?
- Sagen Sie manchmal Termine ab, weil Ihnen auf einmal alles zu viel ist?
- Haben Sie das Gefühl, auch dann am Leben teilzunehmen, wenn Sie weniger Programm machen?
- Fühlen Sie sich manchmal durch Ihre Kinder eingeengt in Ihrem Bedürfnis, die Welt kennenzulernen?
- Hat Ihre Weltneugier trotzdem Platz in Ihrem Alltag? Zum Beispiel durch Lesen von Bildbänden, Biographien von Abenteurern und Aussteigern, Anschauen von Reportagen über fremde Länder und Kulturen?

Dann wird es jetzt langsam Zeit, uns einer zentralen Frage von Hochsensiblen zuzuwenden: Wie können Sie sich auf gute Weise abgrenzen, schützen und fordern in den Grenzen, die Sie sich selbst auferlegen?

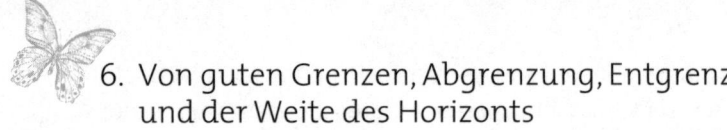

6. Von guten Grenzen, Abgrenzung, Entgrenzungen und der Weite des Horizonts

Die Bedeutung von Grenzen

Grenzen sind wichtig. Sie markieren ein Hoheitsgebiet, schaffen Klarheit und Struktur. Respektiert die Regierung eines Landes die Grenzen eines anderen Landes nicht, gibt es möglicherweise eine kriegerische Auseinandersetzung. Grenzen sind uns gegeben. Sie halten klare Aufgaben für uns bereit, Grenzen zentrieren uns, machen bescheiden, halten uns den Spiegel vor und machen uns bewusst, dass wir Menschen sind, die zwar begabt sind mit der Möglichkeit der Entwicklung, sich aber in den gegebenen Rahmenbedingungen bewegen müssen.

Eine zentrale Frage, die mir in der Arbeit mit Hochsensiblen immer begegnet, ist die Frage nach der Abgrenzung. Dieses Bedürfnis zeigt schon ganz offen, dass Hochsensible ihre Grenzen in der Regel nicht so gut kennen. Durch die bereits beschriebenen Anpassungsversuche erleben viele Hochsensible schon früh, dass sie über ihre Grenzen gehen oder von anderen Grenzverletzungen erleben. Diese Erfahrungen bewirken eine große Unsicherheit im hochsensiblen Organismus. Auf gute und stimmige Art Grenzen zu setzen und die eigenen Grenzen wertschätzend zu akzeptieren, ist ein großes Bedürfnis Hochsensibler. Ich möchte mich der Meinung von Rolf Sellin anschließen, der meint, dass Grenzen kein Zufall seien, sondern im Gegenteil etwas ganz Reales.[20] Da sind zum einen die Körpergrenzen. Wir können im wahrsten Sinne des Wortes nicht aus unserer Haut, obwohl wir manchmal aus ihr herausfahren möchten. Wenn es Ihnen schwerfällt, Ihre körperlichen Grenzen wahrzunehmen, dann möchte ich Sie dazu einladen, Ihren Körper von nun an in Ihre verstandesmäßigen Überlegungen zum Thema Grenzen miteinzubeziehen. Unser Körper kennt seine Kraft und gibt uns zuverlässig Signale, wenn wir unsere Energie verlieren. Dann fühlen wir uns schlapp, haben vielleicht Migräne, einen Druck auf der Brust oder Ähnliches mehr. Es lässt sich beobachten, dass wir nicht lange ungestraft die Grenzen unseres Körpers missachten können, ohne krank zu werden. Und hierbei ist jetzt eines für Hochsensible wirklich wichtig: Vergleichen Sie sich nicht mit anderen, die scheinbar mühelos Anstrengungen bewältigen, die Sie aber über Ihre Grenzen bringen. Dabei geht es sowohl um sportliche Aktivitäten als auch um Intelligenzhandlungen. Ihre Grenzen sind wahrscheinlich zunächst in einigen Bereichen enger gesteckt als bei anderen. Das ist in Ordnung so und hat seine eigene innere Logik vor dem Hintergrund Ihrer biographischen Erfahrungen. Vielleicht haben Sie den Sportunterricht eher als traumatisch empfunden, weil alle anderen schneller und wettkampfbereiter waren als Sie, sodass Sie körperliche Bewegung nie als etwas Wohltuendes empfunden haben. Dann kann es sein, dass Sie vielleicht Ihre körperlichen Grenzen sehr eng gesteckt haben, wenig ausprobieren und sich wenig zutrauen, weil Sie Ihren Körper nicht als verlässlich und auf jeden Fall als anderen unterlegen kennengelernt haben. Hochsensible haben oft ein gespaltenes Verhältnis zu ihrem Körper. Gerade weil sie in ihm ein seismographisches Instrument zur Verfügung haben, welches ihnen stets signalisiert, wenn etwas nicht in Ordnung ist, sind viele Hochsensible verunsichert. Sie wünschen sich, dass er einfach Ruhe geben möge, und die Zeichen, die er ihnen sendet, empfinden sie als lästig. Dabei sind es genau diese Signale, die unsere Grenzen anzeigen. Der erste Schritt besteht also darin, die eigene Wahrnehmungsfähigkeit zu nutzen und auf die Signale des Körpers zu achten. Einfaches Wahrnehmen und es nicht zu bewerten, ist eine Grundvoraussetzung dafür, die eigenen Grenzen kennenzulernen und zu akzeptieren. Es geht darum, Vertrauen zu haben in den eigenen Körper und in das, was er aussendet. Beobachten Sie auch, wie er reagiert, wenn Sie mit diesem oder jenem Menschen in Kontakt sind. Es gibt Menschen, durch die wir uns in unseren Grenzen verletzt fühlen, dazu reicht vielleicht schon eine laute Stimme. Kommen Sie sich und Ihren Grenzen auf die Spur. Nur wenn Sie sich gut kennen, können Sie auch selbstbestimmt Ihre Grenzen verteidigen.

Es lohnt sich, im Sinne der Selbstformung die eigenen Grenzen nach und nach zumindest zu berühren. Wir können nicht wissen, wozu wir fähig sind, wenn wir unsere Grenzen nie austesten. Auf der körperlichen Ebene kann das heißen, einmal eine Hüttenwanderung zu planen oder anzufangen zu joggen, auf der mentalen Ebene heißt das, dass Sie sich andere Gedanken erlauben.

Hochsensible neigen dazu, sich die eigenen Grenzen entweder zu eng oder zu weit zu setzen. Wenn Sie sie zu eng ziehen, dann befinden Sie sich in einem Korsett, können kaum atmen und die Welt kommt Ihnen eng, kleinlich und kalt vor. Setzen Sie sie aber zu weit, spüren Sie sich nicht, sind nicht zentriert und präsent und müssen mit einer Menge Leute in Ihrem Vorgarten leben.

Auf gefühlte Grenzverletzungen reagieren die meisten Hochsensiblen sehr aggressiv und gar nicht mehr hochsensibel. Dieser oft plötzliche Stimmungsumschwung ist für das Umfeld schwer nachzuvollziehen und für die Betroffenen selbst sehr anstrengend. Vor diesem Hintergrund ist es verständlich, dass Sie als hochsensible Mutter eben noch Ihren Kindern wohlwollend und anteilnehmend bei ihrem lebendigen Spiel zugesehen haben, während Ihnen in der nächsten Minute alles zu viel wird: zu viel Bewegung, zu viel Lärm, zu viel Kontakt. Sie reagieren aus heiterem Himmel genervt und gereizt. Wenn Sie Ihre Grenzen aber gut beachtet hätten, dann wäre Ihnen vielleicht schon vor einer Viertelstunde aufgefallen, dass sich Ihr Körper verspannt, Sie innerlich unruhig und nervös werden und Sie unwillkürlich die Kiefer zusammenpressen. Wäre es Ihnen da bereits gelungen, Ihre Aufmerksamkeit auf Ihre Körperwahrnehmungen zu lenken und sich bewusst zu entspannen, hätten Sie erlebt, dass Sie es sind, die es in der Hand hat, auf Ihre Grenzen zu achten und aktiv etwas tun kann, um die Situation sowohl für sich als auch für Ihre Kinder annehmbar zu gestalten.

Haben Sie auch schon einmal bemerkt, dass es Ihnen unangenehm ist, wenn Ihnen Menschen körperlich zu nah kommen? Damit meine ich nicht ungewollte körperliche Berührungen oder sonstige Übergriffe, sondern ganz allgemein die Wahrnehmung eines eigenen körperlichen Schutzraumes. Dass es diesen gibt, macht sich immer dann bemerkbar, wenn er verletzt wird. Stellen Sie sich zum Beispiel vor, Sie fahren mit dem Zug von der Arbeit nach Hause und jemand setzt sich direkt neben Sie, obwohl noch zahlreiche andere Plätze frei sind. Oder Sie stehen im Supermarkt an der Kasse und die nachfolgende Person rückt Ihnen so dicht »auf die Pelle«, dass Sie sich bedrängt fühlen. Solche und ähnliche Alltagssituationen sind Ihnen, wie den meisten Menschen, wahrscheinlich unangenehm. Es geht dabei darum, dass wir alle im Umgang mit anderen Menschen gewisse kulturell verankerte Distanzen wahren. Man könnte sagen, wir versuchen, den uns unmittelbar umgebenden Raum freizuhalten. Diesen in der Fachsprache »Persönlicher Raum«[21] genannte Platz um uns herum können Sie sich als Zone vorstellen, die uns vollständig umgibt. Dringt jemand in diese Zone ein, dann empfinden wir das in der Regel als störend. Dabei gibt es durchaus Situationen, in denen wir es zulassen, dass uns jemand nahe kommt, beim Besuch einer Party oder eines Fußballspiels in einem vollbesetzten Stadion. In diesen Momenten regulieren wir unseren persönlichen Raum so, dass wir ihn verkleinern, deshalb fremde Menschen näher an uns heranlassen als üblich und das auch nicht als besonders störend empfinden, sondern es als zur Situation gehörig in Kauf nehmen.

Der persönliche Raum ist der Grund, warum normalerweise in öffentlichen Verkehrsmitteln zuerst die freien Plätze besetzt werden, bevor man sich zu Fremden setzt oder dass man sich an der Bushaltestelle nicht direkt neben andere Wartende stellt.[22]

Nach meiner Beobachtung legen Hochsensible sehr viel Wert auf die Wahrung ihres persönlichen Raumes. Sie reagieren außerordentlich schnell gereizt und unwirsch, wenn sie Enge erleben. Einen anderen Menschen nahe an sich heranzulassen bedeutet, seinen Geruch, seine momentane Befindlichkeit, seine Ausstrahlung wahrnehmen zu müssen. Durch diese Eindrücke erleben Hochsensible ein Maß an Überstimulation, welches sich für sie nicht gut anfühlt. Sie werden unruhig, nervös, fahrig und versuchen, ihr Wohlbefinden auf die eine oder andere Weise wiederherzustellen. Wenn es die Situation erlaubt, treten sie einen Schritt zurück, wenden den Blick ab oder nehmen eine abwehrende Körperhaltung ein. Auch diese Versuche, den eigenen persönlichen Raum zu schützen, können sich gezwungen und unecht anfühlen. Wären unsere Reaktionen uns bewusst, könnten sich, in Zeitlupe betrachtet und in Gedanken übersetzt, die Gefühle in etwa so anhören: ›Jetzt wende ich mich ab – bestimmt hat er das als verletzend empfunden. Merkt sie, dass mir ihre Nähe so unangenehm ist? Haben wir jetzt einen Konflikt? Kann ich dem standhalten? Es ist besser, diese unangenehme Nähe auszuhalten als einen Streit zu riskieren. Ich weiß gar nicht, wie ich das ausdrücken soll, was ich empfinde. Ich kann ihm gar nicht in die Augen sehen, weiß aber, dass es unhöflich ist, ihn nicht anzusehen ...‹, und so weiter und so fort. In der Regel jedoch werden wir diese Empfindungen nicht bewusst wahrnehmen. Sie äußern sich eher in körperlichen Reaktionen wie verstärktes Herzklopfen, Kribbeln in Händen und Füßen, Kälte- oder Wärmeempfinden, Versteifungen des Nackens und des Schulterbereichs. So erzählte mir eine Klientin, die ich auf diese Zusammenhänge aufmerksam machte, nachdenklich: »Jetzt verstehe ich, warum ich immer, wenn mein vierjähriger Sohn an mir ›klebt‹, so nervös bin und wütend auf ihn werde. Manchmal so stark, dass ich ihn schlagen könnte. Ich habe einfach keine Möglichkeit, meinen Freiraum zu wahren und muss ständig mit dieser Nähe umgehen, die sich für mich wie eine Konfrontation anfühlt.«

Eine schlichte und dennoch bittere Erkenntnis, die viel Mut und Ehrlichkeit voraussetzt, denn wir sprechen hier von Kindern, unseren Kindern, die wir wollten und die einfach so sind, wie sie sind – kindlich unreif, experimentierend und ihre Bezugspersonen innig liebend. Es liegt nicht im Wesen von Kindern, die Beweggründe der Erwachsenen zu begreifen. Kinder erleben unmittelbares Verhalten. Sie erleben unsere Nervosität, Unbeherrschtheit, Unruhe und Unsicherheit, aber auch unsere Entspanntheit, Zufriedenheit und Freude am Leben. Kinder haben noch einen anderen Umgang mit ihrem persönlichen Raum. Diese Zone entwickelt sich erst mit den Jahren. Am Anfang des Lebens gibt es praktisch keinen erlebbaren Unterschied zwischen dem Ich und dem Du, es dauert in der Regel bis zu drei Jahre, dass das Kind sich als eigenständige Person erlebt und »Ich« sagt. Etwa in dieser Zeit beginnt sich auch der persönliche Raum zu formen. Mitunter kann man beobachten, dass Kinder auf unerwünschten Körperkontakt (das eingeforderte Begrüßungsküsschen für die Oma, das Auf-den-Arm-genommen-Werden durch eine fremde Person) mit Abwehr reagieren. Manche Kinder weigern sich, der Erzieherin die Hand zu geben. Obwohl selbstverständlich auch noch andere Gründe dafür denkbar sind, liegt es doch nahe, solches Verhalten aus der Perspektive des persönlichen Raumes zu betrachten. Mit aller gebotenen Vorsicht vor übereilten Schlussfolgerungen darf die Vermutung angestellt werden, dass bereits Kinder sehr sensibel auf Verletzungen ihres persönlichen Raumes reagieren. Besonders bei fremden Personen. Anders verhält es sich dann im vertrauten Familienkreis. Möglicherweise sucht das Kind hier nach besonders viel körperlicher Nähe, bewegt sich kaum einmal einen Meter von Ihrer Seite, wuselt zwischen Ihren Beinen herum und es mag Ihnen manchmal so vorkommen, als müssten Sie sich wie ein Storch fortbewegen, um nicht auf Kinderhände und -füße zu treten. Das ist anstrengend und kann Sie nach ein paar Stunden, in denen Sie fortwährend auf Ihren persönlichen Raum verzichten mussten, wirklich erschöpfen.

Ich erinnere mich, dass es sich für mich unglaublich überfordernd angefühlt hat, als ich ständig meine kleine Tochter auf dem Arm hatte und ihr großer Bruder an mir, meiner Kleidung und meinen Haaren herumzerrte. Manchmal überkam mich das erschreckende Gefühl, um mich treten zu wollen, um mir so den notwendigen Freiraum zu verschaffen. Ich hatte das Empfinden zu ersticken und körperlich konnte ich tatsächlich kaum atmen. In meiner Brust war ein starker Druck, in dem das schlechte Gewissen wohnte. Ich war mit bestem Wollen in meine Mutterschaft gegangen, dachte, ich würde es sehr gut machen und natürlich gänzlich anders als meine eigene Mutter. Und jetzt musste ich feststellen, dass ich solche böswilligen Gedanken haben konnte. War ich denn kein guter Mensch? Keine gute Mutter? Hatte ich mich denn nicht gut vorbereitet und alle gängigen Bücher über Schwangerschaft, Geburt und das Leben danach gelesen? Wie konnte es nur möglich sein, dass ich jetzt so aggressive Impulse gegenüber meinen Kindern verspürte?

Jede hochsensible Mutter, mit der ich gesprochen habe, konnte Ähnliches berichten. Die Grenzverletzungen, die wir durch unsere

Kinder erleben, werden nur in einem geschützten Rahmen und mit schlechtem Gewissen ausgesprochen. Es handelt sich dabei um ein regelrechtes Tabuthema. Tatsache ist jedoch, dass Sie frühzeitig Ihre Grenzen wahrnehmen müssen, um adäquat reagieren zu können. Ohne Ihnen zusätzlich ein schlechtes Gewissen machen zu wollen, möchte ich Ihnen doch an dieser Stelle die Erfahrung mitgeben, dass hochsensible Eltern aufgrund von Grenzverletzungen und der damit verbundenen Überstimulation ausrasten können und dazu neigen, die Kontrolle über sich zu verlieren. Sie erleben dann eine Art Entgrenzung, ein »Außer-sich-Sein«, aus dem sie nur schwer wieder zu sich selbst zurückfinden. Nicht selten wird in diesem prekären Zustand viel Porzellan zerschlagen, mit Worten und manchmal auch mit Taten. Auf einmal fallen alle Schranken und der hochsensible Mensch ist zu Dingen fähig, die er selbst nicht für möglich gehalten hätte. Um die dunklen Seiten im eigenen Inneren zu wissen, hilft auch dabei, die Grenzen zu wahren.

Auch deshalb lohnt es sich, ein bis zwei wirklich langfristige Beziehungen in seinem Leben zu erhalten und zu pflegen, Menschen, die Sie gut kennen und mit denen Sie offen sprechen können. Allerdings macht es Sinn, ab und zu auch Ihre langfristigen Beziehungen daraufhin zu überprüfen, ob sie noch zu Ihnen und Ihrem Leben passen. Sie werden auch schon festgestellt haben, dass es Menschen gibt, die Ihnen Energie rauben, sodass Sie sich nach einem Zusammensein mit ihnen ausgelaugt und überreizt fühlen. Und dann gibt es Menschen, mit denen das Zusammensein einem sonnigen Frühlingstag gleicht, sodass Sie sich nach einem Vier-Stunden-Gespräch gestärkt und genährt fühlen. Manche der Beziehungen, die Menschen seit Kindertagen haben, haben die Eigenschaft, nicht erwachsen zu werden und in kindlichen Formen stecken zu bleiben. Das wurde mir schlagartig bewusst, als ich die Beziehung zu meiner besten Freundin aus Schultagen analysierte. Als sie meinen zukünftigen Mann kennenlernte, der damals einen Pferdeschwanz trug und im Begriff stand, sein Studium zu beenden und sich um eine Arbeitsstelle zu bemühen, meinte sie, mir ungefragt sagen zu müssen, dass es doch wohl schwierig sei, mit den langen Haaren eine seriöse Stelle zu finden. Als sie das sagte, wurde sofort mein Widerstand gegen Normen und Konventionen wach und ich reagierte heftig. Mein Ausbruch, in dem ich das Recht jedes Menschen auf seine eigene Lebensweise im Allgemeinen und seine Wunschfrisur im Speziellen verteidigte, veränderte unsere Beziehung. Mir wurde bewusst, dass wir nicht die gleiche Entwicklung gemacht hatten. Sie war immer noch die Gleiche wie als Schulmädchen, mit den gleichen Einstellungen und Werten, während ich mich sehr weit davon entfernt hatte. Schließlich führte diese Erkenntnis zu einer Entfremdung und bis zur Einstellung unseres Kontaktes. Diese Beziehung ist nicht mit uns erwachsen geworden. Wenn man sich schon aus Schultagen kennt, dann hat man vielleicht auch eine eingeschränkte Sichtweise aufeinander. Dann weiß die Freundin, dass man einen autoritären Vater hatte und wird vielleicht alle Verhaltensweisen als erwachsene Frau darauf zurückführen. Als hochsensibler Mensch fühlt man sich dann schnell gekränkt, weil die Anerkennung dessen, was man sich als Erwachsener angeeignet hat, fehlt. Ich rate Ihnen nicht dazu, allzu schnell und leichtfertig Kontakte abzubrechen – Hochsensible neigen manchmal zu diesen extremen Reaktionen aus dem Bedürfnis heraus, sich zu schützen –, es macht aber auch wenig Sinn, an Beziehungen festzuhalten, die Ihnen nachweislich nicht guttun.

Grenzerweiterung

Ich habe schon von der Berührung bzw. Erweiterung der eigenen Grenzen gesprochen. Wenn Sie sich mit dem Thema Abgrenzung beschäftigen, dann gibt es dabei zwei Richtungen: zum einen die Grenzwahrung, die so wesentlich ist für das eigene Erspüren des Selbst, und zum anderen die Grenzerweiterung, die ebenfalls wesentlich für die persönliche Entwicklung ist. Dabei ist das gesunde Maß ausschlaggebend für den nachhaltigen Effekt. Überfordern Sie sich nicht gleich dabei, weil Ihr Verstand schon zwei Schritte weiter als der Körper ist. Gehen Sie kleine und kleinste Schritte und nehmen Sie bewusst auch geringste Veränderungen in Ihrem Befinden wahr. Wenn Sie sich mit Ihren Grenzen beschäftigen und dem, wie Sie sie erweitern könnten, das heißt wenn Sie konkrete Ideen haben, zum Beispiel den Segelschein zu machen, dann erleben Sie etwas, das ich gern als die »Weite jenseits des Elfenbeinturms« bezeichne. Ich bin überzeugt davon, dass wir immer alle Möglichkeiten in uns zur Verfügung haben: Wir können uns als jungfräuliche Prinzessin in den unzugänglichen Elfenbeinturm sperren oder aber ihn zeitweise verlassen und die Welt da draußen kennenlernen. Zu viel Rückzug schadet der persönlichen Entwicklung. Sich zeitweise auch angemessen zu fordern, verlangt auch einen hohen Respekt sich selbst gegenüber. Im Umgang mit Ihren Kindern hilft die Arbeit an sich selbst, Grenzverletzungen Ihnen gegenüber schneller zu erkennen und angemessen zu reagieren.

Es ist etwas anderes, ob Sie von außen gefordert werden und sich ständig vor Grenzverletzungen schützen müssen, oder ob Sie es sich selbst manchmal zur Aufgabe machen, Ihre eigenen Grenzen zu erweitern. In der Bibel steht das bekannte Gebet des Jabez, der die Grenzerweiterung als Bitte an Gott formuliert: »Und Jabez rief zu dem Gott Israels und sprach: ›O dass du mich reichlich segnen und meine Grenze erweitern wolltest und deine Hand mit mir wäre!‹«[23] Sie werden überrascht sein, dass oft schon eine sehr kleine äußerliche Veränderung dazu beitragen kann, Ihre Grenzen zu erweitern. Erlauben Sie sich zum Beispiel, öfters am Tag freier zu atmen, gleich, was Sie gerade tun. Atmen Sie bewusst und denken Sie dabei: »Ich atme frei.« Und diese kleine Übung wiederholen Sie, so oft Sie daran denken. Wenn Ihre Kinder das nächste Mal wieder wie die Kletten an Ihnen hängen, sodass Sie das Gefühl haben, keine Luft mehr zu bekommen, atmen Sie bewusst und frei und länger aus als ein. Das hat den Effekt, dass Sie mit dem langen Ausatmen gleichsam das äußerliche Geschehen ein wenig von sich wegschieben und so Distanz gewinnen können. Und Distanz ist wichtig, um bei sich bleiben zu können und nicht das hilflose Opfer von Überstimulation zu werden.

Halten wir also fest: Atemübungen sind hilfreich, zum einen als Notfallprogramm und zum anderen als Bewusstseinsübung, um sich gleichzeitig zu zentrieren und Distanz zu schaffen. Die aggressiven

Tendenzen, die sich manchmal bei Hochsensiblen beobachten lassen, rühren meines Erachtens von der Tatsache her, dass die Betroffenen erst zu spät merken, dass ihre Grenzen dauerhaft verletzt werden und sie keine Möglichkeit sehen, dem zu begegnen. Auf der einen Seite lassen Hochsensible es also sehr lange zu, dass ihre Grenzen überschritten werden, auf der anderen Seite kennen sie aber auch keine Strategien, um sich zur Wehr zu setzen. Als Ergebnis schlagen sie oft blind um sich, wenn es gar nicht mehr anders geht, was oft das Umfeld irritiert und verunsichert. Der Schlüssel zur Erarbeitung eines stimmigen Abgrenzungsvermögens liegt also einerseits im Schärfen des Bewusstseins für die eigenen Grenzen und deren Verletzungen, andererseits im Experimentieren mit methodischen Werkzeugen, um die für Sie passenden herauszufinden. Und diese Werkzeuge können auf der körperlichen, der sprachlichen, der geistig-seelischen Ebene ansetzen.

Im Folgenden schlage ich Ihnen ein paar Instrumente vor, die ich in meiner Arbeit mit Hochsensiblen als sehr nützlich kennengelernt habe:

Körperliche Ebene
- Atemübungen, wie oben beschrieben
- Zentrierungsübungen
- Meditationen
- Entspannungsübungen
- Langsam gehen, bewusste Bewegungen machen
- Körperwahrnehmung schulen
- Auf gute Ernährung achten

Sprachliche Ebene
- Lernen, Nein zu sagen, und zwar frühzeitig (zunächst in »harmlosen« Situationen üben)
- Die eigenen Bedürfnisse ernst nehmen und ausdrücken
- Über die eigene Befindlichkeit sprechen (Ich-Botschaften)
- Kommunikationskurse besuchen (zum Beispiel: »Die gewaltfreie Kommunikation nach M. Rosenberg«)

Geistige-seelische Ebene
- Erweiterung des Horizonts durch gute Bücher, Reisen, Besuch von Ausstellungen
- Vorbilder suchen
- Nischen zum Auftanken finden
- Gute und stärkende Gedanken zulassen
- Sich innere Freiheit erlauben
- Ihr Leben so annehmen, wie es ist

Sie sehen, Sie können eine Menge tun. Da ich die Begeisterungsfähigkeit hochsensibler Menschen gut kenne, möchte ich Ihnen aber gleichzeitig zurufen: »Überfordern Sie sich nicht, indem Sie alles sofort ausprobieren!« Das wäre auch eine Grenzverletzung, die Sie sich selbst zufügen. Beginnen Sie vielleicht erst einmal bei Ihrem Atem und beobachten Sie, ob sich dadurch schon etwas verändert. Werden Sie aufmerksam auf kleinste Bewegungen in Ihrem Erleben.

Selbstwirksamkeit

Diese Vorschläge haben alle zum Ziel, Ihre Selbstwirksamkeit zu stärken. Selbstwirksam sind wir immer dann, wenn wir uns als die Ursache von Handlungen empfinden. Hochsensible haben dahingegen oftmals das Gefühl, nicht bestimmen zu können, was ihnen geschieht, sondern im Gegenteil der überfordernden Umwelt ausgeliefert zu sein.

Als Mutter von kleinen Kindern ist diese Gefahr besonders groß. Sie sind selbstwirksam, wenn Sie bewusst Ihren Atem steuern, wenn Sie sich erlauben, trotz Zeitdrucks Ihre Schritte langsam zu setzen, wenn Sie Ihrem Ruhebedürfnis Ausdruck verleihen, wenn Sie aus freier Entscheidung heraus Besuche machen oder erlauben und wenn Sie Ihren Alltag bewusst gestalten.

Sich als selbstwirksam zu erleben, wird als die Quelle psychischer Gesundheit betrachtet.[24] Bei Ihren Kindern fördern Sie das natürliche Bedürfnis, sich auszudrücken und die Welt zu gestalten, wahrscheinlich schon ohne darüber nachzudenken. Jedes Mal, wenn Sie mit Ihren Kindern basteln, spielen oder singen, wenn Sie das Mutter-Kind-Turnen besuchen oder mit Fingerfarben die Fenster im Kinderzimmer dekorieren, erlebt sich Ihr Kind als selbstwirksam. Es kann seine Umwelt gestalten und erlebt sich als die Quelle dieser Gestaltung. Nach diesen Aktionen ist die Welt nicht mehr ganz so, wie sie vorher war. Die Erfahrung, selbstwirksam zu sein, ist die Grundlage eines gesunden Selbstvertrauens. Was Sie Ihren Kindern so selbstverständlich bieten, sollten Sie in Zukunft auch sich selbst ermöglichen. Auf dem Weg zu mehr Selbstwirksamkeit geht es auch darum, Ihren Alltag auf Dinge hin zu überprüfen, die einer gesunden Abgrenzung im Wege stehen.

Dazu fällt mir ein Beispiel aus meinem Leben ein: Als meine Kinder noch klein waren, ist mein damaliger Mann mittags immer zum Mittagessen nach Hause gekommen. Die Grundidee dafür war, dass die Kinder mehr von ihm haben sollten, da er abends recht lange arbeitete und sie oft schon auf dem Weg ins Bett waren, wenn er nach Hause kam. So verbrachten wir als Familie alle Mahlzeiten zusammen. Meine Schwiegermutter meinte damals, was für ein Glück wir doch hätten, alle Mahlzeiten zusammen zu verbringen, das sei doch sehr selten. Das stimmte natürlich auch. Aber was bedeutete das für mich? Die gemeinsamen Mittagessen hatten zur Folge, dass ich pünktlich um zwölf Uhr das Essen auf dem Tisch haben musste, da mein Mann nur eine relativ kurze Mittagspause hatte. Egal, wie der Vormittag verlaufen war und welche Aktivitäten wir unterbrechen mussten, um zwölf mussten die Kinder zum Essen parat sein, es musste der Tisch gedeckt und fertig gekocht sein. Anfangs spürte ich nicht, wie stark der zeitliche Druck auf mir lastete, erst mit der Zeit wurde ich immer unwilliger, diesem Zwang zu folgen. Es wäre mir viel lieber gewesen, ich hätte mir auch die Mittagszeit frei einteilen können. Hätte ich damals bereits gewusst, dass ich hochsensibel bin und es wichtig für mich ist, über meinen Tag selbstwirksam zu bestimmen, hätte ich irgendwann vorgeschlagen, dass mein Mann vielleicht ein- oder zweimal in der Woche in der Kantine essen sollte. Das hätte mir die Möglichkeit gegeben, freier zu atmen und mich auf selbstbestimmte Weise von der zwanghaften Mittagsgestaltung abzugrenzen. Ich nehme an, bei Ihnen gibt es ähnliche Dinge, die sich in Ihrer Familie eingespielt haben und die nicht mehr hinterfragt werden. Ich möchte Sie dazu einladen, sich Ihren Tagesablauf zu vergegenwärtigen und sich zu überlegen, ob es vielleicht Dinge gibt, die Sie belasten und die Sie ändern könnten. Es kommt also zu der körperlichen, der sprachlichen und der geistig-seelischen Ebene noch die praktische dazu:

Praktische Ebene
- Überprüfen Ihres Alltags nach Dingen, die Sie belasten
- Selbstwirksamkeit stärken
- Ideen sammeln, wie Sie Ihren Alltag entspannter gestalten können
- Entlastungsmöglichkeiten prüfen (Kinderbetreuung, Mittagstisch, Großelterntag, Putzfrau)

Es spielt im Grunde keine Rolle, bei welcher Ebene Sie ansetzen – wichtig ist, dass Sie es für *möglich* halten zu lernen, Ihre Grenzen zu wahren, selbstwirksam zu sein und sich abgrenzen zu können, auch wenn Sie bis jetzt noch nicht die Erfahrung gemacht haben, dass Ihnen das gelingt. Es ist gut möglich, dass Sie nach ein paar Jahren des Kampfes um Raum, Zeit und Kraft gar nicht mehr glauben mögen, dass sich Ihre Situation entspannen lässt. Viele Mütter resignieren irgendwann, wurschteln weiter vor sich hin und erstarren in dem Gefühl, dass sich ja doch nichts ändern lässt. Bestenfalls richten sie dann ihre Hoffnungen auf eine ferne Zukunft: »Wenn die Kinder erst einmal im Kindergarten / in der Schule / in der Lehre sind, dann ...« So zu denken heißt aber wieder, die Selbstwirksamkeit aufzugeben. Entscheidend ist, dass Sie sich *jetzt* als handlungsfähig erleben und wieder beginnen, an Ihre eigene Kraft zu glauben. Nur dann können Sie sich auch wirkungsvoll abgrenzen.

Bis jetzt habe ich davon gesprochen, dass Sie von außen Grenzverletzungen erfahren und davon, wie Sie Ihre eigenen Grenzen erweitern können. Es gibt aber auch Grenzüberschreitungen, die von

Ihren eigenen Kindern ausgehen. Wenn die Kinder noch klein sind, dann sind es eher die körperlichen und die zeitlichen Grenzen, die überschritten werden, weil die Kinder Ihre Nähe suchen und Ihre Zeit beanspruchen – das habe ich bereits erwähnt. Problematisch für hochsensible Mütter ist auch die so oft und mit gutem Recht geforderte Konsequenz in der Erziehung, besonders im Kleinkindalter. Konsequent zu sein heißt ja nicht nur, bei Fehlverhalten für die Einhaltung der Regeln zu sorgen und notfalls mit Sanktionen zu reagieren. Konsequent sein heißt vor allem auch, immer und immer wieder durchzusetzen, dass vor dem Fernseher nicht gegessen wird, die Schuhe ordentlich in die Garderobe gestellt werden, das Spielzeug ordentlich versorgt wird und und und … Wie leicht kann es da vorkommen, dass Sie aus lauter Erschöpfung einmal, zweimal, dreimal fünfe gerade sein lassen. Und Kinder merken sich solche Inkonsequenzen bekanntlich sehr genau und versuchen, Sie auch morgen wieder rumzukriegen, damit sie vor dem Fernseher essen dürfen und so weiter. Jedes Mal eine kleine Grenzverletzung für Sie. Was Ihrer Konsequenz im Wege steht, ist das, was im Grunde genommen Ihre Stärke ist: Ihre differenzierte Wahrnehmung. Sie wissen, dass eine ähnliche Situation morgen anders sein kann als heute und versuchen, für jeden Tag wieder andere Lösungen zu finden. Leider wird Ihnen diese Kreativität nicht gedankt, wenn die Kinder klein sind. Mangelnde Konsequenz ist im Grunde genommen auch eine Grenzverletzung, die Sie sich selbst zufügen. Aus heutiger Sicht wäre ich viel konsequenter mit meinen Kindern und hätte weniger Angst, bei ihnen etwas kaputt zu machen.

Etwas anderes, das meines Erachtens dabei hilft, die Grenzen zu wahren, ist das Einhalten eines gewissen Tagesrhythmus. Die meisten Rhythmen sind uns gewissermaßen von außen aufgezwungen durch Schule, Arbeitsplatz, Öffnungszeiten der Geschäfte etc. Diese Rhythmen werden Sie nicht so einfach ändern können. Daneben gibt es aber auch einen Ihnen eigenen Rhythmus, der Ihnen helfen kann, Ihre Grenzen zu schützen. Dazu kann zum Beispiel das Einhalten einer Mittagspause für Sie gehören. Als mein Sohn zwei Jahre alt war, war ich mittags bereits immer so müde, dass ich mich kaum noch auf den Beinen halten konnte. Ich gewöhnte mir an, mich mit ihm auf das Sofa zu legen und ihm eine Geschichte vorzulesen. Er hatte damals ein Buch, dessen Hauptfigur, ebenfalls ein kleiner Junge, Bobo hieß. In kleinen Bildergeschichten konnte man den Alltag von Bobo und seiner Mutter betrachten. Die Bildunterschriften waren jeweils in sehr kurzen Sätzen (zwei bis vier Worte) verfasst. Das Lesen dieser Kleinkindsätze war dermaßen ermüdend, dass ich regelmäßig nach kurzer Zeit dabei einschlief. Nach einiger Zeit entwickelte sich daraus ein Ritual: Wir legten uns mit dem Buch aufs Sofa, ich las ein paar Minuten, schlief ein und mein Sohn krabbelte dann vom Sofa herunter und beschäftigte sich allein, bis ich wieder aufwachte. Seit dieser Zeit ist meine Mittagspause ein fester Bestandteil meines Alltages. Ich möchte Sie dazu ermutigen, sich zu überlegen, an welcher Stelle Ihres Tagesablaufs Sie sich vorstellen können, eine Pause einzulegen. Und zwar nicht, weil Ihre Kinder gerade müde sind, sondern weil Sie eine Pause nötig haben. Mir hat einmal eine Kinderärztin gesagt:»Die Kinder müssen mittags nicht schlafen, sie holen sich schon den Schlaf, den sie brauchen. Aber Sie müssen es!« Nehmen Sie sich das Recht auf Ihre Pause, es ist wahrlich kein Luxus, sondern schiere Notwendigkeit. Damit schützen Sie Ihre Grenzen, die Ihnen durch Ihre Kraft gesetzt sind.

Grenzüberschreitungen, die ihnen von ihren kleinen Kindern geschehen, nehmen Mütter oft noch in Kauf, ohne sie zu hinterfragen. Aber wie ist es, wenn die Kinder größer werden? Eine Mutter mit zwei pubertierenden Töchtern erzählte mir, dass sie regelrecht ihren Kleiderschrank verteidigen müsse, damit ihre Töchter sich nicht ungefragt an ihren Sachen bedienten.

Fassen wir zusammen: Grenzverletzungen können Sie sowohl von anderen Müttern oder Menschen aus Ihrem Umfeld, auch Fremden, erleben, als auch in der eigenen Familie oder von sich selbst. Sie können sowohl körperliche, sprachliche, geistig-seelische und auch praktische Grenzverletzungen erleben. Auf jeder dieser Ebenen haben Sie die Möglichkeit, sich Strategien anzueignen, um Ihre Grenzen zu schützen oder gegebenenfalls zu erweitern. Sich abgrenzen zu lernen, ist für Hochsensible eine lebenslange Aufgabe. Belohnen Sie sich für kleine Erfolge.

Grenzverletzungen

Wieso haben nun manche Menschen intakte Grenzen, die sie gut schützen können, und bei anderen Menschen scheinen die Grenzen brüchig und irgendwie nicht so stabil zu sein? Woher kommen diese Unterschiede? Die meisten Hochsensiblen, die mir begegnet sind, haben in ihrer Kindheit Grenzverletzungen erlebt. Sie mussten vielleicht lieb zu allen Erwachsenen sein und ihnen die Hand geben oder sich sogar zu ihnen auf den Schoß setzen, obwohl sie das gar nicht wollten. Ihre körperlichen Grenzen wurden vielfach ignoriert und überschritten. Früher sind Kinder recht streng erzogen worden. Vielleicht bekamen sie zu wenig Freiraum, um ihre Grenzen auszuloten und zu erfahren? Wenn ein Kind nicht erleben kann, wo seine Grenzen sind und dass sie respektiert werden, hat es später als erwachsener Mensch kein verlässliches Gefühl für Grenzen. Erlebt dieser Mensch dann Grenzverletzungen egal welcher Art, reagiert er vielleicht direkt wütend und aufbrausend oder im Gegenteil mit Stille und totalem Rückzug. Vielen Hochsensiblen geht es so. Überrascht von der eigenen heftigen Reaktion haben sie dann das Gefühl, sie könnten nicht angemessen auf Grenzverletzungen reagieren. Um diese Muster zu erkennen und zu verändern, ist es notwendig, einen Blick auf Ihre Herkunftsfamilie zu werfen. Wie wurde bei Ihnen zu Hause mit Grenzen umgegangen? Bekamen Sie genug Freiraum, um Ihre Grenzen zu spüren? Oder erlebten Sie damals schon häufig Grenzverletzungen, denen Sie hilflos ausgesetzt waren?

Auch zu große Freiheit ist nicht dazu geeignet, Grenzen auf gesunde Weise zu erfahren. Vielleicht haben Sie als hochsensibles Kind auch Grenzverletzungen oder Konflikte zwischen Ihren Eltern beobachtet und wahrgenommen, wie diese damit umgegangen sind. Gab es in diesen Situationen einen Gewinner? Wurde mit eisigem Schweigen reagiert oder mit heftigen Wutausbrüchen? Erkennen Sie etwas davon in Ihrer Art, mit Grenzverletzungen oder Konflikten umzugehen, wieder? Ihre Eltern haben Ihnen ein Vorbild dafür geliefert, wie mit Verletzungen umgegangen werden kann. Möglicherweise haben Sie dieses Beispiel so verinnerlicht, dass Sie ähnlich reagieren und dass es Ihnen schwerfällt, andere Möglichkeiten zu sehen.

Wie kann es nun gelingen, die eigenen Grenzen zu schützen, ohne andere zu verletzen? Genau an dieser Frage scheitern viele Hochsensible. Warum? Zunächst einmal sind Hochsensible oft fassungslos gegenüber Grenzverletzungen. Sie können oft kaum glauben, was ihnen da geschieht. Manche Dinge, die sich verletzend anfühlen, kommen ja sehr subtil daher. Es sind meistens nicht die großen Unverschämtheiten, auf die die meisten Menschen, hochsensibel oder nicht, verletzt reagieren. Vielmehr sind es die kleinen Nadelstiche, die zermürbend wirken. Und deshalb stehen Hochsensible oft vor der Frage: Ist das jetzt wichtig genug, darauf zu reagieren? Sollte ich es um des lieben Friedens willen nicht eher ignorieren? Darauf gibt es im Grunde genommen nur eine Antwort: *Alles* ist wichtig genug, sich darin zu üben, die eigenen Grenzen zu schützen. Der Anlass mag klein sein, aber die Wirkung in Ihnen ist wahrscheinlich eine große – auch Nadelstiche pieksen. Gerade dann, wenn Sie als Kind keine intakten Grenzen entwickeln konnten, ist es jetzt wichtig, auf alle Signale zu achten. Wenn Sie sich von nun an ernst nehmen, dann achten Sie auch auf die Nadeln in Ihrem Leben. Nehmen Sie sich einmal etwas Zeit bei einer Tasse Tee und überlegen Sie sich ehrlich, wie und von wem Sie sich in letzter Zeit verletzt gefühlt haben. Machen Sie vielleicht eine Liste dazu oder gestalten Sie ein Bild, wenn Ihnen das mehr liegt. Und anschließend überlegen Sie sich, an welchem Punkt Ihrer Liste Sie ansetzen möchten, um in Zukunft Ihre Grenzen besser zu schützen. Fangen Sie bei den Punkten an, die sich nicht so bedrohlich anfühlen. Malen Sie sich eine Situation aus und spielen Sie gedanklich verschiedene Varianten durch. Vielleicht hilft Ihnen Ihr Partner oder eine Freundin dabei. Sie können ein kleines Rollenspiel inszenieren und gemeinsam überlegen, welche Möglichkeiten Sie hätten, zu reagieren. Erinnern Sie sich daran: Denken ist Probehandeln. Indem Sie sich verschiedene Szenarien vorstellen, bereiten Sie sich bereits auf den Ernstfall vor. Zunächst sollte es bei Ihren

Gedankenspielen nur darum gehen, geeignete Worte und Sätze zu finden. Überprüfen Sie bei jedem Satz, wie sich dieser für Sie anfühlt. Wie geht es Ihnen zum Beispiel bei den folgenden Sätzen?

- Nein, das möchte ich aber nicht.
- Das stimmt für mich jetzt überhaupt nicht.
- Hm, damit bin ich nicht so ganz einverstanden, aber wir können ja zusammen überlegen, ob es noch eine andere Möglichkeit gibt.
- Ich würde gerne selbst entscheiden, welchen Weg ich nehme, was ich anziehe, meinem Kind zu essen gebe etc.
- Wie hast du das jetzt gemeint?
- Wenn du das so sagst, dann wirkt das auf mich …
- Nein!

Schlüpfen Sie für kurze Zeit in die Rolle einer Schauspielerin und probieren Sie diese Sätze mit unterschiedlichen Betonungen aus. Stellen Sie sich die Situation vor, um die es Ihnen geht, und malen Sie sich auch die möglichen Reaktionen Ihres Gegenübers aus. Das Problem ist meistens nicht, passende Sätze zu finden, sondern die Gegenreaktion auszuhalten. Dabei sind es oft unsere Befürchtungen, die uns blockieren. Wir stellen uns die schlimmsten Szenarien vor, von wüsten Beschimpfungen über beleidigte Reaktionen bis hin zum Kontaktabbruch. Vieles davon ist aber nicht wirklich realistisch. Versuchen Sie, Ihre Befürchtungen von der realen Situation zu trennen, Sie werden feststellen, dass sich vieles in Ihrem Kopf abspielt. Machen Sie sich auch bewusst, dass Ihr Gegenüber die Chance bekommen soll, sich Ihnen gegenüber nicht grenzverletzend zu verhalten. Die wenigsten Menschen tun das ja mit Absicht, sondern haben ihre Art zu sprechen nicht auf die Wahrnehmung Hochsensibler abgestimmt. Durch Ihre deutliche Gegenwehr kann dem Gegenüber bewusst werden, wo in seiner Kommunikation Stolpersteine bestehen. Den Kontakt zu einem Sie verletzenden Menschen einfach abzubrechen, wird für diesen völlig unverständlich und wiederum verletzend sein.

Versuchen Sie es auch einmal mit Humor. Anstatt so ernsthaft wie in den Sätzen oben zu reagieren, könnten Sie auch humorvoll, sarkastisch oder ironisch antworten. Wie wäre es zum Beispiel damit:

- Ah ja, interessant, was du da sagst.
- Du hast bestimmt eine Idee, wie das gehen könnte.
- Hm, interessante Einstellung.
- So habe ich das noch gar nicht gesehen. Erzähle mir mehr davon.
- Ich bin ja lernfähig. Du auch?

Wenn Sie wollen, dass Ihre Grenzen in Zukunft respektiert werden, dann achten Sie auch darauf, welche Körperhaltung Sie einnehmen. Viele Frauen sind es gewohnt, möglichst »platzsparend« durchs Leben zu gehen, das heißt sie sitzen mit übergeschlagenen Beinen auf der Stuhlkante, drücken sich im Treppenhaus an der Wand entlang, machen bereitwillig jedem anderen Platz und warten geduldig, bis sie an der Reihe sind. Sie lächeln oft, zupfen an ihrer Kleidung oder an ihren Haaren herum, stehen irgendwie »wacklig« da, schlagen den Blick nieder und sprechen leise. Solche Körpersignale wirken unsicher, vor allem dann, wenn mehrere von ihnen zusammen kommen. Beobachten Sie sich dahin gehend, ob Sie einige dieser Signale bei sich wiederfinden. Manche senden wir weitgehend unbewusst aus: Wenn wir zum Beispiel mit dem Chef sprechen, bewegen wir uns anders, als wenn wir mit der besten Freundin reden.

Machen Sie also Ihre Beobachtungen, aber verurteilen Sie sich nicht dafür, wenn Sie feststellen, dass Sie viele Unsicherheitssignale ausstrahlen. Sie sind, wie Sie sind, es gibt einen unsicheren Teil, es gibt aber genauso gut auch einen starken, zuversichtlichen und selbstbewussten Teil in Ihnen. Das glauben Sie nicht? Dann möchte ich Sie bitten, sich an die Situationen zu erinnern, in denen Sie schon Selbstbewusstsein gezeigt haben. Sie haben schon so vieles erlebt und überstanden, ob es Prüfungen waren, Konfliktgespräche, Geburten, Trennungen, Autokäufe und vieles mehr. Da gibt es bestimmt Erlebnisse, in denen Sie sich gut und stark gefühlt haben. Wenn Ihnen so eine Situation in den Sinn kommt, dann versuchen Sie, das gute und starke Gefühl in sich wiederzufinden. Wenn Sie in gutem Kontakt mit diesem Gefühl sind, dann nehmen Sie sich noch einmal Ihre Liste mit den Grenzverletzungen vor und überlegen Sie, wie Sie nun reagieren würden. Sehr wahrscheinlich kommen Ihnen nun noch viele eigene Ideen für passende Sätze oder Verhaltensweisen, um zukünftig Grenzverletzungen wirksam zu begegnen. Vielleicht haben Sie auch Lust dazu, verschiedene Körperhaltungen auszuprobieren. Wenn Sie ein Gefühl haben, traurig, deprimiert, wütend oder fröhlich sind, dann drückt sich das in Ihrer Körperhaltung aus. Nun ist es aber interessant, dass das auch umgekehrt funktioniert. Sie können eine bestimmte Körperhaltung einnehmen und daraufhin stellt sich das entsprechende Gefühl ein. Probieren Sie es einmal aus: Setzen Sie sich mit rundem Rücken und fallenden Schultern hin und bleiben Sie ein paar Minuten in dieser Haltung. Beobachten Sie, wie es sich anfühlt, so zu sitzen. Es ist praktisch unmöglich, sich gut, fröhlich und zuversichtlich zu fühlen, wenn Sie eine solche zusammengekrümmte Haltung einnehmen. Nach ein paar Minuten können Sie dann das Gegenexperiment machen und sich langsam aufrichten, bis Sie mit geradem Rücken, aufgerichtetem Oberkörper und zurückgenommenen Schultern dasitzen. Und nun beobachten Sie, wie sich diese Haltung anfühlt. Wahrscheinlich machen Sie die Erfahrung, dass Sie sich sofort innerlich heller, stärker und mutiger fühlen. Diese Erkenntnis bedeutet für Sie, dass Sie:

1. sich eine eigene Muthaltung beibringen können, eine Haltung also, in der Sie sich besonders stark und kräftig fühlen und
2. dass Sie Ihren Emotionen nicht ausgeliefert sind, sondern sie gewissermaßen selbst steuern können.

Sie können sich jeden Tag mehrmals in Ihre persönliche Muthaltung bringen und auch Ihren Kindern zeigen, wie sie sich selbst steuern können.

Wenn Sie zu den hochsensiblen Müttern gehören, deren Grenzen eher brüchig und instabil sind, dann kann es Ihnen, wie schon beschrieben, passieren, dass Sie zu forsch vorgehen, um Ihre Grenzen zu wahren und dann Menschen verletzen, obwohl Ihnen das im Grunde genommen zutiefst gegen den Strich geht. Zum einen denke ich, dass man nicht als Mensch durch das Leben gehen kann, ohne irgendwann einmal an jemandem schuldig zu werden, und zum anderen meine ich auch, dass der Wunsch, sich abgrenzen zu können ohne zu verletzen, das Ziel am Ende einer Reise darstellt. Auf dem Weg zu diesem Ziel hin gibt es viele Stationen. Eine erste Station kann sein, dass Sie erkennen, wo Sie in Ihren Grenzen verletzt worden sind und welche Verhaltensweisen sich daraus ergeben haben. Und die weiteren Stationen sind dann geprägt von kleinen Übungsversuchen, sich andere Verhaltensweisen zu erarbeiten. Im Laufe der Zeit werden Sie merken, dass Sie immer gelassener werden, Ihre Grenzen gut kennengelernt haben und gar nicht mehr so aufbrausend reagieren müssen, weil Sie sich selbst eine andere Art von Sicherheit gegeben haben. Für solche Prozesse sind neue Tage geschaffen worden. Verzeihen Sie sich selbst kleine Missgeschicke und fangen Sie jeden Tag neu an. Sollten Sie wirklich einen anderen (erwachsenen) Menschen sehr verletzt haben, können Sie z. B. auch schriftlich darlegen, warum es Ihnen in diesem Moment nicht anders möglich war. Das hilft Ihnen, sich die Last des Versagens von den Schultern zu nehmen und dem anderen, Sie zu verstehen.

Hier habe ich für Sie wieder einige Fragen zusammengestellt, falls Sie sich weiter mit diesem Thema beschäftigen möchten:

- Erleben Sie oft Grenzverletzungen?
- In welchen Bereichen erleben Sie sie?
- Wie gehen Sie mit Grenzüberschreitungen um?
- Kann es sein, dass Sie sich selbst manchmal zu enge Grenzen setzen?
- Achten Sie Ihre eigenen Grenzen?
- Wann haben Sie sich zum letzten Mal dafür belohnt, dass es Ihnen gelungen ist, Ihre Grenzen zu verteidigen?

- Machen Sie sich bewusst, wie Sie als Kind Grenzverletzungen erlebt haben.
- Wie haben Sie darauf reagiert?
- Wie gingen Ihre Eltern mit Konflikten um? Erkennen Sie Ähnlichkeiten in Ihrem Verhalten?
- Beobachten Sie Ihre Körperhaltung und probieren Sie Ihre »Muthaltung« aus.
- Verzeihen Sie sich und nehmen Sie Gottes Vergebung an.

7. Über Nähe und Distanz

Wenn wir uns mit dem Thema Grenzen beschäftigen, dann müssen wir uns auch ausführlicher dem Thema Nähe und Distanz zuwenden. Grenzverletzungen werden oft erlebt, wenn Ihnen ein anderer Mensch »zu nahe kommt«, sei es körperlich, sprachlich oder emotional. Die meisten Menschen fühlen sich wohl, wenn das Verhältnis von Nähe und Distanz zu anderen Menschen stimmig ist. Es gibt Menschen, die sich wohlfühlen, wenn sie ständig von anderen Menschen umgeben sind und denen die körperliche Anwesenheit anderer ein Gefühl von Geborgenheit und Schutz gibt. Und es gibt Menschen, die sich nur entspannen können, wenn sie alleine sind. Introvertierte hochsensible Personen gehören oft zu letzterer Gruppe, während extravertierte eher zu ersterer gehören. Da introvertierte Hochsensible in Gegenwart anderer oft das Gefühl haben, beobachtet zu werden, nicht schnell genug oder »richtig« reagieren zu können und irgendwie nicht dazuzugehören, sind sie oftmals nur sie selbst, wenn sie alleine sind. Deshalb ist das Einplanen von Rückzug und Pausen auch so wichtig. Hochsensible müssen sich erholen dürfen von der Überstimulation, welche mit sozialen Kontakten einhergeht.

Dabei sind die bewussten Wünsche von den unbewussten Bedürfnissen zu trennen. Eine Teilnehmerin in einem meiner Seminare sagte mir, sie wünsche sich so sehr, dass sie eine größere Nähe zu ihren Kindern finden könne. Im Laufe des Seminars wurde ihr jedoch bewusst, dass eine größere Nähe sich für sie viel zu eng anfühlen würde und dass ihr eigentliches Bedürfnis dasjenige nach mehr Ruhe und Erholung war und die Nähe, die sie sich eigentlich wünschte, nur mit großer Sorgfalt und Behutsamkeit ausprobiert werden konnte.

Nun ist es so, dass Mütter selten bis nie allein sind. Schon durch die Anwesenheit ihres Kindes sind ihre Ruhe- und Rückzugsmöglichkeiten stark eingeschränkt. Daneben ist es aber auch ein Phänomen, dass Mütter mit ihren Babys oder Kleinkindern von ihrem Umfeld nicht in Ruhe gelassen werden. Kaum verlässt die Mutter mit ihrem Baby im Kinderwagen das Haus, schon ist sie den Blicken und guten Ratschlägen völlig fremder Menschen ausgesetzt. Als mein Sohn geboren wurde, lebten wir in einem deutschen Dorf in der Nähe einer Großstadt. Obwohl es meiner Veranlagung entspricht, in dörflichem Umfeld zu leben, litt ich doch sehr an der ungefragten Anteilnahme anderer Dorfbewohner. Jeder sah sich mein Baby an, gab Kommentare über sein Aussehen ab oder darüber, ob es zu warm oder zu leicht eingepackt sei. Hatte ich das Verdeck des Kinderwagens geschlossen und es schien die Sonne, hieß es, dass ich es doch herunterklappen solle, damit das Kind die Sonne genießen könne. Klappte ich es herunter, dauerte es nicht lange, bis jemand meinte, dass das Kind sich sicher erkälten würde, wenn es dermaßen dem Windzug ausgesetzt sei. Der tägliche Spaziergang kam mir manchmal wie ein Spießrutenlauf vor. Ich war jedes Mal erleichtert, wenn ich wieder zu Hause war. Die wohlmeinenden Ratschläge und Kommentare kamen mir aufdringlich und teilweise auch überheblich vor. Sie verletzten mein Nähe-/Distanz-Gefühl. Heute frage ich mich, was ich denn damals gebraucht hätte, um die Ratschläge besser annehmen zu können, denn mitunter waren sie ja auch gerechtfertigt. Ich meine, dass ich diese Dinge deshalb als so verletzend empfand, weil ich spürte, dass sich niemand wirklich die Mühe machte, *mich* zu meinen. Ich spürte sehr genau, dass die Reaktionen meines Umfeldes nicht mich, meine Person, meine Gedanken und Gefühle zum Mittelpunkt hatten, sondern dass sie eher aus einem selbstbezogenen Bedürfnis resultierten, die eigene Meinung kundzutun. Dagegen rebellierte ich. Allerdings waren mir damals diese Dinge noch nicht bewusst und deshalb zeigte sich diese Rebellion lediglich in dem Widerstreben, das Haus zu verlassen, wie ich im Eingangsbeispiel der Einleitung bereits deutlich gemacht habe.

Natürlich kann das bei Ihnen anders sein. Vielleicht leben Sie in einer größeren Stadt, in der Ihnen kaum ein Blick zugeworfen wird, wenn Sie mit Ihrem Kind unterwegs sind. Die Umgebung, in der Sie leben, prägt zu einem großen Teil den Umgang mit Nähe und Distanz. Trotz der diesbezüglichen Unterschiede zwischen Stadt und Land bleibt aber der Teil Ihrer Wahrnehmung bestehen, der Ihnen sagt, ob die Reaktionen Ihrer Umwelt Sie meinen.

Die vielen hochsensiblen Mütter, mit denen ich bei der Arbeit an diesem Buch gesprochen habe, bestätigten mir ausnahmslos, dass sie auch sehr genau registrierten, ob sie sich gemeint fühlten oder nicht. Das Thema dieses Kapitels lautet Nähe und Distanz. In dem Moment, in dem jemand einen Kommentar in Ihre Richtung abgibt, wird eine Art Nähe hergestellt, es entsteht ein sozialer Kontakt. Hochsensible haben in der Regel einen hohen Anspruch an ihre sozialen Kontakte. Sie möchten wirklich gemeint sein, legen hohen Wert auf die passende Wortwahl, halten nicht viel von Small Talk und Ehrlichkeit ist Ihnen sehr wichtig. Leider machen diese Ansprüche keinen Unterschied zwischen engen Familienmitgliedern und den Nachbarn. Bei allem Respekt vor dem verständlichen Bedürfnis nach tiefen Gesprächen und nährenden Begegnungen scheint es mir doch wichtig, dass hochsensible Menschen sich einen gesunden Blick auf die Realität bewahren beziehungsweise erarbeiten. Gehen Sie davon aus, dass es möglicherweise immer relativ wenige soziale Kontakte gibt, die Ihren Ansprüchen tatsächlich genügen – in meinem Leben gibt es genau zwei davon. Dann gibt es Menschen, mit denen man diese Qualität punktuell, das heißt manchmal, und vielleicht auch nur in einem bestimmten Themenbereich haben kann. Und die Begegnungen zu dem Hauptanteil der Menschen, die Sie kennen, werden sich hauptsächlich oberflächlich abspielen. Nun gehört es zu den schmerzhaftesten Erfahrungen im Leben eines hochsensiblen Menschen, dass die Art von Beziehungsqualität, die ihnen vorschwebt, häufig selbst nicht einmal in der eigenen Familie stattfindet. Zu unterschiedlich können die jeweiligen Lebenshintergründe der einzelnen Familienmitglieder sein. Außerdem braucht man für gute Gespräche Gelassenheit, die Grundvoraussetzung dafür ist schlicht Zeit. In einer Familie mit kleinen Kindern oder Kindern im Teenageralter mangelt es oft schon daran. Von daher rate ich Ihnen, Ihr Bedürfnis nach emotionaler Nähe dahingehend zu überprüfen, ob es jemanden in Ihrem Leben gibt, der Ihnen diese Qualität bieten kann. Vielleicht wohnt dieser Jemand weit weg und Sie sehen sich nur selten, dann intensivieren Sie den Kontakt. Wichtig ist, dass dieser wertvolle Teil in Ihnen, der nach echtem Austausch strebt, nicht brachliegt. Das Wissen darum, dass es diese Beziehungsqualität für Sie gibt, kann über manche Durststrecke in Ihrer eigenen Familie hinweghelfen. Wenn Ihnen bewusst ist, dass Sie in Ihrem Leben gute Beziehungsqualitäten haben, dann sind Sie nicht mehr so notwendig darauf angewiesen, in jedem oberflächlichen Kontakt auf der Straße nach dieser Art von Qualität zu suchen.

Überprüfen Sie, wenn Sie wollen, Ihren Umgang mit Nähe und Distanz anhand folgender Fragen:

- Gibt es Menschen in Ihrem Leben, die Ihnen regelmäßig zu nahe kommen?
- Gelingt es Ihnen, eine stimmige Nähe/Distanz selbständig herzustellen?
- Gibt es eine gute und stimmige Beziehungsqualität in Ihrem Leben?
- Wie viel Nähe vertragen Sie, wie viel Distanz fühlt sich gut an, ohne dass Sie sich einsam fühlen?
- Was tragen Sie dazu bei, dass Sie Nähe und Distanz so erleben, wie Sie es tun?
- Möchten Sie daran etwas ändern?
- Wie sieht Ihre Vorstellung von idealer Balance zwischen Nähe und Distanz aus?

8. Über den Umgang mit Kritik

Unterscheiden können

Eng verwandt mit den Themen Abgrenzung und Nähe/Distanz ist der Umgang mit Kritik. Kritisiert zu werden, aber auch Kritik zu üben, mag für jeden Menschen eine Herausforderung sein, für Hochsensible ist es aufgrund ihres großen Harmoniebedürfnisses eine wirkliche Belastung. Als Mutter werden Sie früher oder später in die Situation kommen, in der Sie das Gefühl haben, kritisiert zu werden. Gründe dafür gibt es viele: Entweder Sie arbeiten zu viel oder zu wenig, kümmern sich zu viel oder zu wenig um Ihr Kind, haben zu viele oder zu wenige soziale Kontakte, haben keine Linie in der Erziehung oder sind zu streng, irgendetwas gibt es immer, an dem andere (vorzugsweise andere Mütter) sich reiben können. Darum macht es an dieser Stelle Sinn, eine kleine Exkursion zum Umgang mit Kritik zu machen. Ich lade Sie deshalb auf eine kleine Reise zu den Hintergründen ein, um zu verstehen, warum kritisiert zu werden für viele Hochsensible ein schwieriges Thema ist. Gleichzeitig möchte ich Ihnen immer wieder Lösungswege aufzeigen, zu einem entspannten Umgang mit Kritik zu finden. Sie werden sehen, die Reise lohnt sich!

Eine Schwäche hochsensibler Menschen ist es, Kritik sehr persönlich zu nehmen. Das hängt einerseits mit den enormen Ansprüchen an sich und andere zusammen, andererseits aber auch mit einer gewissen Hilflosigkeit, wie sie kritischen Äußerungen gegenüber reagieren sollen. Es macht hochsensible Menschen fassungslos, wenn sie mit Kritik konfrontiert werden, denn sie wollten es doch so gut machen! Oft haben sie dann das Gefühl, dass ihr Bemühen, es gut zu machen, nicht bemerkt wurde. Dabei wird eine weitere Schwäche sichtbar: nämlich die Neigung, die Dinge, die ihnen geschehen, in einem negativen Licht zu interpretieren und außerdem noch anzunehmen, alle anderen Menschen würden so wahrnehmen wie sie selbst. Es gehört zu den großen Lernaufgaben hochsensibler Menschen zu akzeptieren, dass dem nicht so ist. Dass sie im Gegenteil wirklich mehr wahrnehmen und differenzierter fühlen als der Großteil ihrer Umgebung.

Diese Differenziertheit führt, wie ich bereits oben beschrieben habe, aber oft auch zu unzulässigen Interpretationen. Dann haben Sie auf einmal das Gefühl, mit Ihrer ganzen Person abgewertet zu werden, wenn jemand Ihnen einen Ratschlag gibt. Oder Sie fühlen sich sofort unsicher und haben das Gefühl, *nichts* richtig zu machen. Oder aber Sie sind beschämt und werden versuchen, in Zukunft noch weniger Fehler zu machen. Alles sehr verständliche Reaktionen auf Kritik. Aber so verständlich diese Reaktionen auch sind, sie nützen wenig, um angemessen auf Kritik reagieren zu können.

Die ersten Gedanken und Gefühle, die sich beim Empfangen von Kritik in Ihnen einstellen, sind meistens auf dem Boden Ihrer Erfahrungen zu verstehen. Vielleicht sind Sie in einem strengen Elternhaus groß geworden, in dem Fehler zu machen etwas Schlimmes war. Oder Sie haben Ihre Eltern als ziemlich perfekt erlebt und daraus geschlossen, dass Sie keine Fehler machen dürfen. Oder aber Sie wollten dem geliebten, aber sehr autoritären Elternteil besonders gefallen und haben sich keine Fehler zugestanden. Wenn das alles dann noch auf dem Boden Ihrer Hochsensibilität gediehen ist, dann haben Sie eine Erklärung dafür, weshalb Sie so persönlich auf Kritik reagieren. Wenn Sie Ihren biographischen Hintergründen dazu noch mehr auf die Spur kommen möchten, dann könnten Ihnen folgende Fragen nützlich sein:

- Wie ist in Ihrer Herkunftsfamilie mit Fehlern umgegangen worden?
- Hatten Sie das Gefühl, Sie müssten besondere Leistungen erbringen, um anerkannt zu sein?
- Durften Sie pubertieren oder mussten Sie sich als Jugendliche auch anpassen und Ihre Aggression für sich behalten?
- Konnten Sie Fehler zugeben, ohne Angst haben zu müssen, dass Sie übermäßig hart bestraft werden?
- Hatten Sie Vertrauen zu Ihren Eltern?

Zu erkennen, dass man anderen nicht vorwerfen kann, anders als man selbst zu sein, ist schwer, bringt aber auch eine Entlastung mit sich. Dabei ist es aber auch wichtig, nicht ins Gegenteil zu verfallen und aus einer arroganten Haltung heraus anzunehmen, dass das, was man wahrnimmt, auch unbedingt richtig sein muss. Es nützt meines Erachtens niemandem, wenn Hochsensible sich aufgrund ihrer Wahrnehmungsfähigkeit für etwas Besseres halten. Diese Einstellung dient lediglich dem Erhöhen des eigenen Selbstwertes. »Denn wem viel gegeben ist, bei dem wird man viel suchen; und wem viel anvertraut ist, von dem wird man umso mehr fordern.«[25] Diesen Vers sollten sich Hochsensible öfter vergegenwärtigen, um bescheiden zu bleiben.

Wenn sie mit Ratschlägen konfrontiert werden, reagieren Hochsensible oft äußerst ungehalten. Die Quelle des Unmuts ist in der Grenzverletzung zu sehen, die ungebetene Ratschläge darstellen. Da hochsensible Menschen sowieso einen extrem hohen Anspruch an sich selbst haben, bis hin zum Perfektionismus, stehen sie oft fassungslos vor der Tatsache, dass ihnen Ratschläge erteilt werden von Menschen, die ihrer Meinung nach in keiner Weise perfekt sind. Hochsensible hängen ihre Messlatte sehr hoch. Auch deshalb können sie Ratschläge so schlecht annehmen. Zunächst einmal müssen sie sich sicher sein, dass der/die Ratgebende kompetent genug ist, sei es aufgrund seiner oder ihrer Ausbildung, seinem oder ihrem beruflichen Status oder seiner oder ihrer Persönlichkeit. Erst wenn das Gegenüber als kompetent eingestuft worden ist, ist der hochsensible Mensch bereit und offen für dessen Ratschläge.

Nicht selten fühlen sich Angehörige der älteren Generation berufen, jungen Eltern mit Rat und Tat zur Seite zu stehen. In unserer Zeit, in der es selten noch ein Zusammenleben von mehreren Generationen unter einem Dach gibt, beschränkt sich der Einfluss der älteren Generation oft auf das Ratgeben. Nun sind aber die Beziehungen zwischen den Generationen oft so belastet, dass die Älteren von den Jüngeren als nicht kompetent abgewertet werden. Das hat zur Folge, dass sie den gut gemeinten (und vielleicht auch richtigen) Ratschlag nicht annehmen können. Neben der zugeschriebenen Kompetenz ist es auch noch wichtig, dass die Beziehung zum Ratgebenden stimmt. Fühlt man sich bei jemandem aufgehoben, von dem man sich akzeptiert fühlt, so wie man ist, dann ist es auch leichter möglich, sein Inneres zu öffnen und empfänglich zu machen für Anregungen jeder Art. Das Vertrauen, ganz ich selbst sein zu können, stellt sich bei Hochsensiblen aber oft erst nach längerer Zeit ein. Manchmal dauert es Jahre, bis eine Freundschaft so gefestigt ist, dass Hochsensible sich wirklich öffnen können.

Außerdem ist es ehrlicherweise so, dass Hochsensible bereits Kritik wittern, wenn lediglich ein gut gemeinter Rat gegeben wurde. Ich weiß, dass Ratschläge oftmals am Thema vorbeigehen und nicht angenommen werden können, weil die Beziehung zum Ratgebenden belastet ist oder weil man selbst so unsicher ist, dass man eher verstanden werden als einen Lösungsvorschlag bekommen möchte. Meistens sind es die Eltern oder die Schwiegereltern, die sich aufgrund ihrer Erfahrung berufen fühlen, der jungen Mutter Tipps, Ratschläge oder Hinweise zu geben.

Und das ist nun ein wirklich heikles Kapitel. Nach meiner Beobachtung sind die Beziehungen zu den Eltern beider Familien selten so offen, dass sich verständnisvoll ausgetauscht werden kann. Für die Eltern der jungen Mutter ist es oft so, dass sie diese immer noch als Kind betrachten und sie nicht wie eine Erwachsene behandeln. Für die Schwiegereltern, besonders die Schwiegermutter, ist die junge Frau oft keine Mutter, sondern einfach die Frau, die ihr den Sohn weggenommen hat und den Enkel vorenthält. Und hochsensible Mütter nehmen das alles sehr deutlich wahr, auch wenn sie es nicht benennen können. Mit hochempfindlichen Antennen ausgestattet, spüren Hochsensible genau, wer ihnen wirklich wohlgesonnen ist und wer nur so tut. Auch hier wieder: Hochsensible Menschen fordern zur Ehrlichkeit auf.

Es ist natürlich schwierig, ehrlich und aufrichtig zu sein, wenn aus Gründen der Konvention oder, weil man es eben nicht besser weiß, an zur Schau gestellter Freundlichkeit festgehalten wird. Dazu fällt mir eine Geschichte aus der Zeit ein, als ich eine junge Mutter war. Mein Sohn war ca. ein Jahr alt, lief aber noch nicht und wir waren bei meiner damaligen Schwiegermutter für ein paar Tage zu Besuch. Die Schwiegerfamilie besaß ein geräumiges Haus mit großem Garten und es war ein schöner Frühsommertag, wenn ich mich recht erinnere. Wir hatten eine Decke und Spielzeug für den Kleinen mit in den Garten genommen und lagen im Gras, als meine Schwiegermutter meinte, ob ich ihn nicht mal nackig rumkrabbeln lassen könnte. Ich weiß bis heute nicht, welche Intentionen sie damit verfolgte, aber in mir regte sich sofort Widerstand gegen ihr Ansinnen. Ich war froh, dass mein Sohn frisch gewickelt und gepudert und eingepackt (!) war und er schien mit diesem Zustand auch durchaus zufrieden zu sein. Also sah ich eigentlich keinen Grund, daran etwas zu ändern. Allerdings wurde neben dem Widerstand in mir auch meine Unsicherheit wach, die mir zurief: Vielleicht ist es ja besser für ihn und seine Entwicklung, wenn er diesen nackten Zustand erleben darf. Außerdem hätte ich durch ein einfaches: »Nein, das möchte ich aber nicht«, einen Konflikt mit meiner Schwiegermutter riskiert. Das Verhältnis zwischen uns war ohnehin schon sehr gespannt. Also wickelte ich ihn aus mit den Worten: »Ist das jetzt nackt genug?«, woraufhin sie sich beleidigt ins Haus verzog und mir mein Sohn dreimal (!) auf die Hose pinkelte.

Dieses Beispiel zeigt deutlich, wie schnell Hochsensible bereit sind, eine Äußerung als Kritik aufzufassen, und auch die typische Anpassungsbereitschaft, die nur allzu oft zur Folge hat, die eigenen Bedürfnisse und Motive zu übergehen.

Es fällt hochsensiblen Menschen schwer, schnell und angemessen auf Vorwürfe zu reagieren. Sie sind oftmals bereits bei dem Versuch überfordert, sich zu verteidigen oder überhaupt ihre Meinung zu benennen. Es gehört zu ihrer Wesensart, erst einmal die Situation »verdauen« zu müssen und sich in Ruhe alle möglichen Interventionen vorzustellen, bevor sie reagieren. Spontan zu sein liegt ihnen eher nicht. Das liegt daran, dass hochsensible Menschen nicht nur eine Meinung kennen. Sie können viele Standpunkte nachvollziehen, deshalb wirken sie auch oft unschlüssig und so, als würden sie keine eigene Meinung haben. Tatsächlich müssen sie erst lange darüber nachdenken, bis sie ihren eigenen Standpunkt finden, und auch dann noch versuchen sie, den anderen zu verstehen. Aufgrund dessen wirken sie oft unbeholfen und unsicher, weil sie bei jedem

Wort, das sie sagen, die Reaktion ihres Gegenübers einzuschätzen versuchen.

Die Angst vor Konflikten ist so tiefgreifend, dass sie es lieber in Kauf nehmen, mit sich selbst zu hadern und sich selbst Vorwürfe zu machen, als mit anderen Menschen Streit zu haben. Dieses angeborene Harmoniebedürfnis trägt manchmal kuriose Blüten. Nicht nur, dass sich die Betroffenen vielfach selbst verleugnen, manchmal sieht es so aus, dass gerade aufgrund der Harmoniesucht ein Konflikt entsteht, weil die hochsensible Person etwas Atmosphärisches wittert, woraufhin sie das dringende Bedürfnis hat, ihre Wahrnehmung an die Frau oder den Mann zu bringen. Und dabei sind Hochsensible oft nicht besonders zimperlich. Es fällt ihnen genauso schwer, einfühlsame Worte zu finden wie Normalsensiblen. Hochsensibel zu sein bedeutet nicht gleichzeitig auch, empathisch, mitfühlend oder verständnisvoll zu sein.

Es gibt allerdings auch Hochsensible, die schwerer unter den eigenen Vorwürfen leiden als unter Kritik von außen. Aufgrund ihrer immensen Ansprüche an sich selbst haben hochsensible Mütter oft das Gefühl, keine gute Mutter zu sein. Es ist ja noch nicht lange her, dass Psychologen, Lehrer, Ärzte und andere Fachpersonen fast einhellig der Meinung waren: Wenn das Kind nicht nach Lehrbuch gedeiht, sind die Mütter schuld. Beliebteste Aussage: Die Mutter war zu viel abwesend, was dem Kind nicht gut bekommen ist. Erst seit ein paar Jahren ist die Rolle der Väter mehr in den Blickpunkt geraten. Jedoch können wir davon ausgehen, dass die Bewertung »Mütter sind an allem schuld« tiefe Spuren hinterlassen hat. Das Gespenst, keine gute Mutter zu sein, geistert in den Köpfen aller Mütter herum, nicht nur der hochsensiblen.

Jede Mutter nimmt Kritik an ihrem Kind wahrscheinlich mehr oder weniger persönlich. Geht es doch um die Bewertung ihres »Produktes« und ihrer Arbeit daran. Aber im Gegensatz zu Normalsensiblen neigen Hochsensible eben dazu, sowohl positive als auch negative Gefühle besonders stark zu empfinden. Mitunter kann man den Eindruck bekommen, dass Hochsensible geradezu nach Feindseligkeiten ihnen gegenüber suchen. Bei ihrer Art, »die Flöhe husten zu hören«, ist es oft gar nicht so einfach, auseinanderzudividieren, wo sie tatsächlich kritische Äußerungen empfangen und wo Einbildung anfängt. Bei Hochsensiblen kann selbst Sachlichkeit als Kritik aufgefasst werden, weil sehr empathische hochsensible Menschen selbst die Abwesenheit von Gefühl als Schlag ins Gesicht empfinden können. Deshalb ist es für viele auch so schwierig, in Diskussionen sachlich zu argumentieren. Immer suchen sie nach der Beziehungsaussage in der Kommunikation. Ständig sind sie am Erkunden, welchen Stellenwert sie für ihr Gegenüber haben und bieten viel Energie und Kraft auf, um Harmonie herzustellen oder zu erhalten. Dabei verpassen sie oft die Gelegenheit, ihre Werte zu vertreten und ihre Bedürfnisse auszudrücken. Dass es sich auch sehr kräftigend anfühlen kann, im richtigen Moment deutlich Stellung zu beziehen, diese Erfahrung haben die meisten Hochsensiblen nicht gemacht. Deshalb sind sie oft auch so fassungslos der Tatsache gegenüber, dass andere Menschen sich so einfach Dinge herausnehmen, zum Beispiel mehr oder weniger offene Kritik zu üben, einen anderen Standpunkt deutlich zu vertreten und die dadurch entstehende Missstimmung in Kauf zu nehmen.

Als hochsensible Mutter kommen Sie früher oder später an den Punkt, an dem Sie merken, dass nun Ihre Meinung gefordert ist. Ob es sich darum handelt, welche Ernährung für Ihr Baby die bessere ist, Gläschen oder Selbstgekochtes, portionsgerecht eingefroren in Eiswürfelbehältern, oder ob Sie einem Lehrer die empfindsame Seite Ihres Kindes verständlich machen möchten: Sie werden als Mutter gefordert sein, Ihren Standpunkt zu finden und Kritik auszuhalten (auch solche, die Sie nur empfinden). Aber wie soll das nun gehen? Es ist nicht leicht, die eigene Meinung zu bilden und zu vertreten, wenn Sie gleichzeitig nachempfinden und verstehen können, was Ihr Gegenüber meint. Grundsätzlich ist es ja eine sehr schöne Eigenschaft Hochsensibler, sich in die Gefühls- und Gedankenwelt anderer Menschen hineinversetzen zu können. Das ist ein großer Schatz, den Sie da zur Verfügung haben, und Ihre Kinder werden das auch zu schätzen wissen. Im Gegenzug kann diese Begabung dazu führen, dass Sie auch dann noch verständnisvoll und empathisch bleiben, wenn es schon längst angezeigt wäre, jemanden in die Schranken zu verweisen. Um Ihren Standpunkt zu finden, hilft Ihnen noch einmal Ihr Körper. Wenn Sie ganz im Einklang mit sich und dem Geschehen sind, dann fühlen Sie sich geerdet, zentriert, ruhig und präsent. Sollten Sie sich irgendwie wacklig und unruhig fühlen, dann sind Sie noch nicht ganz bei sich. Um aber einen Unterschied machen zu können zwischen dem, was Sie von anderen aufnehmen, und Ihrem eigenen Ich, brauchen Sie eine sichere Zentriertheit. Und um zentriert sein zu können, ist Abstand und Distanz zur Situation nötig. Um möglichst oft im Zustand der Zentriertheit zu sein, können Sie sich öfters am Tag folgende Fragen stellen:

- Wie fühle ich mich? Wie fühlt sich mein Körper an?
- Was beschäftigt mich wirklich?
- Was gibt mir Kraft?
- In welchem Bereich meines Lebens fühlt es sich gut, stark und aufgehoben an? Und finde ich diese Stärke und Geborgenheit irgendwo in meinem Körper wieder?
- Was ist nötig, damit ich zentrierter und mehr bei mir sein kann?

Seien Sie ehrlich zu sich selbst. Die Antworten, die tief in Ihnen auf diese Fragen entstehen, weisen Ihnen den Weg zu Ihrem Wesenskern. Ich ziehe gern den Vergleich mit einer Schatzkammer, die mit wertvollen Juwelen gefüllt ist und zu der nur Sie den Schlüssel und demnach auch den Zugang haben. Zentriert zu sein bedeutet, dass Sie, so oft Sie wollen, Ihre Schatzkammer aufsuchen und sich an Ihren Juwelen erfreuen können, selbst wenn Sie sich gerade in einer Diskussion über Schulnoten befinden. Aufgrund Ihrer hochsensiblen Vorstellungskraft, Fantasie und Kreativität sind Sie in der Lage, sich in jeder Lebenslage die Dinge vorzustellen, die Ihnen guttun. Sie können aufmerksamer auf die schönen Rückmeldungen werden, die Sie bekommen, und jede erfreuliche Situation als Perle betrachten, die Sie in Ihrer Schatzkammer aufbewahren. Wenn der Alltag mit Ihrem Kind sich auch sehr überfordernd anfühlen kann, kehren

Sie immer mal wieder in Ihre Schatzkammer zurück, betrachten Sie Perle für Perle und Edelstein für Edelstein und genießen Sie die Stärkung, die Sie dadurch empfinden. Wenn es Ihnen dann gelingt, in diesem gestärkten Zustand zu bleiben, sind Sie mehr bei sich und schwieriger aus der Ruhe zu bringen. Als gläubiger Mensch kann die Gegenwart Gottes einer der größten Diamanten in Ihrer Schatzkammer sein. Um in Ihre Schatzkammer einzutreten, kehren Sie für einen kurzen Moment ganz zu sich selbst zurück, so, als würde die Zugbrücke zwischen Ihnen und Ihrer Umwelt hochgezogen. Um sich als eigenständiger Mensch zu erleben, sind solche Bilder wichtig. Finden Sie das Bild, welches Ihnen am meisten ein gutes Gefühl gibt und halten Sie es sich so oft wie möglich vor Augen.

Souveränität entwickeln

Nahezu alle Hochsensiblen, die mir begegnen, und die Mütter unter ihnen sind da keine Ausnahme, wünschen sich mehr Souveränität im Umgang mit Kritik. Ich meine, dass die Grundvoraussetzung dafür, souverän zu sein, darin besteht, den eigenen Wert zu erkennen. Ihr Verstand kann es wahrscheinlich schon annehmen und weiß, dass Sie Ihren Wert haben, aber wie steht es mit Ihrem Körper und mit Ihrer Seele? Um wirklich souverän sein zu können, müssen Sie auch körperlich die Erfahrung machen, dass Sie wertvoll sind. Erinnern Sie sich noch an Berührungen, die Ihnen zuteil wurden, und ob Sie sich dadurch wirklich gemeint und wertgeschätzt fühlten? Oder fühlten Sie sich durch aufgezwungene Umarmungen eher genötigt und Konventionen unterworfen? Forscher gehen heute davon aus, dass der Körper nichts von dem vergisst, was ihm jeweils widerfährt, im Guten wie im Schlechten.[26]

Aufgrund der großen Empfindungsfähigkeit lässt sich vermuten, dass auch körperliche Erfahrungen von Hochsensiblen stärker wahrgenommen werden als von Nicht-Hochsensiblen. Neben diesen Erfahrungen bestehen in Ihrem Kopf wahrscheinlich auch eine Reihe von Vorstellungen über Souveränität. Sie kennen vermutlich

Personen des öffentlichen Lebens, die Sie als souverän bezeichnen würden, vielleicht gibt es sogar Menschen in Ihrem Leben, die Sie für souverän halten. Wenn Sie im Kontakt mit diesen Personen sind, beobachten Sie, wie sich diese Souveränität ausdrückt. Was genau macht dieser Mensch, sodass er souverän wirkt? Wie ist sein Blick, seine Sprache, seine Gestik? Studieren Sie Ihre Vorbilder und überlegen Sie, ob Sie etwas davon in Ihr Verhalten übernehmen könnten.

Als ich mich in meiner psychologischen Ausbildung befand, war ich für längere Zeit sehr verzweifelt, weil ich mich im Kontakt mit meinen Klienten absolut nicht souverän fand. Ich fühlte mich unsicher, suchend, behutsam nach Worten tastend und sehr unwissend. Gerne hätte ich mich stärker gefühlt, den Klienten ohne zu zögern Lösungswege aufgezeigt und eben souverän acht Gespräche am Tag abgehandelt. Meine Vorstellung von Souveränität war kühl und geschäftsmäßig. Und ich litt darunter, dass mich die Gespräche mit meinen Klienten lange nachher noch beschäftigten, dass ich manche sympathischer fand als andere und dass ich mich oft hilflos gegenüber den großen Erwartungen der Klienten sah. Im Rahmen der obligatorischen Supervision war die Suche nach meiner Souveränität lange ein Thema. Heute weiß ich, dass vieles von dem, was ich als nicht souverän empfand, meiner Hochsensibilität geschuldet war. Jetzt, elf Jahre später, ist mir meine eigene Souveränität zugewachsen. Mitunter fühle ich mich immer noch unsicher und Behutsamkeit gehört zu meinem Handwerkszeug, aber heute weiß ich mehrheitlich ganz gut, was ich kann, wo meine Grenzen sind und welchen Beitrag ich für die Welt zu leisten imstande bin. Durch diese kleine Geschichte möchte ich Ihnen aufzeigen, dass die Vorstellungen, die wir von einer Sache haben, beispielsweise der Souveränität, hinterfragt werden sollten. Oft stellt sich dabei heraus, dass wir Bildern hinterherjagen, die zwar bewundernswert, aber nicht die eigenen sind. Ich bin überzeugt davon, dass Sie Ihre eigene Souveränität bereits in sich tragen. Als Hochsensibler souverän zu sein, kann heißen, dass Sie nach einem Gespräch, das in Ihnen noch merkwürdig nachhallt, noch einmal auf Ihren Gesprächspartner zugehen, um die Sache zu klären. Oder dass Sie Ihre Ehrlichkeit benutzen, um zu sagen, wie es Ihnen wirklich geht. Oder dass Sie spüren, dass Ihnen alles zu viel wird und frühzeitig die Party verlassen, ohne Ausreden zu gebrauchen. Kurz gesagt: Wenn Sie im Einklang mit sich selbst sind, dann sind Sie auch souverän. Und sollten Sie Kritik empfangen, dann ist das sicher unangenehm, erschüttert Sie aber nicht in Ihren Grundfesten, weil Sie wissen, dass Sie noch aus mehr bestehen als nur diesem Teil, an dem gerade Kritik geübt wird. Wenn Sie gerne souveräner im Umgang mit Kritik werden möchten, dann sind folgende Fragen vielleicht hilfreich:

• Was oder wen empfinden Sie als souverän? Und warum?
• Was wünschen Sie sich in Bezug auf Ihre eigene Souveränität?
• Gibt es vielleicht schon Bereiche, in denen Sie souverän sind?
• Fallen Ihnen dazu konkrete Situationen ein?

Dabei ist es wichtig, Souveränität von der Fähigkeit, spontan reagieren zu können, zu trennen. Viele Hochsensible wünschen sich, spontan zu sein und verwechseln das mit Souveränität. Möglicherweise *wirkt* Spontaneität souverän, ist aber doch etwas anderes. Souverän kann es sein, manchmal nicht zu wissen, was Sie sagen oder tun sollen und diesen Zustand auszuhalten. Oder schlichtweg zu sagen, dass Sie nun gerade gar nicht wissen, was Sie antworten sollen.

Hochsensible Menschen bewundern oftmals etwas an anderen, das bei näherer Betrachtung nicht unbedingt erstrebenswert sein muss. Um zu Ihrer eigenen Souveränität zu gelangen, ist es deshalb wichtig, dass Sie sich möglichst differenziert, vielleicht mithilfe einer Fachperson, mit den obigen Fragen beschäftigen. So, wie dabei Ihre Souveränität entdeckt und gestärkt wird, werden Sie auch souveräner im Umgang mit Kritik werden. Ein möglicher Lösungsweg dazu kann folgendermaßen aussehen:

• Machen Sie sich bewusst, dass Sie als Mensch unvollkommen sind.
• Verbinden Sie sich mit den guten und stärkenden Eigenschaften in Ihnen.

- Führen Sie sich ehrlich vor Augen, welche Teile von Ihnen kritikwürdig sind.
- Seien Sie bereit, ohne Abwehr und ohne Rechtfertigung Kritik zu empfangen.
- Seien Sie vorsichtig mit Kritik oder Abwertung anderer.
- Belohnen Sie sich für kleine und kleinste Erfolgserlebnisse.

Selbstformung, so wie ich sie verstehe, ist eine lebenslange Aufgabe. Und meines Erachtens sind gerade Hochsensible mit ihrer Differenziertheit dazu geeignet, an sich selbst zu arbeiten und das Beste aus sich herauszuholen. Alles, was Sie dazu brauchen, tragen Sie bereits in sich.

Distanz zum Geschehen bekommen

Wie ich bereits im Kapitel über Abgrenzung geschrieben habe, haben Sie in Ihrer Herkunftsfamilie einen bestimmten Umgang mit Konflikten gesehen und erlernt. Diese Erfahrungen sind mit dafür verantwortlich, wie Sie heute mit Kritik umgehen. Erinnern Sie sich an dieser Stelle noch einmal daran und machen Sie sich bewusst, dass Ihre spontanen Reaktionen auf Kritik auch etwas mit Ihrem biographischen Hintergrund zu tun haben. Denn es gibt noch eine zweite Sache, die, neben der Zentriertheit, die zur Souveränität führt, beim Umgang mit Kritik wichtig ist: die Fähigkeit, Distanz zum Geschehen zu entwickeln. Sie werden jetzt vielleicht verwirrt sein und sich fragen, wie das denn gehen soll: einerseits sich selbst näher zu kommen, ganz bei sich und zentriert zu sein, und andererseits distanziert? Nun, dieser scheinbare Widerspruch ist eigentlich gar keiner, denn oft liegen die Dinge sehr nah beieinander. Es ist möglich, gerade durch die Fähigkeit, zentriert zu sein, auch die Möglichkeit zur gesunden Distanz in sich zu finden. Und zwar deshalb, weil beide Eigenschaften verschiedene Teile von Ihnen ansprechen. Eine gesunde Distanz zum Konfliktgeschehen zu haben, heißt zu wissen, dass Sie nicht nur aus diesem Teil bestehen, der da gerade kritisiert wird, sondern auch noch aus vielen anderen. So lange Sie noch direkt emotional reagieren, wird es kaum möglich sein, einen Konflikt, der oft aus einer angebrachten Kritik heraus resultiert, konstruktiv zu lösen. Die Notwendigkeit zur Distanz ist gerade für Mütter unübersehbar: Kinder, besonders größere, provozieren durch direkte Kritik oder durch Ungehorsam Reaktionen, die häufig sehr emotional gefärbt sind. An dieser Stelle ist es wichtig, emotionales Verhalten von Gefühlen zu trennen.[27] Emotional zu sein, heißt, von Emotionen überschwemmt zu werden und sie unkontrolliert in Handlungen zu übersetzen. Aber selbstverständlich müssen Sie Ihre Gefühle nicht verleugnen. Gerade heranwachsende Kinder können sehr verletzend sein und mitunter ist es wichtig, ihnen ehrlich zu zeigen, dass Sie sich nicht wertgeschätzt, sondern gekränkt fühlen. Wenn ich hier von Distanz spreche, ist das kein Aufruf zur Kälte, sondern lediglich der Wunsch, dass Sie mehr Bewusstsein für den Unterschied zwischen Emotionen und Gefühlen entwickeln.

Wie Sie Ihre Präsenz und Zentriertheit üben können, habe ich Ihnen schon aufgezeigt, aber wie können Sie es schaffen, auch auf eine gute Weise distanziert zu sein?

In späteren Kapiteln werde ich wieder auf das Thema Distanz zu sprechen kommen und Ihnen verschiedene Übungen dazu vorstellen. An dieser Stelle möchte ich damit beginnen und Sie einladen, manchmal innerlich einen Schritt beiseitezutreten und sich wie von außen zu betrachten. Mit dieser Methode können Sie sich darin üben, nicht mit Ihrem ganzen Sein eine Angriffsfläche zu bieten. Es ist sehr wirkungsvoll, quasi aus der Schusslinie zu gehen. Wichtig ist, dass Sie sich bewusst machen, dass Sie selbst entscheiden, was Sie an sich heranlassen wollen und was nicht. Hochsensiblen fehlt es oft genau daran.

Wenn Sie zu den empathischen hochsensiblen Menschen gehören, dann legen Sie vielleicht jedes Wort auf die Goldwaage. Vielleicht ist Ihnen die differenzierte Benutzung der Sprache wichtig und jedes unbedachte oder unglücklich gewählte Wort von Anderen stört Sie – vom Tonfall mal ganz abgesehen, gerade bei Kindern.

In dem Sinne sind auch E-Mails eine moderne Quelle von zahlreichen Missverständnissen, denn eine E-Mail ist sehr schnell geschrieben und noch schneller abgeschickt. Viele Menschen machen sich scheinbar nicht so viele Gedanken darüber, wie ihre Worte beim Empfänger ankommen. E-Mails haben zudem die fatale Eigenschaft, dass sie wieder und wieder gelesen werden können. So können Hochsensible sich wieder und wieder in eine emotionale Gestimmtheit hineinversetzen. Etwas aufzuschreiben, ist auch ein Weg, um Distanz zum Geschehen zu erlangen. So kann das Schreiben und Versenden einer E-Mail beim Absender das Gefühl der Entlastung auslösen, beim Empfänger aber ungeahnte emotionale Wellen zur Folge haben.

An dieser Stelle möchte ich auch darauf eingehen, wie hochsensible Menschen denn selbst Kritik an den Mann oder die Frau bringen können. Interessanterweise liegt da vielen Hochsensiblen der Weg zur E-Mail nahe. Zunächst einmal müssen sie ihre Gedanken ordnen, um sie in den Computer zu tippen, zum anderen ziehen viele Hochsensible den schriftlichen Weg der persönlichen Auseinandersetzung vor. Das hat den Grund, dass ein direkter persönlicher Kontakt ein Ausmaß an Reizüberflutung beinhaltet, dem sich Hochsensible oft nicht gewachsen fühlen. Daneben müssen sie auch noch spontan reagieren und die Reaktionen des Gegenübers aushalten. Deswegen lieber die E-Mail. Was die meisten Hochsensiblen dabei aber leider nicht bedenken, ist, dass es auf die Mail eine Gegenreaktion geben wird. Dann sitzen sie vor dem Computer, checken ihre E-Mails, lesen den Absender und sofort steigt ihre Herzfrequenz um ein Vielfaches, denn selbstverständlich erwarten sie nun heftige Angriffe auf ihre Person und haben wahrscheinlich zudem noch das Gefühl, dem Sturm nicht gewachsen zu sein. Da hilft es, wenn sie bewusst innerlich einen Schritt zur Seite treten, sich in ihre Muthaltung hineinbringen und mit ihrem selbstbewussten Ich die Mail lesen.

Obwohl es sich für Sie einfacher anfühlen mag, rate ich doch nicht unbedingt dazu, Kritik in Form von E-Mails zu üben. Sinnvoller scheint es mir, einen Zeitpunkt für ein Gespräch auszumachen, sich darauf vorzubereiten und möglichst ruhig und gelassen zu bleiben. Sie wissen um Ihre wunden Punkte, haben ein wenig die Hintergründe Ihrer Kritikfähigkeit erforscht, sind zentriert und bei sich und wissen, dass Sie aus vielen verschiedenen Teilen bestehen. Machen Sie sich außerdem bewusst, dass Ihr Gegenüber mit großer Wahrscheinlichkeit nichts gegen Sie hat, sondern grundsätzlich positiv von Ihnen denkt.

Wenn Sie das Gefühl haben, Sie müssen jemanden auf ein Fehlverhalten hinweisen oder Sie möchten aus sonstigen Gründen an jemandem Kritik üben, dann bitte ich Sie eindringlich, kein allzu großes Fass aufzumachen und in einem Aufwasch alles zu platzieren, was Ihnen zu dieser Person einfällt. Es ist ein weitverbreiteter Fehler, alles das, was sich mit der Zeit aufgestaut haben mag, auf einmal loswerden zu wollen. So scheu Hochsensible auch vor Konfliktgesprächen sind, haben sie einmal damit angefangen, gibt es oft kein Halten mehr. Es nützt aber weder Ihnen noch Ihrem Gegenüber, wenn Sie aus dem Zusammenhang losgelöst Ihrem ganzen Ärger Luft machen, so nach dem Motto: »Ach ja, und das wollte ich dir auch noch sagen ...«. Es gibt einen Weg, wesentlich effektiver und kräftesparender vorzugehen. Sie brauchen dafür lediglich ein wenig Disziplin. Ich möchte Ihnen gerne eine kleine Geschichte erzählen, um Ihnen ein Beispiel zu geben, wie es gelingen kann, sinnvoll Kritik anzubringen:

Ich hatte eine Klientin, die ebenfalls dazu neigte, bei Streitgesprächen dem anderen zu viel an den Kopf zu werfen. Ich arbeitete schon eine Weile mit ihr, als es in ihrer Familie eine Situation gab, in der es ihr gelang, dieses Muster zu durchbrechen.

Der Sohn meiner Klientin, nennen wir ihn Robert, liebt asiatische Stockkünste. Seit Jahren beschäftigt er sich in seiner Freizeit hauptsächlich damit, sich selbst Stockkampf beizubringen. Dabei ging auch die eine oder andere Lampe zu Bruch. Der Mann meiner Klientin reagierte etwas skeptisch auf das Hobby ihres Sohnes, weil er ständig das Gefühl hatte, es gehe alles kaputt. Sie wusste das sehr wohl, fühlte sich jeweils hin- und hergerissen zwischen dem Verständnis für ihren Sohn aus erster Ehe und ihrem Mann, der mit seiner Finanzkraft ihr und den Kindern ein Haus ermöglicht hatte. Meine Klientin bemerkte jeweils, dass ihr Sohn stolz darauf war, ihnen zu zeigen, was er konnte, und sie nahm ebenfalls die

Reaktion ihres Mannes wahr. Er hatte dann oft auch eine Art, Sätze zu sagen, die abwertend und ablehnend klangen. Letztens wollte ihr Sohn also wieder einmal seinen Stockkampf im Garten zeigen. Meine Klientin hatte schon verschiedentlich mit ihm besprochen, wo er üben kann, ohne dass etwas kaputt geht. Meistens hielt er sich auch daran. Ihr Sohn fing also an und ihr Mann setzte seinen typischen Blick auf. Nach zwei Minuten kam dann von ihm der Satz: »Pass auf, dass du den Stock beherrschst und nicht der Stock dich!« Daraufhin reagierte ihr Sohn ungehalten und meinte, sie sollten ihm doch einfach sagen, ob er dort trainieren dürfe oder nicht. In ihren Augen eine verständliche Reaktion. Er brach seine Übungen dann ab und verzog sich frustriert. Sie beobachtete das alles und konnte auch ihren Mann verstehen. In das Verständnis mischte sich aber auch ein Gefühl des Ärgers, denn solche Situationen gab es häufig und ein Teil in ihr dachte: »Warum muss er *immer* so reagieren? Warum kann er nicht wahrnehmen, dass Robert Kontakt zu ihm sucht? Warum gibt er mir und meinen Kindern das Gefühl, dass wir das Haus kaputt machen?« Sie entschied sich dann aber, nur mehr einen kleinen Teil davon zu platzieren, nämlich den, der sich auf die aktuelle Situation bezog. Statt eine Grundsatzdiskussion darüber vom Zaun zu brechen, wer von ihnen mehr auf Ordnung und Erhalt des Hauses achtet oder in der Seele ihres Mannes tief nach der Quelle seiner Befürchtungen zu graben (er hasst das), gelang es ihr, ihm recht ruhig einfach ihre Beobachtungen mitzuteilen. Das Gespräch war kurz und danach ging sie schlafen. Auch dabei gelang es ihr, die weitere Auseinandersetzung zwischen ihrem Mann und ihrem Sohn ihnen zu überlassen. Zwar war sie innerlich aufgewühlt, weil sie noch so viel zu sagen gehabt hätte, aber sie wusste, dass das vorbeigehen und sie das mit sich ausmachen würde. Sie hörte noch, wie ihr Mann etwas zu ihrem Sohn sagte und dieser danach ganz zufrieden in sein Zimmer ging.

Diese Erfahrung läutete das Ende unserer Zusammenarbeit ein – meine Klientin erfuhr sich als bereit, fortan selbst an sich zu arbeiten, und wir freuten uns in einer unserer letzten Sitzungen gemeinsam über ihren Erfolg.

Was möchte ich Ihnen mit dieser Geschichte sagen? Es ist meistens nicht nötig, dass Sie alles auf den Tisch bringen – bleiben Sie bei der konkreten Situation und sagen Sie nur so viel wie unbedingt nötig. Auch wenn Ihre Wahrnehmungen noch so vielschichtig sind, die Umwelt ist meistens etwas überfordert, wenn wir ihr das alles mitzuteilen versuchen. Das Leben wird klarer und einfacher, wenn Sie die Disziplin und die Distanz aufbringen, kleine Kritikhäppchen zu servieren. Auch wenn Sie das Bedürfnis haben, reinen Tisch zu machen, müssen Sie dem nicht unbedingt nachgeben. Auch das hat etwas mit Eigenverantwortung, Selbstbestimmung und Freiheit zu tun. Wichtig ist einfach, dass Sie ein Ventil für den emotionalen Überdruck haben, sei es durch Sport, Naturerlebnisse oder Ausleben Ihrer Kreativität. Wenn Sie beginnen, sich solcherart selbst zu steuern, dann werden Sie ein neues Gefühl der Stärke erleben. Erfahren Sie, was es heißt, sich selbst buchstäblich in der Hand zu haben und dem, was an Anforderungen an Sie herangetragen wird, nicht ausgeliefert zu sein.

Zusammenfassend möchte ich Ihnen auch am Ende dieses Kapitels ein paar Fragen mitgeben:

• Neigen Sie dazu, Kritik persönlich zu nehmen?
• Wie sind Ihre Eltern mit Kritik umgegangen?
• Welche Verhaltensweisen haben Sie daraus gelernt?
• Gibt es Situationen, in denen Sie sich als souverän empfinden?
• Was ist nötig, damit Sie mehr Distanz zur Situation empfinden können?
• Wie zentriert sind Sie?
• Gibt es in Ihrem Leben ein Ventil für Ihre Emotionen?

Fassen wir zusammen: Um einen souveränen Umgang mit Kritik zu üben, sind gleichzeitig Zentriertheit und Distanz nötig. Für beides gibt es nützliche Übungen. Treten Sie innerlich öfters mal einen Schritt zur Seite und servieren Sie Kritik, die Sie anbringen möchten, häppchenweise und situationsbezogen.

III. Hochsensibilität und Nicht-Hochsensibilität in der Familie

Es ist sehr wahrscheinlich, dass Sie nicht die Einzige in Ihrer Familie sind, die hochsensibel ist. Zwillingsstudien legen den Schluss nahe, dass Hochsensibilität angeboren ist und demnach auch vererbt werden kann. Vielleicht haben Sie also auch ein hochsensibles Kind. Es ist schon einiges zum Thema hochsensible Kinder geschrieben worden (eine Auflistung guter Bücher finden Sie in der Literaturliste). In diesem Buch möchte ich mich vor allem aber damit befassen, was die Hochsensibilität Ihres Kindes (oder eben auch die Nicht-Hochsensibilität) für Auswirkungen auf Sie als hochsensible Mutter hat. Da sind nun verschiedene Konstellationen denkbar, die wir uns im Folgenden näher anschauen wollen.

1. Hochsensible Mutter und hochsensibles Kind

Wenn Sie eine hochsensible Mutter sind, dann kommen Sie schnell an Ihre Grenzen. Wie ich bereits gesagt habe, sind die Reizüberflutung und die drohende Überstimulation Ihre ständigen Begleiter. Sie sind wahrscheinlich schnell erschöpft und müde. In der Folge davon kann es sein, dass Sie sich schon durch die bloße Anwesenheit Ihres Kindes überanstrengt fühlen. Wenn das so ist, dann haben Sie auch weniger Energie für die Betreuung Ihres Kindes zur Verfügung. Sie bräuchten mehr Ruhepausen, als es mit einem Baby oder einem Kleinkind möglich ist und mehr Zeit, um sich zu erholen. Auch tagsüber, womöglich dann, wenn Ihr Kind gerade quietschfidel ist und mit Ihnen spielen möchte. Von einer Sekunde zur anderen können Sie sich dann plötzlich erschöpft fühlen. Eine Mutter erzählte mir davon, wie sehr sie unter dem gelitten habe, was sie selbst als mangelnde innere Konstanz bezeichnete. Es kam vor, dass sie sich mit Elan und Begeisterung in eine Aktivität mit ihrem Kind stürzte, anfing zu basteln, zu backen oder Ähnliches, und plötzlich wurde ihr alles zu viel. Sie litt darunter zu bemerken, wie ihre Tochter eine gewisse Vorsicht ihr gegenüber entwickelte, weil sie die Erfahrung gemacht hatte, die Mutter von jetzt auf gleich als angespannt, ungeduldig und gestresst zu erleben. Dieser plötzliche Wechsel von Freundlichkeit, Verbindlichkeit und Nähe hin zu Schroffheit, Rückzug und Distanz kann verunsichernd auf Ihr (hochsensibles) Kind wirken. Es steht Ihnen also weniger Ausgeglichenheit für die Betreuung zur Verfügung.

Gleichzeitig haben hochsensible Kinder aber mehr Betreuungsbedarf. So lieb und anhänglich sie auch sind, sie fordern mehr Aufmerksamkeit ein als normalsensible. Ständig scheinen sie sich der Beziehung zu ihren Bezugspersonen versichern zu müssen. Dazu kommt, dass hochsensible Kinder oftmals Spätentwickler sind, das heißt, wenn Gleichaltrige bereits Sandkastenfreundschaften haben oder selbständig nach draußen spielen gehen, braucht Ihr besonderes Kind noch Ihre Anwesenheit, um sich sicher zu fühlen. Daher werden Sie vermutlich schon durch die eingeforderte Präsenz angestrengt sein, denn Ihr Kind begnügt sich wahrscheinlich nicht damit, dass Sie einfach nur herumsitzen, sondern möchte in der Regel auf Sie als Spielgefährtin zurückgreifen können, obwohl andere Kinder da sind. Außerdem leidet Ihr hochsensibles Kind genauso an der Überstimulation wie Sie, hat aber natürlich noch wenig Strategien zur Verfügung, um damit umzugehen, sondern wird eher gereizt, aggressiv oder weinerlich darauf reagieren. Eine weitere Quelle der Überstimulation für Sie.

Hochsensibilität hat die Neigung, sich zu verstärken und zu potenzieren, wenn zwei Hochsensible aufeinandertreffen. Und hochsensible Kinder haben mitunter die Gabe, durch ihr Verhalten wie ein Spiegel zu sein, in dem man sich selbst wiedererkennt. Sie geben sofort eine Rückmeldung über unser Verhalten ihnen gegenüber. Sind wir ruhig und zufrieden, sind auch sie ausgeglichen. Sind wir gestresst und nervös, reagieren sie ähnlich. Sind die Kinder älter, können sie auf unbestechliche Weise mit großem Gespür genau die Schwächen in uns aufdecken, die wir lieber im Dunkeln lassen würden. Oft haben hochsensible Kinder ein großes Gerechtigkeitsempfinden, sie spüren genau, ob wir eins mit unserer Meinung sind oder ob wir selbst zweifeln. Sie überprüfen, ob unser Verhalten mit dem, was wir sagen, übereinstimmt und weisen uns auf Unstimmigkeiten hin. Da, wie beschrieben, hochsensible Mütter wie alle anderen Hochsensiblen oft Zeit brauchen, um zu einer Meinung zu gelangen und sich in gleichen Situationen deshalb oft unterschiedlich verhalten, kann das auf ihre Kinder inkonsequent wirken. Hochsensible Kinder brauchen in der Regel Klarheit und Struktur sowie einfühlsames Verstehen. Gerade aber mit der Klarheit und der Struktur tun sich viele hochsensible Mütter schwer.

Aber diesen Konfliktquellen stehen auch echte Stärken gegenüber. Eine hochsensible Mutter erzählte mir, dass sie es immer spürte, wenn ihr Baby Hunger hatte. Auch nachts wachte sie rechtzeitig auf und wusste intuitiv, was ihr Baby brauchte, sodass es praktisch nie schreien musste. Hochsensible Mütter haben oft ein besonderes Gespür für die Bedürfnisse ihres Babys. Wenn die Kinder dann älter werden und mehr in Kontakt mit der Umwelt kommen, verlernen viele Mütter leider, auf ihre Intuition zu vertrauen. Sehr häufig spreche dass ich mit hochsensiblen Müttern, die sich für wenig selbstbewusst halten und kaum wissen, was ihre Bedürfnisse sind. Aber im Laufe dieser Gespräche erlebe ich, dass es nahezu immer eine grundlegende Kraft in ihnen gibt und dass sie im Grunde genommen einen guten Kontakt zu ihrer Intuition haben, sich aber nicht trauen, sie einzusetzen. Es heißt dann: »Ja, wenn ich könnte, wie ich wollte, dann würde ich ...«, oder »Eigentlich wollte ich immer schon ...«, oder auch so: »Wenn ich ganz alleine mit meiner Tochter wäre, dann wüsste ich schon, wie ich sie erziehen würde, ich habe eben meinen ganz eigenen Stil.«

Und eben dieser Stil hochsensibler Mütter – ruhig, auf die Bedürfnisse des Kindes achtend – scheint nicht recht zu dem gängigen Erziehungsmodell mit der leistungsorientierten Sicht auf die Entwicklung von Kindern und Jugendlichen zu passen. In den letzten Jahren deutet sich aber eine Veränderung im gesellschaftlichen Gefüge an. Es werden immer mehr Stimmen laut, die nach einem Umdenken verlangen. In Wirtschaft, Politik und Schulen gibt es neben dem geltenden System auch Tendenzen, die eine feinfühligere und ganzheitlichere Sicht auf den Menschen anstreben. Diese Entwicklung beinhaltet eine Chance, gehört zu werden und sich mit Gleichgesinnten zusammenzuschließen. Diese Chance sollten hochsensible Mütter nutzen. Suchen Sie sich Gleichgesinnte, andere Mütter, bei denen Sie das Gefühl haben, dass Sie mit Ihrer Art akzeptiert werden. Holen Sie sich in diesen Kontakten die Kraft, zu Ihren Erziehungsvorstellungen zu stehen und stärken Sie sich in dem Bewusstsein, dass es noch andere Mütter gibt, die so sind oder so denken wie Sie. Ein bis zwei solcher Kontakte reichen oft aus, um ein gesundes Gegengewicht zu bieten. Achten Sie darauf, dass Ihre Vorstellungen im Einklang mit Ihren Werten stehen. Dass das gar nicht so einfach ist, möchte ich Ihnen mit folgender Geschichte verdeutlichen:

Als meine Kinder noch sehr klein waren, habe ich sie nicht dazu angehalten, Fremden die Hand zu geben oder zu grüßen. Mir erschien diese Erziehung zu Höflichkeit wie eine Dressur. Und die Vorstellung, dressiert zu werden, weckte in mir großen Widerstand. Also stand meine Absicht, meine Kinder nicht zu dressieren, im Einklang mit meiner Werthaltung der Selbstbestimmung. Ich dachte, sie sollten sich selbst dafür entscheiden können, wem sie die Hand geben wollten und wem nicht. Je älter meine Kinder wurden, desto mehr stellte ich aber fest, dass mir Höflichkeit und Anstand sehr wohl wichtig waren und sind. Meine Kinder gaben aber selten jemandem die Hand und grüßten auch nicht, ein Resultat meiner früheren Werthaltung. Infolgedessen war ich damit konfrontiert, dass es mir jedes Mal peinlich war, dass meine Kinder sich so »unhöflich« verhielten. Beides, die Selbstbestimmtheit und die Höflichkeit, sind Werte von mir. Nur war mir damals nicht bewusst, welche Konsequenzen es für mich haben würde, wenn ich zu früh dem Wert der Selbstbestimmtheit in meiner Erziehung folgte.

Malen Sie sich also möglichst konkret die Konsequenzen aus, welche die Umsetzung Ihrer Erziehungsvorstellungen mit sich bringen können.

Noch etwas möchte ich Ihnen ans Herz legen: Wenn Sie ein hochsensibles Kind haben, dann werden Sie wahrscheinlich Ähnlichkeiten zu Ihnen feststellen. Sie vergleichen Ihr Kind möglicherweise mit dem kleinen Mädchen, das Sie einmal waren, stellen fest, dass es genauso schüchtern ist, genauso empfindlich, schnell aus der Fassung zu bringen und auch so wenig Freunde hat wie Sie damals. Bei allen Ähnlichkeiten ist es aber außerordentlich wichtig, dass Sie sich bewusst machen, dass Ihr Kind ein eigenständiges Wesen ist, mit einem eigenen Charakter und einem eigenen Lebensweg, der sich von Ihrem unterscheidet. Mitunter wird durch die eigene Geschichte der Blick auf den tatsächlichen Menschen, den wir vor uns haben, verstellt. So kann es vielleicht vorkommen, dass Sie sich sagen: »So war ich auch als Kind, das kenne ich gut. Ich bin auch immer ein verträumtes Kind gewesen und war nie richtig bei der Sache«, und dergleichen Dinge mehr. Dabei stellt sich dann oft die Empfindung ein, ohnehin nichts machen zu können und dass das Kind da genauso durch muss wie Sie es einst mussten. Sie verwechseln das reale Kind, welches Sie geboren haben, mit Ihnen, als Sie Kind waren. Das ist fatal, denn so berauben Sie sich und Ihr Kind der Handlungsmöglichkeiten, die Sie heute als erwachsene Frau haben.

Ein Beispiel: Sie wissen von sich, dass Sie als Kind ungern auf Feste gegangen sind, wo Ihnen viele fremde Menschen begegneten. Sie hielten sich in solchen Situationen sehr zurück, standen still in einer Ecke und ließen sich auch durch gutes Zureden lange nicht dazu bewegen, mehr am Geschehen teilzunehmen. Nun sind Sie selbst Mutter und beispielsweise auf einem Straßenfest eingeladen, zu dem sich die ganze Nachbarschaft trifft, zu der Sie allerdings sonst kaum Kontakt haben. Sie beobachten, dass Ihr Kind still wird, sich hinter Ihnen versteckt oder sogar ein paar Meter Abstand hält und fühlen sich an sich selbst erinnert. Damals, als Sie Kind waren, wurde Ihre Schüchternheit vielleicht belächelt oder ignoriert, und es ist wahrscheinlich, dass Sie heute genauso bei Ihrem Kind reagieren. Mit dem

Wissen über Hochsensibilität, welches Sie heute haben, ist es aber möglich, andere Handlungen auszuprobieren. Sie könnten die Situation zum Beispiel mit Ihrem Kind vorbereiten, indem Sie sich beide zusammen vorstellen, wie es sein würde, auf dieses Fest zu gehen, sich die einzelnen Personen ausmalen und gemeinsam überlegen, wie die Begrüßung denn aussehen könnte und Ihrem Kind aufzeigen, wo es Rückzugsmöglichkeiten hat. Vielleicht darf es auch einen Freund oder eine Freundin mitbringen und die Freiheit haben, nach einer Stunde wieder zu gehen, falls es möchte und sich nicht wohlfühlt.

Verwechseln Sie also Ihr Kind nicht mit sich selbst – und stellen Sie auch nicht zu viele Interpretationen darüber an, wie es sich fühlt. Vertrauen Sie darauf, dass es deutliche Signale senden wird, wenn Sie eingreifen sollten, nötigenfalls vereinbaren Sie vorher solche miteinander. Erweitern Sie Ihre Handlungsmöglichkeiten, lehnen Sie sich innerlich mehr zurück und vertrauen Sie auf Ihre Selbstkompetenz und die Ihres Kindes. Selbst wenn Ihnen diese Vorschläge noch wie Zukunftsmusik in den Ohren klingen und Sie sich nicht vorstellen können, diese Gelassenheit jemals zu erreichen, können Sie doch schon heute einen kleinen Schritt in diese Richtung tun, indem Sie beginnen, Ihr Kind mit anderen Augen zu betrachten. Fangen Sie an, es als eigenständigen Menschen wahrzunehmen, der zwar Ähnlichkeit mit Ihnen hat, aber doch ganz eigen ist. Ihre Sensibilität wird es Ihnen ermöglichen, Ihrem Kind die Freiräume zu geben, die Sie vielleicht nicht haben konnten.

2. Hochsensible Mutter und nicht-hochsensibles Kind

Bei dieser Konstellation ist es so, dass, je nachdem, mit welchem Temperament Ihr Kind gesegnet ist, Sie als hochsensible Mutter schnell in die Überreizung kommen können. Wenn Sie ein sehr aktives Kind haben, welches viel ausprobieren möchte und kontaktfreudig ist, dann werden Sie wahrscheinlich kaum zur Ruhe kommen. Ich erinnere mich, dass mich die gleichzeitig einsamen und doch unglaublich anstrengenden Tage mit meinem hyperaktiven kleinen

Sohn regelmäßig an den Rand der Verzweiflung brachten. Bei Licht betrachtet, was tat er? Er konnte lange nicht »richtig« spielen, sondern war in seinem Spielverhalten sehr destruktiv, schmiss seine Legosteine durch das Zimmer und verbreitete eine solche Hektik, dass mein Nervensystem darauf mit Anspannung, Nervosität und innerer Unruhe reagierte. Selbst jetzt noch, dreizehn Jahre später, kann ich spüren, wie belastend das damals für mich war. Ich fühlte mich diesem kleinen Energiebündel hilflos ausgeliefert und wusste auch nicht, wie ich mich abends, wenn er schlief, erholen sollte.

Auch wenn Ihr Kind normal aktiv sein sollte, werden Sie wahrscheinlich doch oft das Gefühl haben, Ruhe zu brauchen. Und es dürfte schwierig sein, sie zu bekommen.

Andererseits werden Sie wahrscheinlich feststellen, dass Ihr normalsensibles Kind nicht immer mit Samthandschuhen angefasst werden muss. Es verträgt öfter ein klares Wort (als Sie gewohnt sind, zu verteilen) und reagiert auch nicht so verunsichert auf Ihre Stimmungsschwankungen. Das bedeutet oft ein Umdenken für hochsensible Mütter, die durch ihre Wahrnehmungsfähigkeit oft jedes Wort auf die Goldwaage legen. Dort, wo sie selbst bereits durch sanfte Ermahnungen lenkbar sind, reagieren normalsensible Kinder oft noch nicht. Hochsensible Mütter haben also die Chance, durch ihr nicht-hochsensibles Kind klarer und eindeutiger in der Kommunikation zu werden. Wenn das gelingt, dann profitieren aber normalsensible Kinder auch von ihrer hochsensiblen Mutter, weil das Einfühlungsvermögen und die Differenziertheit dazu beitragen können, dem Kind die Vielfalt von Möglichkeiten im Denken, Fühlen und Handeln aufzuzeigen, welche die Welt bietet.

Noch ein Wort zu den Grenzen: Normalsensible Kinder schaffen es oft scheinbar spielend, die Grenzen ihrer hochsensiblen Mütter zu übertreten – im körperlichen Bereich, in ihrer Lautstärke, in ihrer Diskussions- und Kampfbereitschaft. Um diese oft hochgradig stressigen und damit leicht zum Überreagieren verleitenden Situationen besser zu überstehen, empfiehlt es sich einmal mehr, geerdet und in sich ruhend zu sein. Dass das im Kleinkindalltag schwierig ist, haben wir bereits beleuchtet, aber es ist eine für Sie dringend notwendige

Übung, um nicht in eine Spirale aus Überreaktion und damit einhergehendem schlechten Gewissen zu geraten.

Ein weiterer Aspekt, der in der Beziehung zum nicht-hochsensiblen Kind zum Tragen kommt, ist Ihr Hang, das Fehlverhalten Ihres Kindes als bewusst gegen Sie gerichtet zu empfinden. Hier ist dringend ein inneres Stoppschild nötig, da Sie sonst leicht die Beziehung zu Ihrem Kind gefährden. Kein Kind arbeitet bewusst gegen die Mutter oder will ihr in jungen Jahren aufzeigen, dass sie alles falsch macht. Wenn Sie das Verhalten Ihres Kindes als bewusst gegen Sie gerichtet empfinden, prüfen Sie in einer ruhigen Minute und vielleicht auch an der Seite eines Ratgebers, warum das so ist. Wie ich bereits mehrfach aufgezeigt habe, spielen Ihre Erfahrungen, Ihr vielleicht etwas brüchiges Selbstwertgefühl und Ihr Hang zum Perfektionismus hier eine Rolle. Machen Sie sich klar, dass Ihr Kind Sie liebt, selbst wenn Sie Fehler machen sollten, und dass sein Verhalten Teil der normalen Ablösungsprozesse ist, die Kinder durchlaufen. Um zu einer gesunden Distanz zu gelangen, ist es auch in diesen Prozessen manchmal sinnvoll, die Hilfe einer beratenden Fachperson heranzuziehen.

Nach meiner Beobachtung können die Talente von Müttern auf sehr unterschiedlichem Gebiet liegen. Es gibt Mütter, die die Kleinkindzeit mit ihren Kindern sehr genießen können und im Basteln, Toben und Singen wirkliche Erfüllung erfahren. Auch hochsensible Mütter können dazu gehören. Und dann wieder gibt es Mütter, die den ersten Jahren mit ihren Kindern wenig abgewinnen können, die ihre Kinder gern selbständig haben, deren Begabung eher im Umgang mit Teenagern liegt und die es genießen, in ihren Kindern kompetente Gesprächspartner zu finden, mit denen man gut über Gott und die Welt diskutieren kann.

Es gibt, zusammengefasst, keine ideale Konstellation. Immer geht es darum, das Zusammenspiel zwischen Ihnen und Ihrem Kind zu beobachten und zu bemerken, an welcher Stelle kleine Korrekturen angebracht sein könnten. Die gute Nachricht: Wenn Sie in Ihrer Ruhe und in Ihrer Kraft sind, dann sind Sie auch in Kontakt mit Ihrer Kreativität, die es Ihnen ermöglicht, Lösungen zu suchen und neue Handlungsmöglichkeiten zu entdecken. Mitunter sind es kleine Dinge, die eine Entspannung herbeiführen, sodass Sie sich wohler fühlen können.

Hierzu gehört auch, den Konflikten Ihrer Kinder, so Sie mehrere haben, nicht zu viel Bedeutung beizumessen. Wenn Sie sehr harmoniebedürftig sind – was bei vielen Hochsensiblen der Fall ist –, ist es möglich, dass die Auseinandersetzungen Ihrer Kinder miteinander für Sie großes Stresspotenzial bereithalten. Da kann es laut hergehen, wüste Beschimpfungen werden ausgetauscht, mitunter wird es handgreiflich und fließen Tränen. In solchen Momenten ist es besonders wichtig, ganz bei sich zu sein und sich in Gelassenheit zu üben. Gerade auch in Konfliktsituationen Ihrer Kinder miteinander können Sie sich manchmal bei Gedanken und Emotionen ertappen, die im Grunde genommen eher in Ihre eigene Geschichte gehören. Wenn Ihre Kinder streiten, wird Ihnen vielleicht sehr bewusst, dass Sie beim Streit mit Ihrem älteren Bruder immer die Unterlegene waren oder dass die Beziehung zu Ihrer jüngeren Schwester immer von Rivalität und Neid bestimmt gewesen ist. Dann sehen Sie auf einmal Ihre Kinder als Wiedergabe Ihres eigenen Lebens und verfallen in Projektionen darüber, wie sie diesen Streit jetzt empfinden müssen, dass Sie vielleicht gerade Zeugin eines Schlüsselerlebnisses werden, welches das Leben Ihres Kindes über Jahrzehnte hin beeinflussen wird und Ähnliches mehr. Gerade, wenn Sie hochsensible *und* nicht-hochsensible Kinder haben, kann manchmal die Versuchung groß sein, das hochsensible Kind vor den Attacken seines nicht-hochsensiblen Geschwisters zu schützen.

Seitdem ich an diesem Buch arbeite, fließt das Thema Muttersein und Hochsensibilität öfter auch in meine Seminare ein. Manchmal entspannt sich daraufhin eine kleine Diskussion dazu. Von jungen Frauen wird dann oft die Frage gestellt, ob man sich denn irgendwie auf die Elternschaft vorbereiten könne. Ich möchte darauf folgendermaßen antworten: Ich denke, es ist nicht möglich, sich wirklich in die Situation hineinversetzen zu können, wie es ist, ein Kind zu haben. Selbst wenn Sie sich Geschichten von älteren Müttern erzählen lassen, wird es Ihnen nicht möglich sein zu *erleben*, wie es ist, eine Mutter zu *sein*. Die einzige Möglichkeit der Vorbereitung ist meines Erachtens, sich selbst gut kennenzulernen, seine Grenzen zu akzeptieren und die Hochsensibilität als Begabung zu sehen. Das ist der Boden, auf dem Ihre Mutterschaft und die Beziehung zu Ihrem Kind gut gedeihen kann. Wenn Sie das Bedürfnis haben sollten, sich so gut wie möglich auf Ihre Mutterschaft vorzubereiten, dann beginnen Sie schon heute, sich zu fragen, welche Begabungen und Stärken Sie denn gerade aufgrund Ihrer Hochsensibilität haben. Wie jede Münze ihre zwei Seiten hat, kann man auch jede Eigenschaft von verschiedenen Seiten betrachten. Ihre Einfühlsamkeit wird Ihnen als Mutter dabei helfen, Ihr Kind zu verstehen, vorausgesetzt, Sie lassen nicht zu, diese Fähigkeit nur auf Ihre eigene Befindlichkeit zu richten. Ihre hohe Wahrnehmungsfähigkeit kann Sie die Bedürfnisse Ihres Kindes frühzeitig erspüren lassen, wenn Sie sich nicht von Vorstellungen und Meinungen anderer ablenken lassen. Ihre Intuition kann Ihnen den Weg weisen zu einer stimmigen Balance zwischen Struktur und Freiheit in der Erziehung, vorausgesetzt, Ihnen spukt nicht Ihre eigene Geschichte dazwischen und Sie verwechseln nicht sich und Ihr Kind. Ihre Fantasie kann Ihrem Kind wunderbare Reisen in ferne Länder und Abenteuer ermöglichen, vorausgesetzt, Sie nutzen diese Begabung nicht ausschließlich dazu, sich Schreckensszenarien auszumalen, wenn sich Ihr Kind einmal außerhalb Ihrer Reichweite befindet oder Sie befürchten, dass eine kleine Schwäche in seinem Charakter bereits das Aus für die Zukunft bedeutet.

Sie haben aufgrund Ihrer Hochsensibilität also Ressourcen, die Sie als Quellen der Weisheit und Kraft nutzen können. »Wer Klugheit erwirbt, liebt seine Seele«, dieser Vers aus den Sprüchen Salomos[28] lässt in seiner schlichten Schönheit erahnen, worauf es ankommt. Lernen Sie, das, was Ihnen gegeben ist, klug zu benutzen.

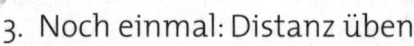 3. Noch einmal: Distanz üben

Um das zu erreichen, ist die schon erwähnte gewisse Distanz zu sich selbst nötig. Nun werden Sie sich vielleicht fragen, wie das denn gehen soll, wenn Sie sich doch ständig emotional so angesprochen fühlen, dass Sie im Grunde dauernd Herzklopfen haben und aus den Gedankenspiralen nicht mehr herausfinden. Ich verstehe sehr gut, dass es sich vielleicht so anfühlen mag, als seien Sie Ihrer Wahrnehmungsfähigkeit und vor allen Dingen Ihren Reaktionen darauf ausgeliefert. In solchen Momenten scheint es mir sinnvoll, die verschiedenen Ebenen, wie ich sie oben beschrieben habe, voneinander zu trennen. Spüren Sie einmal nach, ob es am wichtigsten ist, auf der körperlichen Ebene anzusetzen, oder ob Sie auf der geistig-seelischen Ebene zuerst einen Schritt machen möchten. Vielleicht ist es auch am dringendsten, dass Sie praktische Unterstützung erhalten.

In meiner Praxis arbeite ich oft mit Symbolen für die verschiedenen Bereiche im Leben. Indem ich verschiedene Figuren für die einzelnen Themen in den Raum stelle, wird in der Klientin bereits etwas Ordnung hergestellt. Zunächst geht es also darum, lediglich die Themen hinzustellen, die da sind. In einem nächsten Schritt bitte ich die Klientin, nachzuspüren, welches dieser Themen denn am wichtigsten scheint. Und dieses Thema oder dieser Lebensbereich wird dann in der Stunde bearbeitet. Das können Sie sehr gut auch für sich selbst machen. Suchen Sie sich aus Ihrem Haushalt Gegenstände zusammen, die möglichst neutral sind, also keine Dinge, die mit starken Erinnerungen oder Gefühlen verbunden sind. Und dann ordnen Sie jeden Gegenstand einem Thema zu. Alle möglichen Dinge, die Sie beschäftigen, können Thema sein: Ihre Partnerschaft, Ihr Glaube, die Finanzen, der Haushalt, die Ordnung, die Beziehung zu Ihren Kindern, der Umgang mit Lehrpersonen und alles andere, was Sie noch beschäftigt. Und dann spüren Sie nach, zu welchem Thema es Sie im Moment am meisten hinzieht. Das ist in der Regel eine intuitive Aufgabe und nicht mit dem Verstand zu lösen. Der Verstand meldet sich vielleicht sofort und verlangt, dass Sie sich um die Finanzen kümmern, dabei, wenn Sie sich etwas Zeit lassen, merken Sie vielleicht, dass ein unterschwelliges Bauchgefühl sich nicht ganz damit einverstanden erklärt und lieber die Partnerschaft in den Vordergrund rücken möchte. Diese kleine Übung ermöglicht es Ihnen, etwas mehr Distanz zu sich selbst und Ihren Empfindungen zu schaffen. Das Ergebnis ist in der Regel eine Entlastung.

Die Erklärung, warum das funktioniert, ist ganz einfach: Wir alle haben in unseren Gehirnen emotionale Zentren sitzen, die für Stimmungen und Emotionen zuständig sind. Immer dann, wenn wir etwas empfinden, werden diese emotionalen Zentren aktiviert. Und da Hochsensible in der Regel ständig stark empfinden, gehe ich davon aus, dass diese Zentren in hochsensiblen Gehirnen stärker aktiviert sein dürften als in nicht-hochsensiblen. Bestätigende Studien dazu stehen aber noch aus, deshalb muss ich mich an dieser Stelle mit der Vermutung begnügen. Wenn meine Vermutung richtig ist, dann erleben Hochsensible ihre Erfahrungen vor allem emotional, das heißt, durch eine ständige Aktivierung der emotionalen Zentren im Gehirn. Wenn die Betroffenen aber vor allem in der Emotion sind, dann sind sie wie darin gefangen. Nun haben wir aber alle ebenfalls in unseren Gehirnen ein anderes Werkzeug mitbekommen, welches uns hilft, einen Gegenpol zu der ständigen Emotionalität zu entwickeln: Das ist unsere Analysefähigkeit. Immer dann, wenn wir eine Sache von außen betrachten, wie es zum Beispiel bei der oben beschriebenen Übung der Fall ist, dann sind wir nicht mehr gefangen in unserem emotionalen Zentrum, sondern aktivieren unsere Analysefähigkeit. Ich denke, die meisten Hochsensiblen sind es ihr Leben lang gewohnt, emotional zu sein, sodass sie gar nicht mehr auf die Idee kommen, sie könnten ja auch analytisch begabt sein. Mit den Begabungen verhält es sich ein wenig wie beim Sport: das, was Sie gut trainiert haben, das können Sie auch gut. Die Fähigkeit, zu reflektieren und zu analysieren, ist Ihnen grundsätzlich auch gegeben. Nutzen Sie sie! Auch sich selbst zu beobachten und kleine Kurskorrekturen vorzunehmen, aktiviert das Analysezentrum im Gehirn. Sich selbst zu wichtig zu nehmen und die eigenen Befindlichkeiten so hoch zu bewerten, ist nämlich auch emotional!

Eine weitere Möglichkeit, Distanz zu gewinnen, ist, sich vorzustellen, dass Sie innerlich einen Schritt beiseitetreten und sich wie aus der Außensicht betrachten. Probieren Sie es einmal aus. Das nächste Mal, wenn Sie emotional sind, stellen Sie sich aufrecht hin und treten Sie dann einfach einen Schritt nach links oder rechts. Oft ist es bereits diese kleine Bewegung, die hilft, entspannter auf die Situation zu blicken. Und wenn Sie sich selbst dann aus der neuen Position heraus betrachten, kommen Ihnen vielleicht schon Ideen dazu, wie Sie auch noch reagieren könnten, ohne aus der Erschöpfung oder der Anspannung heraus zu agieren. Das mag sich für den Moment, in dem Ihr Dreijähriger an Ihnen zerrt und wütend herausschreit, wie gemein Sie doch sind, schwierig anfühlen, es ist aber dennoch möglich.

Eine gesunde Distanz zu sich selbst zu haben, hat nichts mit emotionaler Unerreichbarkeit oder der Errichtung von seelischen Schutzmauern zu tun, wohl aber damit, sich selbst nicht ganz so ernst zu nehmen und immer auch für möglich zu halten, dass es noch andere Erlebens- und Verhaltensweisen geben kann. Wenn Sie nun anfangen, Ihre Analysefähigkeit zu trainieren, dann kann es sich manchmal so anfühlen, als ob es in Ihnen einen emotionalen Stau gäbe. Die Emotionalität braucht ein Ventil. Günstig hat sich nach meiner Beobachtung erwiesen, dass Sie sich Freiräume schaffen, in denen Sie ungefiltert den emotionalen Stau abbauen können. Ein solcher Freiraum kann zum Beispiel darin bestehen, dass Sie alle Gefühle aufschreiben, sei es in Tagebuchform oder eher sporadisch, wenn Ihnen danach ist. Sie können auch Ihre Gefühle in Bildern ausdrücken, vielleicht gehören Sie zu den Hochsensiblen, die Gefühle mit Farben verknüpfen. Oder Sie vereinbaren mit Ihrer besten Freundin einen Psychohygiene-Nachmittag, an dem Sie beide ungefiltert Ihrer Seele im Gespräch Luft verschaffen. Auch räumliche Distanz hilft. Deswegen sollten Sie überlegen, vielleicht einmal ein ganzes Wochenende alleine zu verbringen. Vielleicht lässt es sich organisieren, dass Sie zweimal im Jahr ein Wochenende für sich haben. Ohne Partner, ohne Kinder und möglichst auch ohne das gewohnte häusliche Umfeld, um wieder ein wenig zu sich selbst zurückzufinden und sich wieder einmal als Mensch zu fühlen, und nicht nur als Mutter.

Ich habe es mir zur Gewohnheit gemacht, mir einmal im Jahr für ein paar Tage diesen Freiraum zu verschaffen. Es hat eine Weile gedauert, bis sich die Familie daran gewöhnt hat, und natürlich ist die Organisation oft ein bisschen schwierig, aber ich komme von diesen Zeiten immer um so viel kräftiger nach Hause zurück, dass ich noch lange davon zehre. Natürlich wird es nicht immer möglich sein, dass Sie verschwinden, wenn Ihnen der Alltag zu viel wird. Es geht aber auch hier um eine sinnvolle Integration von persönlichem Freiraum in Ihrem Leben. Wenn Sie sich das erste Mal ein freies Wochenende verschaffen, dann seien Sie bitte nicht allzu überrascht, dass Sie vielleicht die Erfahrung machen, sich auf einmal einsam zu fühlen, obwohl Sie doch sonst so darunter leiden, nie allein zu sein. Oder dass Sie erleben, nichts mit der freien Zeit anfangen zu können, dabei haben Sie sich doch so darauf gefreut, endlich einmal Zeit zu haben. Es mag sein, dass Sie fast ein bisschen enttäuscht sind, weil Sie sich so viel Entspannung und Erholung von Ihrer freien Zeit erhofft haben aber dann merken, dass Sie die Zeit nicht wie erhofft nutzen konnten. Diese Erfahrung mag dazu führen, dass Sie von solchen Projekten Abstand nehmen, die Organisation ist sowieso mühsam und dann bringt das Ganze noch nicht einmal etwas. Bei diesen Dingen verhält es sich aber ebenfalls wie mit einem Training: Sie können lernen, Ihre Zeit zu nutzen, sodass Sie gestärkt zurückkehren, es braucht aber auch dabei möglicherweise ein wenig Übung. Und geben Sie nicht aufgrund einer schlechten Erfahrung auf. Beobachten Sie einfach, wie es Ihnen geht und überlegen Sie, was es denn brauchen würde, damit Sie sich wohler mit der freien Zeit fühlen können (das aktiviert die Analysefähigkeit). Halten Sie daran fest, dass solche Zeiten eine Notwendigkeit für Sie sind, und experimentieren Sie mit verschiedenen Möglichkeiten, die Zeit zu füllen.

Nicht wenigen Müttern geht es so, dass sie sehnsüchtig die Zeit herbeiwünschen, in der ihr Kind den Kindergarten besucht, um endlich mehr Zeit für sich selbst zu haben. Und groß ist dann ihre Überraschung, wenn sie feststellen, dass sie gar nichts mit der Zeit für sich anfangen können, sondern das kostbare Alleinsein mit dem Erledigen des Haushalts zubringen.

Es geht also nicht darum, nun das innere Pendel in die Gegenrichtung ausschlagen zu lassen und nur noch zu analysieren und sich zu distanzieren, sondern es geht vielmehr um einen Rhythmus zwischen dem, was Sie ohnehin schon gut können, weil Sie es Ihr Leben lang geübt haben, und dem, was Ihnen dabei hilft, Ihre eigene Herrin zu sein. Anstatt fassungslos darüber zu sein, wie ungerecht die Welt zu Ihnen ist (das aktiviert das emotionale Zentrum), könnten Sie auch überlegen, was Sie denn dazu beitragen, dass Sie die Welt als ungerecht empfinden (das aktiviert das Analysezentrum).

Die Übung zur Distanz hat noch einen weiteren Effekt: Viele Hochsensible sind aufgrund ihrer mannigfaltigen Innenwelt und ihren kreativen Weltverbesserungsideen so etwas wie »Luftgänger«. In seinem Buch »Die Luftgängerin« hat Robert Schneider ein solches hochsensibles Mädchen beschrieben.[29] Luftgänger haben zu wenig Bodenhaftung und fühlen sich oftmals nicht in der realen Welt zu Hause. Paul Klee, wahrscheinlich auch ein hochsensibler Mensch, hat das einmal so ausgedrückt:

Diesseitig bin ich gar nicht fassbar
Denn ich wohne grad so gut bei den Toten
Wie bei den Ungeborenen
Etwas näher dem Herzen der Schöpfung als üblich
Und noch lange nicht nahe genug.[30]

So wertvoll und schützenswert die Begabung zur Wanderung zwischen den Welten ist, so sehr ist es doch notwendig für hochsensible Menschen gleich welchen Alters, mehr auf den Boden zu kommen, sich zu erden und zu lernen, sich ganz diesseitig zu fühlen. Und dabei helfen Ihnen Ihre Kinder sehr! Kinder zwingen uns, auch ganz praktisch zu denken, einen Rhythmus einzuhalten und auf dem Boden zu bleiben.

Es gibt verschiedene Möglichkeiten, mehr Erdung ins eigene Leben einzuladen. Sie könnten sich zum Beispiel ein eigenes Gärtchen anlegen, und wenn es nur auf der Fensterbank ist. Handfest mit Erde in Berührung zu kommen, entspannt und erdet auf ganz natürliche Weise. Oder Sie machen es sich zur Gewohnheit, regelmäßig bergwandern zu gehen. Oder alles zusammen. Sich mit Natur zu beschäftigen, bedeutet für viele Hochsensible ein Glückserlebnis.

Diese Dinge tun übrigens auch Ihren hochsensiblen Kindern gut. Vielleicht können Sie gemeinsam herausfinden, wie viel zusätzliche Erdung in Ihrem gemeinsamen Leben Platz hat.

4. Ein paar Gedanken zur Ernährung

Es gibt Hinweise darauf, dass hochsensible Menschen auch stark auf Lebensmittel reagieren. In meinen Seminaren erlebe ich regelmäßig Teilnehmende, die mir von Überempfindlichkeiten gegen bestimmte Gerichte oder einzelne Lebensmittel berichten. Teilweise entstehen aus diesen Unverträglichkeiten regelrecht komplizierte Ernährungsgebilde, die von außen betrachtet kurios anmuten. Beim Thema Ernährung und Hochsensibilität fällt mir auf, dass die Hochsensiblen, die bewusst die Wirkung der Lebensmittel auf den eigenen Organismus wahrnehmen, dazu neigen, eine Art Kult daraus zu machen. Mir ist sehr bewusst, dass Lebensmittel ihre Wirkung haben, und ich möchte nicht so verstanden werden, als würde ich das nicht ernst nehmen. Mir scheint nur, dass es dann schwierig wird, wenn die Betroffenen wie selbstverständlich davon ausgehen, dass die Umwelt sich ihren Vorstellungen anpassen muss. Wenn jeder Restaurantbesuch oder jede Einladung bei Freunden eine komplexe Checkliste der »erlaubten« Lebensmittel erfordert, dann erwirbt man sich nicht nur schnell den Ruf, eine komplizierte Mimose zu sein, sondern erschwert auch die sozialen Beziehungen. Sicher, es gibt Allergien, die bei Nicht-Beachtung bedrohliche körperliche Reaktionen hervorrufen. Von diesen Dingen spreche ich hier nicht, sondern eher von einer Überempfindlichkeit, die einesteils ihre Wurzeln in der hochsensiblen Wahrnehmung hat, anderenteils aber auch verstärkt werden kann durch ständige Beobachtung, sodass es nach einigen Jahren schwierig ist zu unterscheiden, was wirklich Veranlagung und was Verstärkung ist.

Mir scheint, dass es Hochsensiblen nicht unbedingt nützt, immer allen ihren Empfindlichkeiten Raum zu geben. Ich bin eher der Auffassung, dass es darum geht, herauszufinden, in welchen

Punkten Sie manchmal auch etwas ausprobieren können. Es geht ja schließlich darum, nicht eine Art narzisstischer Selbstbespiegelung zu fördern, sondern kompetenter zu werden im Umgang mit der eigenen hochsensiblen Veranlagung. Dies sind grundsätzliche Überlegungen. Im Folgenden möchte ich Ihnen zum Thema Ernährung noch ein paar Gedanken mitgeben, die aus meinen eigenen Erfahrungen und den Berichten von Klientinnen entstanden sind und Ihnen nützliche Impulse für Ihre eigene Ernährung liefern können. Viele Hochsensible reagieren stark auf Koffein. Es dauerte lange, bis ich erkannte, dass ich keinen Kaffee vertrage. Ich bin jeweils nach »Kaffeegenuss« noch Stunden später zittrig und nervös. Cappuccino geht einigermaßen und Espresso kann ich nach einem Essen gut vertragen. Der Grund liegt in der unterschiedlichen Zubereitungsart. Beim Aufbrühen eines Kaffees werden durch das Filtern zuerst die Geschmacksstoffe und anschließend das Koffein freigesetzt. Durch die kleine Menge Flüssigkeit beim Espresso erhält man also den Geschmack ohne das Koffein. Die Zugabe von Rahm und Zucker vermindert dann noch zusätzlich die Wirkung des Koffeins.

Auch Getränke wie Cola sind für Hochsensible nur in Maßen förderlich. Für Sie als hochsensible Mutter bedeutet das, bei Ihren Kindern darauf zu achten, dass sie nicht zu viel Cola trinken. Als Medizin bei Magen-Darm-Erkrankungen mag Cola unterstützende Wirkung haben und bei plötzlicher Kreislaufschwäche hat sich bei mir eine Mischung aus Schokolade und Cola bewährt. Für Hochsensible gilt aber die Notwendigkeit, mehr Erdung zu bekommen, koffeinhaltige Getränke mit ihren nervös machenden Nebenwirkungen sind nicht dazu geeignet.

Neben Kartoffeln und Wurzelgemüse hat auch Fleisch eine erdende Wirkung. Viele Hochsensible entscheiden sich aufgrund ethischer Überlegungen für ein Leben als Vegetarier. Es mag sein, dass Sie sich sehr gut damit fühlen und mit den Fleischersatzprodukten gut zurechtkommen, ich persönlich habe die Erfahrung gemacht, dass diese Ersatzprodukte nicht die gleiche erdende Wirkung haben wie Fleisch. Wenn Sie vegetarisch oder sogar vegan leben möchten, dann sollten Sie in Ihrer Lebensweise Dinge berücksichtigen, die Ihnen Erdung verschaffen, wie zum Beispiel Entspannungsgymnastik oder Bergwandern. Allerdings gibt es Aspekte, die beim Fleischkauf und -verzehr berücksichtigt werden sollten. Es ist zum Beispiel erwiesen, dass die Stresshormone, die in den Tieren, die in den Schlachthof kommen, ausgeschüttet werden, in das Fleisch übergehen und somit auch vom Verbraucher aufgenommen werden. Ich kann mir gut vorstellen, dass Hochsensible darauf reagieren. Aus diesem Grund verzichte ich weitgehend auf Schweinefleisch. Grundsätzlich sind Sie mit Bio-Produkten gut beraten.

Wärme ist für Hochsensible ebenfalls in der Ernährung und auch sonst wichtig. Ob es darum geht, sich warm einzupacken oder eine warme Mahlzeit zu sich zu nehmen, Wärme hat immer auch einen umhüllenden Effekt. Und Hüllen im Sinne von umgebenden Schutzschichten sind nötig für die hochsensible Seele. Auch warme Mahlzeiten geben eine Hülle. Deshalb sollten Hochsensible wenn möglich keine kalten Mahlzeiten zu sich nehmen und lauwarmes Wasser trinken.

Auch Getreide gibt Erdung. Eine Mutter erzählte mir, dass sie ihren Babys als Folgenahrung abends immer einen gehaltvollen Flüssigbrei kochte. Sie hat dazu eine Mischung aus Gerstenbrei, Mandelmus und Fruchtsaft verwendet. Dann waren die Babys satt und zufrieden. Auch wenn die Kinder größer sind, können Sie ihnen zum Abendessen manchmal einen Brei aus Haferflocken, Milch und Zucker kochen. Am besten auch gleich für sich selbst. Manche Kinder entwickeln auch ein gutes Gespür dafür, was ihnen gut tut und was nicht. Es gibt Kinder, die partout nicht essen, was sie nicht möchten. Wenn das Gewicht Ihres Kindes im Normalbereich liegt und keine Krankheiten vorliegen, dann sollten Sie weitgehend darauf verzichten, solche Kinder zum Essen zu zwingen. Finden Sie lieber gemeinsam heraus, was Ihnen zusammen schmeckt und experimentieren Sie.

Manche Hochsensible reagieren auch empfindlich auf zu viel Fett. Eine Auswahl guter Öle, sparsam verwendet, schafft hier Abhilfe.

Eine wärmende Hülle schaffen Sie auch, wenn Sie die Mahlzeiten wenn möglich gemeinsam einnehmen. Das wird sich zwar vor allem, wenn Sie berufstätig sind, nicht immer machen lassen, aber versuchen Sie zumindest abends, zusammen zu essen. Dabei sollten möglichst keine Probleme diskutiert werden, sondern das Zusammensein steht im Vordergrund. Wolldecken, gemütliche dicke Kissen und liebevolle Zuwendung sind neben der Nahrung ebenfalls wärmende Hüllen, die sich wie eine Schutzschicht um Ihre Seele und die Seelen Ihrer Kinder legen.

Zum Thema Schutzhüllen möchte ich Ihnen noch eine kleine Geschichte erzählen. Ich stehe aufgrund meiner Seminar- und Vortragstätigkeit oft vor Gruppen. Obwohl ich mittlerweile recht viel Erfahrung damit habe, ist jedes Seminar, jeder Vortragsabend doch immer anders. Die Menschen, die mir begegnen, sind jeweils andere, die Orte der Veranstaltungen unterscheiden sich in ihrer Atmosphäre und Einrichtung, kurz, ich weiß im Grunde nie ganz genau, was mich erwartet. Im Laufe der Jahre habe ich mir zwar eine Art Sicherheit erarbeitet, aber aufgrund meiner eigenen Hochsensibilität geht es mir nicht immer gleich. Manchmal bin ich nervös, manchmal gelassen, immer ist aber eine Grundanspannung da. Am Anfang, als ich noch nicht so viel Sicherheit vor Gruppen hatte, habe ich mir angewöhnt, meine Lieblingsstola zu den Veranstaltungen mitzunehmen. Sie ist von einem leuchtenden Rosa. Wenn ich mir den Raum einrichtete, hängte ich die Stola über die Rückenlehne meines Stuhles. Sollte es vorkommen, dass ich mich angegriffen oder sonst wie schutzlos fühlte, konnte ich sie nehmen und mir um die Schultern legen. Sofort stellte sich dann bei mir das Gefühl ein, geschützt zu sein, im wahrsten Sinne des Wortes eine Schutzhülle zu tragen. Im Laufe der Zeit habe ich diesen kleinen »Trick« immer weniger gebraucht und jetzt kommt es sogar häufig vor, dass ich die Stola zu Hause vergesse. Ein deutliches Zeichen für mich, dass ich sie nicht mehr nötig habe und mir eine innere Schutzhülle erarbeitet habe.

Vielleicht haben auch Sie ein Lieblingstuch oder eine Stola zu Hause, die für Sie diesen Zweck erfüllen kann. Immer dann, wenn Sie unangenehme Gespräche vor sich haben, mit Lehrern beispielsweise, kann Ihnen diese kleine und einfache Methode dabei helfen, sich geschützter zu fühlen und sich bewusst eine Schutzhülle zu schaffen. Probieren Sie es aus, es wirkt!

5. Und da sind ja noch die Männer

Ein Buch über Mütter zu schreiben und dabei die Männer im Leben dieser Frauen nicht zu erwähnen, hieße, nur ein unvollständiges Bild zu malen. Wenn es um die Familie geht, dann geht es auch um Ihre Partnerschaft. Gleich, ob Sie verheiratet, getrennt, alleinerziehend oder geschieden sind, es gibt einen Vater für Ihre Kinder. Und er wird als Vater Ihr Leben und das Leben Ihrer Kinder beeinflussen, ob er anwesend ist oder nicht.

Grundsätzlich gibt es zunächst einmal verschiedene Konstellationsmöglichkeiten. Es kann sein, dass Sie auch einen hochsensiblen Mann an Ihrer Seite haben. Das kann sich sehr erfüllend angefühlt haben, als Sie sich kennenlernten. Endlich ein Mann, der Sie versteht, der sensibel auf Ihre Stimmungen reagiert und versucht, Sie auf Händen zu tragen. Auch wenn er eigentlich in ganz anderen Bereichen hochsensibel ist als Sie, treffen Sie sich doch in Ihrem gemeinsamen Bemühen, friedlich miteinander zu leben und in dem Harmoniebedürfnis Konflikte zu übersehen. Aufgrund dieser Komponenten und noch einigen mehr, die tief in Ihrer eigenen Seele verborgen liegen, haben Sie Ja zu ihm gesagt und teilen nun das Leben, die Wohnung und die Kinder miteinander. Ich wünsche Ihnen, dass Ihr Mann genauso aufmerksam und hilfsbereit bleibt, wie Sie ihn kennengelernt haben, ein wirklicher Partner, der neben seinem Arbeitstag auch noch die Hälfte der Verantwortung und der Erziehungsarbeit leistet und sich kräftig im Haushalt engagiert. Ich wünsche Ihnen weiterhin, dass Sie mit ihm trotzdem noch genauso gute Gespräche führen können wie zu der Zeit, als Sie noch keine Kinder hatten. Sollten Sie so ein Prachtexemplar von Mann Ihr Eigen nennen dürfen, dann können Sie dankbar dafür sein.

Möglicherweise gehören Sie aber zu den hochsensiblen Frauen, deren hochsensibler Mann seine ganze Energie an seinem Arbeitsplatz lässt, abends erschöpft und vollkommen überreizt nach Hause kommt und seine Ruhe braucht. Zwei hochsensible Partner können sich, wenn sie unter Stress stehen, in ihrer Empfindlichkeit gegenseitig sehr hochschaukeln. Es ist dann mitunter schwer, den Weg zurück zu einem liebevolleren Umgang miteinander zu finden. Und je nachdem, wie Sie aufgrund Ihrer biographischen Erfahrungen reagieren, verstärkt sich unter Umständen noch Ihr Gefühl, mausallein zu sein. Wenn zwei hochsensible Partner sich finden, kann es sich in entspannten Momenten sehr erfüllend anfühlen, umso größer kann aber auch der Absturz in Stresssituationen sein. Für Sie als hochsensible Mutter erhöht das die Wichtigkeit, ganz bei sich zu sein, gut Ihren Körper wahrzunehmen und Ihre Gedanken auf das zu richten, was gut läuft. Machen Sie sich gerade in schwierigen Zeiten bewusst, dass Sie immer noch der gleiche Mensch sind, ob es gut läuft oder schlecht, und Sie in sich die Kompetenzen tragen, die dazu nötig sind, die aktuelle Situation zu bewältigen. Mit diesem Bewusstsein sind Sie in der Lage, mit Ihrem Kind entspannter umzugehen und die Schlecht-Wetter-Periode in der Partnerschaft zu überstehen.

Das Gleiche gilt auch, wenn Sie mit einem nicht-hochsensiblen Partner zusammen sind. Bei dieser Konstellation kommt wahrscheinlich noch ein gewisses Unverständnis gegenseitig dazu, wie der jeweils andere die Welt erlebt. Hochsensible haben genauso wenig Verständnis dafür, wie »man so unsensibel sein kann« und können darüber wirklich fassungslos sein, wie es nicht-hochsensiblen Männern schwerfällt, die Wahrnehmungsfähigkeit ihrer hochsensiblen Frauen zu verstehen. Manchmal wird auch die hohe Wahrnehmungsfähigkeit Hochsensibler selbst dem wohlwollendsten Partner zu viel. Viele hochsensible Frauen machen dann den Fehler, zu insistieren und auf ihrer Wahrnehmung zu beharren. Dabei hat die etwas weniger sensible Art, durchs Leben zu gehen, auch Ihr Gutes. Hochsensible können von Normalsensiblen lernen, wie man sich durchsetzt, Kontakte knüpft, mit Handwerkern verhandelt und dergleichen mehr. Und Normalsensible könnten von Hochsensiblen lernen, innezuhalten, mehr zu reflektieren, nachzudenken, bevor man handelt, und sich manchmal etwas zurückzunehmen. In allem, was wir an anderen beobachten und wahrnehmen, liegt auch die Möglichkeit eigener Entwicklung verborgen. Es braucht dazu aber die Bereitschaft, die Umwelt als Spiegel zu sehen und die eigene Seelenlandschaft behutsam zu formen. Dass dieser Spiegel oft als Kritik getarnt daherkommt, ist für viele Hochsensible schwer annehmbar.

Auch Kinder haben ein besonderes Talent dafür, den Finger auf die Wunde zu legen und uns mit ihrem Verhalten oder ihren Charaktereigenschaften an unsere Grenzen zu führen und uns an das zu erinnern, was uns wichtig ist. Als hochsensible Mutter sind Sie dafür wahrscheinlich besonders empfänglich. Achten Sie in diesen Momenten darauf, sich nicht in einem Strudel negativer Gedanken zu verlieren, sondern erinnern Sie sich an Ihr inneres Stoppschild, das hier angebracht ist.

Wie kann denn nun ihr Partner sinnvoll unterstützend wirken? Eine Mutter erzählte mir, dass sie bei ihren Eltern beobachten konnte, dass ihre Mutter, die sie für hochsensibel hält, wie selbstverständlich ihre Mittagspause machte und in der Zeit der Vater mit den Kindern genauso selbstverständlich den Abwasch erledigte.

Ich denke, dass es zunächst sehr wichtig ist, mit Ihrem Mann über Ihre Hochsensibilität zu sprechen und sich gemeinsam zu überlegen, wie er Sie entlasten kann, ohne selbst übermäßig belastet zu werden. Auf der ganz praktischen Alltagsebene gibt es wahrscheinlich schon eine Reihe von Möglichkeiten, die Sie ausprobieren könnten, angefangen von einem Mittagstisch für Ihre Kinder bis hin zu einer Putzhilfe einmal in der Woche. Erstellen Sie vielleicht eine Liste mit Ihren Ideen und stecken Sie sich Ihre Ziele nicht zu hoch. Auch wenn Ihr Mann in Zukunft einmal in der Woche das Frühstückmachen übernimmt, ist schon ein Schritt zur Entlastung getan. Grundvoraussetzung für eine etwas andere Organisation des Alltags ist, dass Ihr Mann Verständnis und Toleranz für Ihre hochsensible Veranlagung aufbringt. Im Gegenzug ist es genauso wichtig, dass Sie sein Bemühen, Sie zu unterstützen, wertschätzen, auch, wenn es anfangs vielleicht etwas unbeholfen wirkt. Überhaupt ist gegenseitige Wertschätzung unerlässlich. Machen Sie sich bewusst, dass jeder von Ihnen sein Bestes tut.

Ich erinnere mich, dass ich in meiner Ehe mit den beiden kleinen Kindern so überlastet und erschöpft war, dass ich anfing, meinen Mann für meinen Zustand verantwortlich zu machen. Binnen Kurzem fand ich mich in der Rolle des unzufriedenen keifenden Weibes wieder und anstatt über meine Verwandlung und deren Hintergründe miteinander zu sprechen, zog mein Mann den Kopf ein, erduldete still und ich wurde immer wütender, weil mein Hilfeschrei nicht gehört wurde. Die Wertschätzung füreinander ging uns vollständig verloren.

Damit es bei Ihnen nicht so weit kommt, empfehle ich Ihnen, Ihren Mann in Ihre Überlegungen über Ihre Hochsensibilität miteinzubeziehen. Es ist für ihn wahrscheinlich auch nicht so leicht zu verstehen, was in Ihnen nun vorgeht und was Sie brauchen und gerne hätten. Vielleicht gibt es auch in Ihnen ein diffuses Gefühl, dass er mehr tun könnte, aber was? Damit ein Gespräch nicht in Vorwürfen und Schuldzuweisungen endet, ist es wichtig, dass Sie sich vorher gut überlegen, was Sie denn möchten und auf welcher Ebene (praktisch, geistig-seelisch oder körperlich) Sie gerne von ihm Unterstützung hätten. Um sich dieser Dinge bewusst zu werden, helfen Ihnen die Distanzierungsübungen, wie ich sie weiter oben beschrieben habe.

Im Folgenden möchte ich Ihnen ein paar Impulse zum Nachdenken mitgeben. Suchen Sie sich davon die aus, die in Ihr Leben und zu Ihnen passen, vielleicht kommen Ihnen dabei auch eigene Ideen:

Grundsätzliche Überlegungen
- Fühlen Sie sich grundsätzlich wohl in Ihrer Ehe?
- Was erwarten Sie von Ihrem Mann?
- Was erwarten Sie von sich selbst?
- Was wünschen Sie sich von ihm?
- Haben Sie das Gefühl, alles selbst schaffen zu wollen/zu müssen oder sind Sie bereit, Hilfe anzunehmen und die Verantwortung für die Betreuung der Kinder zu teilen?

Konkrete Ideen
- Ein freier Abend in der Woche, der nur Ihnen gehört
- Unterstützung im Haushalt
- Mittagstisch für Ihre Kinder im Kindergarten, in der Schule oder bei einer Tagesfamilie
- Öfter mal ein freies Wochenende für Sie
- Ein eigenes Zimmer, eine Rückzugsmöglichkeit oder auch nur ein eigener Sessel mit Ihrer Lieblingsdecke für die Momente, in denen Sie allein sein wollen.

Hilfreiche Unterstützung kann unterschiedlich aussehen. Manchmal geht es um ganz praktische Dinge wie Abwasch, Wäscheaufhängen oder Kochen, manchmal auch nur ums Zuhören und Anteilnehmen. Weitere Formen hilfreicher Unterstützung durch den Partner können sein:

- Den Abwasch abnehmen
- Sich abends zusammen eine Zeitspanne einräumen, in der jeder von seinem Tag erzählen kann
- Einmal die Woche gemeinsam kochen
- Zuhören, ohne zu bewerten

Es gibt Gesellschaften auf dieser Welt, in der die Kinder vom gesamten Stammesverband gemeinsam erzogen werden. Mir begegnen manchmal Berichte über das Leben bei afrikanischen Völkern oder über die Einwohner in den Bergdörfern des Himalaya. Bei der Beschäftigung mit diesen Kulturen werden mir ein paar Dinge deutlich: Zum einen wird spürbar, dass der Zusammenhalt in diesen Gesellschaften sehr stark ist. Alle, von der ältesten Greisin bis zum Kleinkind, haben die gleichen Einstellungen und Werte, nach denen sie ihr Leben ausrichten. Außerdem wird deutlich, dass die Verantwortung für die Erziehung der Kinder nicht allein auf den Schultern der Mutter beziehungsweise der Eltern liegt, sondern von der Dorfgemeinschaft getragen wird. Welch ein Unterschied zu unserer westlichen Zivilisation, in der die Kleinfamilie das gängige Prinzip ist und oftmals immer noch den Müttern die Hauptverantwortung für die Kinder zufällt.

Mir ist bewusst, dass sich daran so schnell nichts ändern wird, obwohl es immer auch gegenteilige Tendenzen gibt, wie zum Beispiel, dass sich immer mehr Männer dafür entscheiden, Hausmann zu sein und die Kinder zu betreuen, während ihre Frau arbeitet. Nichtsdestotrotz sind Mütter in unserer Gesellschaft mehrheitlich damit konfrontiert, allein gelassen zu werden.

Die allgemeine Haltung, dass Mütter heutzutage Beruf, Kinder und Haushalt unter einen Hut bringen müssen und dass die Hauptverantwortung dafür bei ihnen liegt, spiegelt sich auch in der Familie wider. Es mag sein, dass die Frau sich »freiwillig« dafür entscheidet, zu Hause bei den Kindern zu bleiben, weil sie ohnehin die geringere Ausbildung hat und ihr Mann aufgrund seines Studiums besser verdient. Es mag sein, dass Sie diese Aufteilung auch nicht weiter hinterfragen und Ihr Mann auch ganz damit einverstanden ist. Und wenn Sie damit zufrieden sind, ist auch nichts dagegen einzuwenden.

Schwierig wird es nur, wenn Sie nach ein paar Jahren feststellen, dass Sie sehr viel arbeiten und oft erschöpft sind sowie keine Ferien- oder sonstigen Freizeiten für sich selbst haben und nichts dafür bekommen. Und dabei spreche ich nicht nur vom fehlenden Gehalt, sondern von der Wertschätzung, die ausbleibt, weil Ihr gesamtes Umfeld es als selbstverständlich hinnimmt, was Sie leisten. Dazu fällt mir eine Geschichte ein. Vor Kurzem habe ich im Fernsehen eine Reportage über eine türkische Familie gesehen, die sich mit dem Verkauf von Aprikosen den Lebensunterhalt verdiente. Die Familie nennt eine Aprikosenplantage von 1 500 Bäumen ihr Eigen. Der Seniorchef hat sich mit seinem Sohn überworfen, weil der es gewagt hat, gegen seinen Willen die »falsche« Frau zu heiraten. Seit zwölf Jahren haben Vater und Sohn deshalb kein Wort mehr miteinander gesprochen. Sie leben aber mit ihren Familien noch immer unter einem Dach. In der Türkei ist es üblich, dass die neue Schwiegertochter nach der Heirat zu der Familie des Mannes zieht und den Schwiegereltern den Haushalt führt. Sie muss sich widerspruchslos den Regeln der Schwiegermutter fügen, so ungerecht und willkürlich diese auch sein mögen. Sie kann ihren Status im Laufe der Jahre nur verbessern, indem sie männliche Nachkommen zur Welt bringt. Die junge Frau in dieser Reportage ist auch diesen Weg gegangen, hat drei Kinder geboren, darunter den geforderten Sohn, und von morgens bis abends geschuftet. Trotzdem hat die Familie des Mannes sie immer noch spüren lassen, dass sie nicht willkommen ist. Ihr Mann hat deswegen von einer Aprikosenernte zur nächsten darauf hingespart, sich eine Wohnung in der Stadt zu kaufen, um mit seiner Familie endlich ausziehen zu können. Als die Reportage gedreht wurde, erlebte die Familie aber die schlechteste Aprikosenernte seit Langem. Der Erlös reichte nicht für die ersehnte Wohnung. Am Tag, als der Juniorchef seine Aprikosen verkaufte, war sein nächster Weg zum Goldbasar, um seiner Frau einen goldenen Armreif von dem Erlös zu kaufen. Wortlos überreichte er ihn ihr und wortlos nahm sie ihn. Aber sie strahlte über das ganze Gesicht, als sie dieses Zeichen der Wertschätzung von ihrem Mann bekam. Auch in Gesellschaften, in denen die Rollenverteilung sehr traditionell und strikt ist, muss Wertschätzung zwischen den Partnern nicht ausbleiben. Beide können sich dafür schätzen, wie viel sie jeweils leisten, damit die Familie funktionieren kann. Selbst unter schwierigen Lebensumständen sollten Sie nicht verlernen, sich gegenseitig Gesten der Wertschätzung zu geben.

Ich denke, dass ein Weg, mehr Wertschätzung zu erhalten, auch darin besteht, sich selbst mehr wertzuschätzen. Und nicht zuletzt auch wegen dieser Zusammenhänge ist es eine Notwendigkeit für Sie, auf eigenen freien Zeiten zu bestehen oder sich einen Rückzugsort in der Wohnung einzurichten, der Ihnen gehört. Sich selbst Anerkennung und Wertschätzung zu geben, hat zur Folge, dass Sie diese nicht mehr so gnadenlos von anderen erwarten.

6. Von anderen Formen des Zusammenlebens

Gedanken für alleinerziehende Mütter

Es ist möglich, dass Sie trotz aller guten Vorsätze und allen Versuchen auseinander gegangen sind. Träume sind zerplatzt, obwohl es sich so anfühlen mag, als seien Sie gerade dem größten Alptraum entronnen, und Sie finden sich als alleinerziehende hochsensible Mutter wieder. Kein Mädchen hat es in seinem Lebensentwurf vorgesehen, einmal alleinerziehend zu sein. Aber das Leben hat seine eigenen Spielregeln und gibt uns manchmal zu verstehen, dass wir nicht alles vorhersehen und kontrollieren können. Und ein Buch über hochsensible Mütter wäre unvollständig, wenn ich die große Anzahl der Alleinerziehenden außer Acht lassen würde. Ich spreche da auch aus eigener Erfahrung: Nach zehn Jahren Ehe haben mein Mann und ich uns scheiden lassen, damals waren unsere Kinder sechs und neun Jahre alt. Seit nunmehr acht Jahren bin ich alleinerziehend. Und ich möchte an dieser Stelle allen alleinerziehenden hochsensiblen Müttern ein paar Gedankenimpulse mit auf den Weg geben, die ihnen helfen sollen, ihre Situation gelassen anzunehmen. Ich weiß noch gut, dass ich mich in meiner Ehe bereits sehr alleinerziehend fühlte, dennoch hat mich nichts auf die tatsächliche Situation vorbereitet. Selbst wenn Sie sich das Alleinsein mit Ihren Kindern als befreiend vorgestellt haben, werden Sie überrascht sein, wie allein Sie dann wirklich sind. Das Schwierige am Alleinsein ist, dass man *immer* allein ist und es sich nicht aussuchen kann, ob man allein sein möchte oder nicht.

Das Leben nach der Trennung neu zu organisieren, verlangt viel Kraft. Wenn Sie bis jetzt zu Hause bei den Kindern bleiben konnten, so werden Sie nun wahrscheinlich vor die Aufgabe gestellt, sich eine Arbeit zu suchen. Sie werden Gerichtstermine haben und das Vermögen aufteilen. Es wird über Ihren Unterhalt und den Unterhalt für die Kinder verhandelt. Sie werden Ihren Exmann von einer Seite kennenlernen, die Sie vielleicht noch nicht an ihm kannten. Sie werden gezwungen werden, die Realität anzunehmen, und die Realität der meisten alleinerziehenden Mütter heißt: wenig Geld, wenig Zeit, wenig Kraft, viel schlechtes Gewissen den Kindern gegenüber und viel Einsamkeit.

Alles das, was ich bis jetzt über hochsensible Mütter geschrieben habe, gilt für Alleinerziehende in doppeltem Ausmaß. Nun gibt es keinen Partner mehr, der Sie entlasten könnte. Mit Wucht werden Sie zu spüren bekommen, dass Sie für jede Stunde Kinderbetreuung bezahlen müssen. Vielleicht haben Sie anfangs sogar schlaflose Nächte vor lauter Existenzsorgen. So düster dieses Bild auch ist, welches ich Ihnen gerade male, so sicher bin ich auch, dass Sie in sich bereits die Fähigkeiten tragen, die nötig sind, diese Zeit zu überstehen. Es ist erstaunlich, aber eine oft zu beobachtende Tatsache, dass Hochsensible, die oft so zerbrechlich und verletzlich erscheinen, in wirklichen Lebenskrisen über sich hinauswachsen. Es scheint so zu sein, dass Hochsensible in Zeiten der Not Kräfte mobilisieren können, von denen sie selbst nichts ahnten. Es gibt eine Art Widerstandskraft, die hilft, Zeiten der Unsicherheit und des Wandels zu überstehen und sogar gestärkt daraus hervorzugehen. Die Wissenschaft nennt diese Kraft »Resilienz«. Auf eine kurze Formel gebracht, könnte man sagen, dass Hochsensible im Alltag über relativ wenig Resilienz verfügen, in Zeiten von Krisen aber über hohe Resilienz. Es scheint einen unverwundbaren Kern zu geben, der oft jahrelang vor sich hin schlummert und nur aktiviert wird, wenn Sie ihn wirklich brauchen. Es ist doch ein ermutigender Gedanke, dass Sie über genügend Kraft verfügen. Das Einzige, was nötig ist, ist, sich dessen bewusst zu sein. Erinnern Sie sich ab und zu daran, was Sie schon hinter sich gebracht haben. Vielleicht fallen Ihnen Situationen ein, in denen Sie Kraft und Stärke gezeigt haben.

An dieser Stelle möchte ich zwischen körperlicher und geistig-seelischer Kraft unterscheiden. Es mag sein, dass Sie körperlich sehr erschöpft sind. Ihre Tage sind sehr lang und die Kinder fordern von Ihnen die Aufmerksamkeit, die Sie früher mit Ihrem Mann teilen konnten. Aber es ist gut möglich, dass ein Teil von Ihnen, der geistig-seelische, weiß, dass Ihnen nicht wirklich etwas geschehen kann. In Zeiten der Verzagtheit ist es gut, sich daran zu erinnern. Als gläubiger

Mensch wissen Sie außerdem, dass Gott Ihnen beisteht, Ihnen Kraft gibt, die über Ihre menschliche hinausgeht.[31] Auch der Gedanke der Vergebung entfaltet in dieser Lebensphase, die von Enttäuschung und Zerbruch gekennzeichnet ist, seine befreiende Bedeutung. Dieselbe Widerstandskraft können Sie im Grunde auch bei Ihren Kindern voraussetzen. Mit Sicherheit quälen Sie sich mitunter mit Vorwürfen oder schlechtem Gewissen, ihnen keine heile Familie bieten zu können, und vielleicht reagieren Ihre Kinder auch verunsichert und orientierungslos. Trotzdem haben Kinder die wunderbare Eigenschaft, sich auch widrigen Situationen anpassen zu können. Keine Frage, eine Trennung der Eltern stellt immer einen tiefen Einschnitt dar, und für keinen der Beteiligten wird das Leben nachher in gleicher Weise weitergehen wie vorher. Vor allem, wenn Sie hochsensible Kinder haben sollten, erscheint es mir wichtig, dass Sie mit ihnen offen sprechen. Auch wenn es Ihnen gar nicht gut gehen sollte, verheimlichen Sie Ihren Zustand nicht vor Ihren Kindern. Sagen Sie ihnen, dass es auch für Sie schwer ist, dass Sie es aber gemeinsam schon schaffen werden. Sie wissen von sich selbst, dass Sie es spüren, wenn jemand nicht ganz ehrlich zu Ihnen ist, und diese Fähigkeit können Sie auch bei Ihren Kindern voraussetzen.

Auch wenn Sie nach der Trennung erst einmal genug von Männern haben sollten und sich schwören, nie mehr einen Mann näher als 20 Meter an sich heranzulassen, kommt möglicherweise nach ein paar Jahren der Moment, in dem Sie sich wieder verlieben können. Die neue Beziehung wird von Anfang an andere Voraussetzungen kennen als Ihre Ehe, denn nun haben Sie Kinder, die allein durch ihre Existenz Ihre Partnerschaft beeinflussen werden. Ich weiß um das Bemühen vieler Frauen, ob hochsensibel oder nicht, sich Situationen und Menschen schönzureden und Scheuklappen aufzusetzen. Aber vor allem hochsensible Frauen neigen in besonderem Maße dazu, Konflikte unter den Teppich zu kehren und um des lieben Friedens willen den Mund zu halten. Obwohl ihnen eine innere Stimme schon längst ins Ohr flüstert, dass sie sich im Grunde von ihrem neuen Partner nicht wahrgenommen fühlen, halten sie an der Beziehung fest und machen sich kleiner, als sie sind, damit »es«

funktioniert. Wenn Sie solches auch bei sich wahrnehmen sollten, dann möchte ich Ihnen zurufen:»Seien Sie wählerisch und geben Sie sich nicht zu leicht zufrieden!« Das bedingt natürlich ein Bewusstsein des eigenen Wertes, wie ich es nun schon mehrmals beschrieben habe. Dazu können folgende Fragen hilfreich sein:

- Wenn Sie ganz frei wären, wären Sie dann auch mit diesem Mann zusammen?
- Was bindet Sie an ihn und was bindet ihn an Sie?
- Wie stehen Ihre Kinder zu ihm?
- Ganz ehrlich: Haben Sie manchmal das Gefühl, Sie haben, was Beziehungen zu Männern angeht, resigniert?
- Können Sie gut allein sein?
- Können Sie auch über Trennendes mit ihm sprechen?

Wenn Sie diese und ähnliche Fragen ehrlich beantworten, finden Sie vielleicht einen Zugang zu Ihrem inneren Wissen, was Sie möchten und was nicht.

Und dann kommt vielleicht eines Tages der Moment, an dem Sie mit Ihrem neuen Partner eine neue Familie gründen möchten. Und damit wartet eine neue Herausforderung auf Sie und Ihre Kinder. Sie bilden also nunmehr das, was seit einigen Jahren unter dem Begriff »Patchworkfamilie« bekannt ist.

Hochsensible Mütter in Patchworkfamilien

Der Name »Patchwork« leitet sich aus der bekannten Handarbeitstechnik ab, in der durch Aneinandersetzen von einzelnen Stoffstücken eine Decke entsteht. Das »Quilten«, wie eine Weiterentwicklung dieser Arbeit heißt, erfreut sich in manchen Ländern, zum Beispiel in Irland, großer Beliebtheit und kunstvoll gestaltete Quilts sind teuer und kostbar. Ihre neue Familiensituation ist nun nicht einfach. Jedes Mitglied der neuen Hausgemeinschaft stellt ein eigenes Stoffstück mit individuellen Farben und Mustern, sprich eigenen Bedürfnissen, Motivationen und Erfahrungen dar. Nebst den unterschiedlichen Persönlichkeiten ergibt sich daraus eine Fülle von Möglichkeiten, das Zusammenleben zu gestalten. Um irgendwann einmal ein harmonisches Muster zu ergeben, ist wie bei einem Quilt eine gewisse Vorarbeit nötig. Diese besteht vor allem aus gemeinsamen Gesprächen über das zukünftige Zusammenleben. Überlegen Sie gemeinsam, wie Sie sich Ihre Hausgemeinschaft vorstellen.

Um unrealistische Erwartungen möglichst einzudämmen, möchte ich Ihnen als alleinerziehender Mutter eine Erkenntnis ans Herz legen: Gehen Sie davon aus, dass Sie alleinerziehend bleiben werden, auch wenn Sie mit einem neuen Partner zusammenleben. Sie haben das Sorgerecht für Ihre Kinder und tragen weiterhin die Verantwortung. Es bedeutet eine Überforderung aller, zu erwarten, dass der neue Partner die Verantwortung mit Ihnen teilt, als wäre er der leibliche Vater des Kindes. Leider wird auch oft von fachlicher Seite her (Therapeuten, Lehrern, teilweise auch dem Gesetzgeber) angenommen, dass Sie, wenn Sie wieder mit einem Partner zusammengezogen sind, nicht mehr alleinerziehend wären. Es gibt Konstellationen, vor allem, wenn die Kinder noch klein sind, in denen der neue Mann der Mama die Vaterstelle vertritt und seinen Teil der Babypflege und des Unterhalts übernimmt. Wenn die Kinder älter sind, werden sie eine Loyalität zu ihrem leiblichen Vater spüren und den neuen Partner der Mutter eher als Konkurrenz desselben sehen. Da braucht man viel Fingerspitzengefühl, um zum einen die Gefühle der Kinder zu respektieren, zum anderen aber auch dem neuen Partner den ihm zustehenden Platz einzuräumen. Als hochsensible Mutter kann sich das öfters so anfühlen, als würden Sie zwischen allen Stühlen sitzen. Sie spüren vielleicht genau, dass Ihre Kinder den neuen Mann an Ihrer Seite nicht wirklich akzeptieren, obwohl sie nichts sagen. Sie merken vielleicht auch, dass Sie sich von ihm mehr Engagement wünschen würden und fühlen sich oft allein gelassen in der Verantwortung für die Entwicklung der Kinder. Dann prallen vielleicht auch verschiedene Einstellungen zur Ordnung, zum Glauben, zu Disziplin und mehr aufeinander. Es kann eine wahre Zerreißprobe sein, wenn sich der gesamte Inhalt des Schuhschranks in der Garderobe stapelt und Ihr Partner darüber stolpert, wenn er nach Hause kommt. Während es Ihnen wichtig sein mag, Ihren Kindern vorzulesen und mit ihnen zu spielen, ist Ihrem Partner vielleicht eine aufgeräumte und saubere Wohnung wichtig. Das ist nur ein Beispiel – es ist natürlich auch umgekehrt denkbar. Ich habe festgestellt, dass es in einem Haushalt relativ unordentlich aussehen kann, obwohl beide Partner es gerne ordentlich hätten. In diesem Fall gibt es vielleicht effektiv zu wenig Stauraum und/oder die Hauptverantwortung für die Ordnung liegt bei einem der Partner. Ich kenne mehr als eine hochsensible Mutter, die an der Aufgabe, täglich für Ordnung in ihrem 4-Personen-Haushalt zu sorgen, verzweifelt und schließlich resigniert.

Unausgesprochene Rollenerwartungen, verschiedene Erziehungsstile und gefühltes Zu-kurz-Kommen, das ist der Zündstoff, aus dem viele Konflikte in Patchworkfamilien resultieren. Ich möchte Ihnen auch zu diesem Thema raten, Ihre Hochsensibilität als Kompetenz einzusetzen. Jawohl, Sie werden oft erschöpft sein und ja, Sie fühlen sich oft zerrieben zwischen den vielen unterschiedlichen Bedürfnissen, von denen Sie das Gefühl haben, dass Sie sie erfüllen müssten. Aber nun lehnen Sie sich für einen Moment zurück und üben Sie sich in Distanzierung, wie weiter oben beschrieben. Mit dem nötigen Abstand können Sie Ihre hochsensible Wahrnehmungsfähigkeit dafür einsetzen, die unterschiedlichen Bedürfnisse zu thematisieren und so zu besprechen, dass sich jeder, einschließlich Ihnen, wahrgenommen fühlt. Als Beispiel soll Ihnen folgende Szene Anregung sein:

Es ist Samstagmorgen. Sie sind als Erste aufgestanden, um für Ihre Familie den Frühstückstisch zu decken. Nach und nach trudeln alle Familienmitglieder ein. Sie bemerken, dass Ihre Tochter scheinbar schlecht geschlafen hat, die Ringe unter ihren Augen und ihre mürrische und muffelnde Haltung sprechen für sich. Ihr Sohn verkündet lautstark, dass er heute in den Wald möchte (er liebt es, dort stundenlang auf Entdeckungstour zu gehen), während Sie für sich feststellen, dass Ihr neuer Partner gar nichts davon registriert, sondern innerlich auf Wochenende umgeschaltet hat – was bedeutet, dass er frei hat und seine Ruhe braucht. Während Sie das alles wahrnehmen, wissen Sie, dass noch eingekauft werden muss, dies und das noch erledigt werden sollte, Sie sehen den Staub auf den

Möbeln und die Krümel unter dem Esstisch, wovon der Rest der Familie nichts mitzubekommen scheint. Sie merken, wie Ihr innerer Stresspegel langsam zu steigen beginnt. Das ist der Moment, in dem Sie sich innerlich zurücklehnen sollten. Sie atmen tief durch und merken, dass Sie ruhiger werden. Dann könnten Sie vielleicht zu Ihrer Tochter sagen:»Du hast wohl schlecht geschlafen?« Mürrisches Nicken als Antwort. Und zu Ihrem Sohn:»Ich weiß, der Wald tut dir gut. Wenn du mir nachher hilfst, die Küche aufzuräumen, dann kann ich dich in den Wald fahren.« Und zu Ihrem Mann:»Ich möchte, dass wir heute Abend schön zusammen kochen. Hast du eine Idee dafür?«

Nehmen Sie einfach wahr, was Sie von Ihrer Familie an Botschaften empfangen, bleiben Sie zentriert und ganz bei sich. Verabschieden Sie sich von der Vorstellung, dass Sie verantwortlich für die Laune Ihrer Tochter oder das Gelingen des Wochenendes für Ihre Familie sind. Sie brauchen nicht alles für alle zu lösen, wichtig ist vielmehr, dass auch Sie nicht zu kurz kommen und eine gesunde Balance gewahrt wird zwischen Kür und Pflichtprogramm.

Noch etwas möchte ich an dieser Stelle kurz ansprechen: Es gehört noch jemand dazu, der, obwohl er nicht körperlich anwesend ist, Ihr neues Familienleben beeinflusst: Ihr Exmann. Auch wenn Sie es nicht wahrhaben wollen, der leibliche Vater der Kinder muss in alle Entscheidungen, die die Kinder betreffen, einbezogen werden, vor allem, wenn Sie das gemeinsame Sorgerecht haben. Je nachdem, wie sich das Verhältnis zu Ihrem Exmann gestaltet, kann es sehr belastend sein, wenn er sich in Ihr Leben einmischt, wenn seine Ansichten über Kindererziehung und davon, was die Kinder brauchen, stark von Ihren abweichen. Es mag sein, dass die Fronten so verhärtet sind, dass es keine Brücke mehr zu geben scheint. Sie werden vielleicht extrem wütend, verletzt und gekränkt sein und Sie haben schon tagelang vor einem Kontakt mit ihm Bauchschmerzen. Eine alleinerziehende Mutter hat mir erzählt, dass es sich für sie anfühlt, als wohne eine glühend-kalte Metallkugel in ihrem Magen, die sie immer dann spürt, wenn sie mit ihrem Exmann zusammenkommen muss.

Nie kann Ihnen das Bedürfnis nach einem Schutzschild so bewusst werden wie im Umgang mit Ihrem Exmann. Vor allem, wenn Sie noch nicht sehr geübt in der Distanzierung sind und Ihnen jedes unfreundliche Wort und jedes Unverständnis wie ein Schlag in den Magen vorkommt. In Situationen, in denen Sie von Wut und Hass beherrscht werden, ist es sinnvoll, diese starken Emotionen zunächst einmal auszudrücken, anstatt direkt in die Distanzierung zu gehen. Vielleicht ist eine Aufarbeitung der Beziehung zu Ihrem Exmann mithilfe einer Fachperson angezeigt. Enttäuschungen, Frustrationen und auch Trauer sind starke Kräfte, die, wenn sie nicht verarbeitet werden, eine Eigendynamik im Verborgenen entfalten und sich in Situationen Bahn brechen, in denen es besser wäre, wenn Sie gelassen bleiben würden. Immer dann, wenn uns heftige Emotionen heimsuchen, ist das ein Hinweis auf etwas Unverarbeitetes. Je nachdem, wie tief die Verletzungen sind und wie stark sie mit Ihrer Herkunftsfamilie verknüpft sind, ist es nicht mehr gut möglich, alleine an sich zu arbeiten, sondern dann ist manchmal ein Gegenüber nötig, welches Sie wertschätzend und sorgfältig begleiten kann.

Ich wünsche Ihnen sehr, dass es Ihnen und den anderen Mitgliedern Ihrer Patchworkfamilie gelingt, zu einem harmonischen Zusammenleben zu finden. Erzwingen können Sie das allerdings nicht. Vielleicht stellen Sie nach Jahren des Bemühens fest, dass Sie alle doch nicht zu einer Familie zusammengewachsen sind. Zu unterschiedlich sind möglicherweise die Persönlichkeiten und die Einstellungen. Das ist dann auch einfach eine Realität, die es zu akzeptieren gilt. Hochsensible neigen auch hier manchmal dazu, etwas stur an Vorstellungen festzuhalten, die unrealistisch sind. Es kann entlastend sein, sich zurückzunehmen und ein Stück weit den Dingen ihren Lauf zu lassen. Vieles bekommt dadurch vielleicht auch Raum, der vorher gar nicht sichtbar war. Indem Sie sich ein wenig zurücknehmen (bitte nicht mit Desinteresse verwechseln), bekommt Ihr Partner auf einmal vielleicht die Gelegenheit, allein mit Ihrer Tochter zu sein und die Möglichkeit, seinen Kontakt zu ihr zu gestalten. Oder es entsteht eine Verschiebung von Verantwortung für den Haushalt und das Zusammenleben, in der jedes Mitglied seinen

Teil übernimmt und sich nicht mehr ausschließlich auf Sie verlässt. Und dann ist es mit der Zeit vielleicht auch möglich, aus den vielen einzelnen Elementen eine besonders kunstvolle Decke zu gestalten, die einzigartig ist.

IV. Von Schuld, Verantwortung, Therapeuten, Lehrern und der Überquerung des Rubikon

Als hochsensible Mutter neigen Sie sehr wahrscheinlich dazu, sehr viel Verantwortung zu übernehmen. Ich kenne praktisch keine Mutter, die sich nicht irgendwie schuldig fühlen würde. Solange alles im grünen Bereich bleibt und lediglich Sie allein mit Ihren Gefühlen umgehen müssen, mag das ja noch gehen. Aber was ist, wenn sich die Kinder nicht »normal« entwickeln? In Zeiten, in denen beinahe inflationsartig Diagnosen wie ADS/ADHS vergeben werden, ist die Wahrscheinlichkeit relativ groß, dass, wenn Sie mehr als ein Kind haben sollten, eins dabei ist, welches ein wenig besonders ist. Irgendwann kommt dann der Moment, in dem Sie zu Ärzten, Schulpsychologen, Ergotherapeuten, Logopäden und Psychiatern pilgern. Wie geht es Ihnen als hochsensible Mutter dabei? Es ist ja nicht so, dass es sich dabei um Zahnarzttermine handelt, sondern es geht um Ihr Kind, mit dem Sie eine besondere Geschichte haben, und es geht auch um Sie, weil immer auch Ihr Leben und Ihre Fähigkeiten als Mutter bewertet werden. Und jedes Mal, wenn Sie wieder einer Fachperson gegenübersitzen, müssen Sie erzählen, um was es geht und oft im Beisein Ihres Kindes Worte finden, die es beschreiben sollen. Gleichzeitig wird mit jedem Termin Ihre Hoffnung genährt, es möge sich doch endlich jemand finden, der Ihre Verzweiflung wahrnimmt und wirksame Methoden zur Verfügung hat, die Ihnen und Ihrem Kind helfen.

Die meisten Fachleute haben noch nichts von Hochsensibilität gehört und stehen diesem Begriff vielleicht auch skeptisch gegenüber. Nach meiner eigenen Erfahrung wollen vor allem Lehrpersonen davon nichts wissen. Da kommt es natürlich wie in jedem anderen Beruf sehr auf den einzelnen Menschen an. In ländlichen

Gebieten mag vor allem noch die Vorstellung leitend sein, die Kinder auf die ach so harte Welt vorbereiten zu müssen und deshalb alle Sensibilität im Keim ersticken zu sollen. Dabei wird außer Acht gelassen, dass jeder Mensch die Welt gestaltet und jeder, der mit der Erziehung von Menschen beauftragt ist, die Möglichkeit hat, an der Zukunft mitzugestalten. Nur weil momentan Leute an der Macht sind, die eine desensibilisierende Erziehung »genossen« haben, heißt das nicht, dass es so bleiben muss. Wenn zum Beispiel Lehrer die Sensibilität in ihren Schülern zu unterdrücken versuchen, ist das nichts anderes als systemerhaltend. Ich bin überzeugt davon, dass wir hochsensible Menschen stärken und darin unterstützen sollten, dass sie gerade aufgrund ihrer Hochsensibilität Ressourcen haben, die dazu beitragen, die Welt ein wenig besser zu machen, als sie momentan ist.

In meiner Arbeit ist mir die oben beschriebene Haltung von Lehrpersonen oft begegnet. Allerdings gab und gibt es auch immer wieder ermutigende Gegenbeispiele. Es gibt durchaus Lehrer und Lehrerinnen, die dem Thema sehr offen gegenüberstehen und die vielleicht sogar selbst hochsensibel sind und deshalb mehr Verständnis für ihre Schüler und Schülerinnen haben.

Das herrschende Schulsystem sieht nicht vor, vom gängigen Leistungsdenken abzuweichen. Es scheint vielerorts so zu sein, dass Leistung und Sensibilität als unvereinbare Gegensätze betrachtet werden. Wie ich versucht habe aufzuzeigen, sind Hochsensible aber sehr wohl leistungsfähig, wenn sie förderliche Bedingungen vorfinden. Mit Verständnis, Behutsamkeit, Klarheit und Einfühlungsvermögen können hochsensible Kinder zu leistungsbereiten und -fähigen Mitgliedern der Gesellschaft heranwachsen. Es braucht dazu lediglich etwas Aufmerksamkeit und die Bereitschaft, Sensibilität als eine wertvolle Eigenschaft zu betrachten, die in unserer Gesellschaft bitter nötig ist.

Aber kehren wir zu dem zurück, wie es Ihnen geht, wenn Ihr Kind sich nicht der Norm entsprechend entwickelt.

Als ich anfing, an diesem Buch zu arbeiten, erfuhr ich, dass ein Mädchen aus meiner näheren Verwandtschaft eine Essstörung entwickelte und depressiv war. Ich kannte die Familie gut und obwohl

ich in der Regel sehr aufmerksam bin, was Störungen im zwischen-
menschlichen Bereich angeht, traf mich diese Offenbarung völlig
unvorbereitet. Genauso ging es auch der Mutter des Mädchens. Von
einer Sekunde auf die andere schien sie nur noch aus Angst und
Schuldgefühlen zu bestehen. Sie sagte mir, dass es sich anfühle, als
hätte sich eine Eisenklammer um ihr Herz geschnürt. In dem Märchen der Gebrüder Grimm »Der Froschkönig« heißt es am Ende:

*Der treue Heinrich hatte sich so gekränkt, als sein Herr in einen
Frosch verwandelt worden war, dass er drei eiserne Bänder um sein
Herz hatte legen lassen, damit es ihm nicht vor Weh und Traurigkeit
zerspränge.*

*Der Wagen sollte nun den jungen König in sein Reich holen. Der
treue Heinrich hob ihn und seine junge Gemahlin hinein, stellte
sich wieder hinten hinauf und war voll Freude über die Erlösung
seines Herrn. Als sie ein Stück des Weges gefahren waren, hörte der
Königssohn, dass es hinter ihm krachte, als ob etwas zerbrochen
wäre. Da drehte er sich um und rief:*

»Heinrich, der Wagen bricht!«

*»Nein, Herr, der Wagen nicht,
Es ist ein Band von meinem Herzen,
Das da lag in großen Schmerzen,
Als Ihr in dem Brunnen saßt
Und in einen Frosch verzaubert wart.«*

*Noch einmal und noch einmal krachte es auf dem Weg, und der
Königssohn meinte immer, der Wagen bräche. Doch es waren nur
die Bänder, die vom Herzen des treuen Heinrich absprangen, weil
sein Herr nun erlöst und glücklich war.*[32]

So, wie in dem Märchen erzählt wird, kann es hochsensiblen Menschen förmlich die Luft abschnüren, wenn sie feststellen, dass ein

ihnen nahestehender Mensch leidet. Schon bei weiter entfernten Bekannten mag Sie das sehr beschäftigen, umso mehr bei Ihren eigenen Kindern. Ich fühlte mit der Mutter des Mädchens, was es heißt, Eisenbänder um das Herz zu tragen.

Anders als in dem Märchen mag es Ihnen aber manchmal so vorkommen, als ob Sie die Eisenbänder gar nicht mehr loswürden. Gerne würde ich Ihnen sagen, dass es wirksame Methoden und Hilfsmittel gibt, um das Schuldgefühl nicht mehr so stark spüren zu müssen. Stattdessen möchte ich einige eigene Erfahrungen mit Ihnen teilen und Ihnen ein paar Gedanken mit auf den Weg geben. Spätestens, seit durch die systemischen Therapien der Blick auf die Familie gelenkt wurde und es modern ist, Familie als ein System zu denken (in dem jedes Mitglied einen Einfluss auf das Gesamtgeschehen hat, ähnlich wie bei einem Mobile, dessen Teile miteinander verbunden sind und die alle in Bewegung geraten, wenn man an einem Teil zieht), können Mütter gewiss sein, dass der Moment kommt, an dem ein freundlicher Psychologe sie darauf hinweist, dass es nötig wäre, alle Familienmitglieder an den Tisch zu bekommen.

Das systemische Gedankengut ist auch Teil meiner Arbeit und ich bin mir bewusst, dass wir alle miteinander verbunden sind und einander beeinflussen. Dennoch, je nachdem, wie belastet die Familiensituation ist, ist es meines Erachtens eher kontraproduktiv, zum Beispiel die geschiedenen Eltern zu einem gemeinsamen Gespräch zu zwingen. Ich erinnere mich, als ich einen Psychologen für meinen Sohn suchte: Der Psychiater war nur bereit, uns zu empfangen, wenn auch die kleine Schwester und mein Exmann dabei wären. Schließlich saßen wir also in seinem Sprechzimmer, sahen aneinander vorbei und auf die Frage des Psychiaters, ob dieses Zusammenkommen schon als Fortschritt zu werten sei, dachte ich lediglich: »Nein, denn wir sind dazu gezwungen worden. Das hier hat nichts Freiwilliges.« Dementsprechend groß waren auch meine inneren Widerstände, die der Fachmann jedoch nicht erkannte.

Was ich damit sagen will, ist, dass Sie den Mut aufbringen sollten, gerade auch Fachpersonen Ihre Irritationen, Anliegen und Bedenken zuzumuten. Oftmals muss eine Beratung nicht mit dem ganzen

Familiensystem beginnen, das Mobile bewegt sich auch, wenn man zunächst nur an einem Teil zieht. Es gibt wenige Fachleute, die genügend Einfühlungsvermögen haben, um die Widerstände zu erkennen und mit den gegebenen Möglichkeiten zu arbeiten. Jedoch gibt es auch immer mehr Fachpersonen, die sich über das Thema Hochsensibilität informieren und nach Wegen suchen, ihren Klienten und Klientinnen eine kompetente Begleitung zu bieten. Werden auch Sie kompetent in dem Wissen um Ihre Veranlagung und geben Sie nicht auf, nach einer therapeutischen oder medizinischen Instanz zu suchen, bei der Sie und Ihre Kinder sich gut aufgehoben fühlen.

Sollten Sie also ein Kind mit besonderen Bedürfnissen haben und sich im Korsett der herrschenden Krankenkassensysteme wiederfinden, lautet mein wichtigster Rat für Sie: Schauen Sie von Anfang an gut auf sich selbst. Entspannen Sie sich, so oft es geht und tun Sie sich etwas Gutes. Denken Sie an das Bild von der Waage und füllen Sie die Waagschale, wo alles Leichte und Freudevolle seinen Platz hat. Wenn Sie das berücksichtigen, können Sie auch schwierige Zeiten überstehen und sogar gestärkt daraus hervorgehen. Machen Sie sich vielleicht auch manchmal bewusst, dass alles auf dieser Welt und in einem irdischen Leben endlich ist. So lange Durststrecken auch dauern mögen, irgendwann sind sie vorbei. Lernen Sie, sich selbst zu vergeben und Ihre »Fehler« als das zu sehen, was sie eigentlich sind: nämlich der Versuch, das Leben zu meistern. Dazu ein Vers aus der Bibel: »Ich bin überzeugt: Nichts kann uns von seiner Liebe trennen. Weder Tod noch Leben, weder Engel noch Mächte, weder unsere Ängste in der Gegenwart noch unsere Sorgen um die Zukunft, ja nicht einmal die Mächte der Hölle können uns von der Liebe Gottes trennen.«[33]

Sich auf die verwundenen Pfade der eigenen Persönlichkeit zu begeben und sich mit der Veranlagung der Hochsensibilität zu beschäftigen, gleicht der Überquerung des Rubikon. Historisch gesehen war der Rubikon ein Grenzfluss zwischen dem eigentlichen Italien und der damaligen Provinz Cisalpina. Im Jahr 49 v. Chr. stand Caesar mit seinen Mannen am Ufer des Rubikon. Er hatte vor, einen Konflikt mit Gaius Magnus, dem Präfekten von Cisalpina, mit bloßer Körperkraft und dem Einsatz seines Heeres beizulegen. Der römische Senat forderte ihn auf, seine Befehlsgewalt über das römische Heer niederzulegen, wenn er sich zur Wiederwahl als Konsul stellen wolle. Das kam Caesar aber nicht in den Sinn. Am nächsten Tag überquerte er den Rubikon, wohl wissend, dass er damit einen Krieg begann und auch sonst noch eine Menge Scherereien haben würde.

Heute wird die Überquerung des Rubikon als Metapher dafür verwendet, dass es keine Rückkehr mehr gibt. Sie werden in Zukunft nicht mehr so tun können, als wüssten Sie nichts über Hochsensibilität. Ihnen werden immer mehr Situationen, unter diesem Blickwinkel betrachtet, bewusst machen, wie sich Ihre ganz individuelle Hochsensibilität ausdrückt. Sie werden immer deutlicher merken, wenn etwas Ihnen nicht gut tut und Sie werden auch beginnen, die Menschen, die in Ihrem Leben sind, anders wahrzunehmen. Ihr Verhalten wird selbstbestimmter werden und mehr zu dem, was in Ihnen vorgeht, passen.

Letztendlich werden Sie sich und Ihr Kind besser verstehen und so zu größerer Akzeptanz finden. Und vielleicht entwickeln Sie sogar einen Blick für die Brennpunkte in unserer Gesellschaft, bei denen Hochsensibilität eine Rolle spielen könnte. So wie es mir in dem folgenden Erlebnis erging:

Auf der Fahrt ins Allgäu, wo ich mich für ein paar Tage zum Schreiben zurückziehen wollte, fesselte mich eine Radiomitteilung. Ein dreijähriger Bub wurde von dem Lebensgefährten seiner Mutter so schwer misshandelt, dass er starb. Die Aussage der Mutter: Sie habe schon teilweise mitbekommen, dass ihr Lebensgefährte das Kind misshandelte, aber nicht eingreifen können, weil sie überfordert gewesen sei und sich in einer depressiven Erschöpfung befunden habe. Der Mutter drohten jetzt wegen Vernachlässigung bis zu zehn Jahre Haft. Diese Nachricht, trocken von einem Moderator vorgebracht, ließ mich nicht mehr los. Ich weiß natürlich, dass viele Umstände zu dieser Situation geführt haben können. Früher Abbruch des Bildungsweges, vielleicht durch die Schwangerschaft verursacht, mangelndes Selbstwertgefühl der Mutter, fehlende familiäre Unterstützung, finanzielle Sorgen und ein verständnisloses gesellschaftliches Umfeld können dazu beigetragen haben. Es wäre zu einfach, die Verantwortung für das Geschehen nur einem Faktor oder gar der Mutter allein zu übertragen. Aber lässt man diese äußeren Faktoren einmal außer Acht, wäre es nicht denkbar, dass die Mutter möglicherweise aufgrund einer hochsensiblen Veranlagung so überfordert war? Ist es wirklich auszuschließen, dass sie total verschreckt von der Lieblosigkeit ihres Lebensgefährten in eine Art Schockstarre gefallen ist und nicht mehr handlungsfähig war? Vielleicht hat das kleine Mädchen, das sie einmal war, nie erfahren, selbstwirksam und handlungsfähig zu sein, vielleicht hat sie Männlichkeit als so dominant erlebt, dass sie sich selbst keine Chancen auf eine wirksame Gegenreaktion eingeräumt hat? Und vielleicht war sie so sensibel, dass sie gelernt hat, sie überlebt am besten, wenn sie sich unsichtbar macht? Fragen, auf die es wahrscheinlich nie eine befriedigende Antwort geben wird, aber dennoch Überlegungen, die nachdenklich machen. Ich will keineswegs das Wegschauen entschuldigen, aber auf einer tief menschlichen Ebene dazu einladen, über die Ursachen von Überforderung bei Müttern nachzudenken.

Ich möchte Ihnen dazu noch etwas mit auf den Weg geben: Sie gehören zu den Menschen, die privilegiert sind. Sie lesen Bücher wie dieses, betreiben Selbstformung, bewegen sich wahrscheinlich im Rahmen der bürgerlichen Gemeinschaft und haben Perspektiven. Sie wissen über Ihre Hochsensibilität Bescheid und können damit umgehen oder haben zumindest vor, es zu lernen. Wie viele Menschen mag es aber noch geben, die nichts davon wissen und die das Leben an einen Platz gestellt hat, an dem sie Lieblosigkeit und Gewalt erfahren müssen? Auch am Rande der Gesellschaft finden sich hochsensible Menschen. Aber welche Möglichkeiten haben diese Menschen im Gegensatz zu Ihnen, sich damit konstruktiv zu beschäftigen? Selbstbetäubungen wie Drogenkonsum, Alkoholismus oder jede andere Art der Sucht können durchaus auf dem Boden einer hochsensiblen Veranlagung gedeihen, die aber beschnitten, missbraucht und gewalttätig verleugnet wurde. Es wird vielleicht nie möglich sein, genaue Zahlen über die Dunkelziffer an hochsensiblen Menschen zu haben, aber der Gedanke, auch Süchte oder psychische Erkrankungen im

Licht der Hochsensibilität neu zu betrachten, eröffnet doch weitere Perspektiven für die Zukunft der Gesellschaft. Sie als Mutter sind ein Teil davon und haben die Möglichkeit, genau durch Ihre Sensibilität die Welt und die Ihrer Kinder ein wenig besser zu machen. Ich wünsche Ihnen dabei gutes Gelingen!

Literatur

Aron, Elaine: Das hochsensible Kind: Wie Sie auf die besonderen Schwächen und Bedürfnisse Ihres Kindes eingehen. MVG Verlag, München 2008.

Aron, Elaine: Hochsensibilität in der Liebe: Wie Ihre Empfindsamkeit die Partnerschaft bereichern kann. MVG Verlag, München 2006.

Aron, Elaine: Sind Sie hochsensibel? Wie Sie Ihre Empfindsamkeit erkennen, verstehen und nutzen. MVG Verlag, München 2005.

Baudelaire, Charles: Sämtliche Werke/Briefe in acht Bänden. Herausgegeben von Friedhelm Kemp und Claude Pichois in Zusammenarbeit mit Wolfgang Drost, Hanser Verlag, München/Wien 1977.

Bauer, Joachim: Das Gedächtnis des Körpers: Wie Beziehungen und Lebensstile unsere Gene steuern. Piper Verlag, München 2004.

Brackmann, Andrea: Jenseits der Norm – hochbegabt und hochsensibel? Die seelischen und sozialen Aspekte der Hochbegabung bei Kindern und Erwachsenen. Klett-Cotta Verlag, Stuttgart 2007.

Brüder Grimm: Der Froschkönig oder der eiserne Heinrich, in: Die schönsten Kinder- und Hausmärchen: 200 Jahre Grimms Märchen, Kap. 53.

Cohn, Ruth: Von der Psychoanalyse zur themenzentrierten Interaktion: Von der Behandlung Einzelner zu einer Pädagogik für alle. Klett-Cotta Verlag, Stuttgart 2000, S. 164.

Crawford, Catherine: Ich fühle was, was du nicht fühlst: Hochsensible Kinder verstehen. Patmos Verlag, Ostfildern 2010.

Gigerenzer, Gerd: Bauchentscheidungen: Die Intelligenz des Unbewussten und die Macht der Intuition. Goldmann Verlag, München 2008.

Göckel, Renate: Die Erbsenprinzessin. Wie Sie das Potenzial Ihrer Empfindsamkeit nutzen. Kreuz Verlag, Freiburg 2004.

Hofmann, Antje Gertrud: Hochsensible Kinder – die liebevollen Boten des Universums. J. Kamphausen Verlag, Bielefeld 2001.

Hüther, Gerald: Was wir sind und was wir sein könnten: Ein neurobiologischer Mutmacher. Fischer Verlag, Frankfurt 2011.

Kagan, Jerome: The Temperamental Thread: How genes, culture, time and luck make us who we are. Univ. of Chicago Press, Chicago 2010.

Kretschmer, Ernst: Medizinische Psychologie (nur noch antiquarisch erhältlich).

Lazarus, R. S. & Launier, R.: Stress-related transactions between person and environment. In Pervin L. A. & Lewis M.: eds. Perspectives in Interactional Psychology. Plenum, New York 1978.

Leibowitz/Antonovsky/Kats/Alter: Does pregnancy increase the risk of multiple sclerosis? J Neurol Neurosurg Psychiatry. 1967 Aug; 30(4): 354–7.

Leuze, Julie: Empfindsam erziehen: Tipps für die ersten 10 Lebensjahre des hochsensiblen Kindes. Festland Verlag, Wien 2011.

Lüling, Christa und Dirk: Lastentragen – die verkannte Gabe. Asaph Verlag, Lüdenscheid 2007.

Marletta-Hart, Susan: Achtsam leben mit Hochsensibilität: Übungen und Meditationen. J. Kamphausen Verlag, Bielefeld 2011.

Marletta-Hart, Susan: Leben mit Hochsensibilität: Herausforderung und Gabe. J. Kamphausen Verlag, Bielefeld 2009.

Nebel, Jutta: Hochsensible voll im Leben: Das HSP-Arbeitsbuch. Schirner Verlag, Darmstadt 2009.

Nebel, Jutta: Wenn du zu viel fühlst: Wie Hochsensible den Alltag meistern. Schirner Verlag, Darmstadt 2010.

Parlow, Georg: Zart besaitet: Selbstverständnis, Selbstachtung und Selbsthilfe für hochempfindliche Menschen. Festland Verlag, Wien 2006.

Pfeifer, Samuel: Der sensible Mensch: Leben zwischen Begabung und Verletzlichkeit. SCM-Hänssler, Holzgerlingen 2012.

Richardson, Diana & Michael: Zeit für Gefühle – die Krux mit den Emotionen in der Partnerschaft. Innenwelt Verlag, Köln 2006.

Roholl, Sabine: Selbstwirksamkeit als Indikator für psychische Störungen: Status und Verlauf. Dissertation, Universität Aachen, 2007.

Rupprecht, Susanne; Parlow, Georg: Ethisches Marketing: Nachhaltige Strategien für Klein-und Mikrounternehmen, ein Stärken-Arbeitsbuch. Festland Verlag, Wien 2008.

Schorr, Brigitte: Hochsensibilität, Empfindsamkeit leben und verstehen. SCM Hänssler, Holzgerlingen 2012.

Schulz-Gambard, Jürgen: Räumliches Verhalten. Kurseinheit 1, Fern-Universität Hagen 1985, S. 13.

Schweingruber, Eduard: Der sensible Mensch. (nur noch antiquarisch erhältlich).

Sellin, Rolf: Wenn die Haut zu dünn ist: Hochsensibilität – vom Manko zum Plus. Kösel Verlag, München 2011.

Skarics, Marianne: Sensibel kompetent: Zart besaitet und erfolgreich im Beruf. Festland Verlag, Wien 2007.

Skarics, Marianne: Sensibilität und Partnerschaft: Hochsensible Menschen erzählen. Festland Verlag, Wien 2010.

Trappmann-Korr, Birgit: Hochsensitiv – einfach anders und trotzdem ganz normal – Leben zwischen Hochbegabung und Reizüberflutung. VAK Verlag, Kirchzarten 2011.

Wesa, Maike: Sie nannten mich Sensibelchen. Warum hohe Sensibilität eigentlich genial ist. Erfahrungen einer Hochsensiblen. Book on Demand, Norderstedt 2009.

Yuerong, Sun: Social Reputation and Peer Relationships in Chinese and Canadian Children: A Cross-Cultural Study. In: Child Development 63, 1992, S. 1336 – 1343.

Zur weiteren Beschäftigung mit dem Thema Hochsensibilität kann ich Ihnen folgende Internetseiten empfehlen:

www.ifhs.ch
www.hochsensibilitaet.ch
www.zartbesaitet.net
www.hochsensible.ch
www.hochsensibel.org
www.counselors-corner.de
www.susanmarlettahart.com

Anmerkungen

[1] Käßmann, Margot: Mütter der Bibel. Herder Verlag, Freiburg 2008, S. 7.

[2] Kagan, Jerome: The Temperamental Thread. Univ. of Chicago Press, Chicago 2010.

[3] Vgl. Aron, Elaine: Sind Sie hochsensibel? MVG Verlag, München 2005, S. 10.

[4] Yuerong, Sun: Social Reputation and Peer Relationships in Chinese and Canadian Children: A Cross-Cultural Study. In: Child Development 63, 1992, S. 1336 – 1343.

[5] Vgl. Lüling, Christa & Dirk: Lastentragen, die verkannte Gabe. Asaph Verlag, Lüdenscheid 2009.

[6] Vgl. Aron, Elaine: Sind Sie hochsensibel? MVG Verlag, München 2005, S. 160.

[7] Zitat aus der SWR-Radiosendung »Reizüberflutet«. Für die interessierte Leserin findet sich eine genaue Unterscheidung der verschiedenen Begriffe auf der Website *www.hochsensibilitaet.ch*, die von Marianne Schauwecker unterhalten wird.

[8] Cohn, Ruth: Von der Psychoanalyse zur themenzentrierten Interaktion. Klett-Cotta Verlag, Stuttgart 2000, S. 164.

[9] Hüther, Gerald: Was wir sind und was wir sein könnten. Fischer Verlag, Frankfurt 2011.

[10] Vgl. Hüther, Gerald: Was wir sind und was wir sein könnten. Fischer Verlag, Frankfurt 2011.

[11] Sellin, Rolf: Wenn die Haut zu dünn ist. Kösel Verlag, München 2011.

[12] Für die interessierte Leserin kann ich folgendes Buch dazu sehr empfehlen: Gigerenzer, Gerd: Bauchentscheidungen. Goldmann Verlag, München 2008.

[13] Matthäus 22,39.

[14] Sprüche 4,23.

[15] Fernsehdokumentation, ausgestrahlt am 14. Januar 2011, um 21.45 Uhr auf ARTE. Der Film ist abrufbar unter *www.arte.tv*.

[16] Leibowitz/Antonovsky/Kats/Alter: Does pregnancy increase the risk of multiple sclerosis? J Neurol Neurosurg Psychiatry. 1967 Aug; 30(4): 354-7.

[17] Lazarus, R.S. & Launier, R.: Stress-related transactions between person and environment. *In* Pervin L. A. & Lewis M.: eds. Perspectives in Interactional Psychology. Plenum, New York 1978.

[18] Galater 5,13.

[19] Trappmann-Korr, Birgit: Hochsensitiv – einfach anders und trotzdem ganz normal. VAK Verlag, Kirchzarten 2011, S. 113.

[20] Sellin, Rolf: Wenn die Haut zu dünn ist. Kösel Verlag, München 2011, S. 83.

[21] Schulz-Gambard, Jürgen: Räumliches Verhalten. Kurseinheit 1, Fern-Universität Hagen 1985, S. 13.

[22] Schulz-Gambard, Jürgen: Räumliches Verhalten. Kurseinheit 1, Fern-Universität Hagen 1985, S. 13.

[23] 1. Chronik 4,10, Luther. Vgl. Bruce Wilkinson: Das Gebet des Jabez: Durchbruch zu einem gesegneten Leben, Asslar: Gerth Medien, 2002

[24] Roholl, Sabine: Selbstwirksamkeit als Indikator für psychische Störungen. Dissertation, Universität Aachen, 2007.

[25] Lukas 12, 48, Luther.

[26] Bauer, Joachim: Das Gedächtnis des Körpers. Piper Verlag, München 2004.

[27] Richardson, Diana & Michael: Zeit für Gefühle – die Krux mit den Emotionen in der Partnerschaft. Innenwelt Verlag, Köln 2006.

[28] Sprüche 19,8, ELB.

[29] Schneider, Robert: Die Luftgängerin, btb-Verlag, München 2001.

[30] Inschrift auf dem Grabstein von Paul Klee, entnommen aus seinem Tagebuch: Klee, Paul & Felix: Tagebücher. M. DuMont Schauberg Verlag, Köln 1956.

[31] Vgl. Jesaja 40,28-31.

[32] Brüder Grimm, Der Froschkönig oder der eiserne Heinrich, in: Die schönsten Kinder- und Hausmärchen, Kap. 53.

[33] Römer 8,38.

Brigitte Schorr

Hochsensibilität

Empfindsamkeit leben und verstehen

Taschenbuch, 12 x 19 cm, 80 S.
Nr. 395.336, ISBN: 978-3-7751-5336-2

Sie nehmen innere und äußere Reize viel stärker wahr als der Durchschnitt: 15–20 Prozent der Menschen gehören zu den hochsensiblen Persönlichkeiten. Doch das empfindsame Nervensystem ist Gabe und Last zugleich. Einblicke in ein Thema, das mehr betrifft, als man denkt.

Samuel Pfeifer

Der sensible Mensch

Leben zwischen Begabung und Verletzlichkeit

Gebunden, 13,5 x 20,5 cm, 320 S.
Nr. 395.400, ISBN: 978-3-7751-5400-0

Sensibilität ist im Alltag nicht gefragt. Dabei haben 15–20 Prozent aller Menschen eine besonders »dünne Haut«. Ein Leben mit erhöhter Empfindsamkeit birgt jedoch besondere Chancen und Gefahren. Dieses Buch hilft Betroffenen und Fachleuten, sie zu verstehen.

Bitte fragen Sie in Ihrer Buchhandlung nach diesen Büchern!
Oder schreiben Sie an: SCM Hänssler, D-71087 Holzgerlingen;
E-Mail: info@scm-haenssler.de; Internet: www.scm-haenssler.de.